事例で学ぶ
生徒指導・進路指導・教育相談

小学校 編

長谷川啓三　花田里欧子　佐藤宏平 編

遠見書房

はじめに

教育相談の中で活躍するものの一つに「カウンセリング」があります。本書の編者のひとりの，これまでの経験では，この方法の習得を目的としたワークショップで，もっとも熱心でかつ協力的に学ばれるのは，小学校で教鞭をとられる先生方でした。日本を含む世界のカウンセリング技法は，受容的で非指示的な技法から始まりましたが，今日では，その反対の指示的技法や CBT と略称される認知行動療法，集団カウンセリング，家族カウンセリングなどを加えて大きく展開をしています。

その展開の中で最も重要なものの一つは「解決志向」という，技法というよりは，カウンセリング上のパラダイムといえる，大きなスタンスです。

本書を企画した者たちは，そのスタンスが，「教育相談」の方法として，実に有効なものであることを 1986 年以来，我が国で検証してきました。今日，教育相談が対象とする諸問題は，心理的問題を超えた複雑なもののように見えるものもあります。それらに，どう向かうのか？　その向かい方如何(いかん)で，解決は近くもなるし，遠いものにもなってしまう。解決志向は，「メソドロジー／方法論」と呼んでもよいものです。

どの学問にも特有の問題と方法があります。本書では，私たちは「教育相談」という分野に「解決志向」という「方法」が有効なものの大きな一つであることを，これまでの実践の積み重ねから，主張します。教育相談の教科書であろうとする本書は，その分野の基礎知識に加えて，できるだけ実践的な知識も提供したいと思っています。その一つが「解決志向」という方法です。

その詳細と具体事例は全章に挙げて検討を加えていますが，それは，問題の原因を，事細かに摘出して取り除く――という直線的な発想を大いに補うものであります。

対人関係の問題で，その原因を「過去の，より小さな，より単純なもの」に，求めようとすること自体が困難であることが，よく体験されます。教育相談が対象とする問題の多くが同様であります。例えば保健室に，「常連」と呼ばれる子どもがよく来る場合があります。授業に出ないわけです。それで保健室の先生もクラス担任も困っています。先生が親身に世話をすること自体が問題を支えているようにも感じます。

「いじめ」という問題や体罰問題，依然多い不登校。これらの相談に，受容的な方法のみでは不十分な場合が少なくありません。「常連」さんの話を聴く，いじめられっこの話を聴く。これらは，まずは有効です。しかしいずれゆきづまり解決に至らないことをよく経験します。どの技法も無効ではありません。それらを「解決志向」という枠組みで使う方法が有効なんです。

私たちは，つい「直線的」に考えてしまう。例えば「いじめ」という問題があって，その原因をいじめっこ側かいじめられっこ側か？ と考えて，次に，いじめっこ側の「性格」のせいに帰して，さらにその性格の生みだされたと推測される生育歴へと，一見，「理解」は進む。が，仮に，いじめっこの生育歴が分かったところで，いじめが停止するまでの予想される経緯は，とても実際からは遠くなってしまいます。

ところが，「解決志向」という大きな枠組みの下に「受容的に話を聴く」というアプローチをして成功した事例で，教頭がいじめっこと目された子どもを１日，授業を休ませて，話をしたことがあります。彼の興味，進路，家庭のことなど話せることは，全て話したのです。子どもの良いこと，良いところは大いに評価しました。いじめの話は一切しない。これでいじめが止まりました。何が効いたのか？　それは，いじめの原因を特定する方向では全くありませんでした。

また同様に，いじめられたと，担任に訴えて来た女子がいました。「クラスのみんなに無視される」というのです。ある担任は，まず受容したうえで，クラス名簿を渡し，無視されていない子どもに赤鉛筆で印をつけさせました。それだけで子どもはクラスに戻った。どうして改善したのでしょうか？

本書では，そうした事例を検討しつつ，深く広く学べるようになっています。

生徒指導・進路指導・教育相談においては，教育学や心理学，社会学などの幅広い学際的な知識が必要になっています。また子どもたちや親たち，大人たちの置かれている状況も多様になっており，さまざまな知恵が必要になります。本書にも出来うる限り，生きた知恵を詰めたつもりです。

改訂にあたって（第３版）

従来の改訂では，下記のような改訂を行ってきましたが，第３版では，昨今の法改正，制度等を踏まえ内容を刷新するとともに，種々の統計データのアップデートなどの適宜内容の加筆，修正を行いました。また，本改訂では新たな試みとして，各種教育関連資料へのアクセス利便性の向上を図ることを目的として，QR コードを掲載しました。

改訂版：「“いじめ”と“いじり”」，「（いじめの）第三者委員会」，「親との死別を経験した子どものサポート」等，５つのコラムを追加しました。

編者を代表して

東北大学名誉教授　長谷川　啓三

もくじ

◆◆◇

第Ⅰ部

総論編

第１章

生徒指導・進路指導・教育相談とは
――意義と役割

長谷川啓三・花田里欧子・佐藤宏平

Ⅰ．生徒指導

１．生徒指導とは

『生徒指導提要』（文部科学省，2022）によれば，生徒指導とは「児童生徒が，社会の中で自分らしく生きることができる存在へと，自発的・主体的に成長や発達する過程を支える教育活動」である。

生徒指導という言葉や従来の生徒指導の定義「生徒指導は，一人ひとりの生徒の人格や価値を尊重し，個性の伸長を図りながら，同時に社会的な資質や行動を高めようとするものである」（文部省，1981）が示すように，従来，生徒指導は，中学校，高等学校における教育活動と捉えられてきた。また国の基本的な生徒指導に関する手引書である『生徒指導の手引』（文部省，1965）や『生徒指導の手引（改訂版）』（文部省，1981）は，中学，高校の教員向けに書かれたものであった。しかし，近年の問題行動の低年齢化等を受け，『生徒指導提要』においては，これまで『生徒指導の手引き』（文部省，1965）や『生徒指導の手引（改訂版）』（文部省，1981）の前提となっていた生徒指導の対象を小学校まで拡大したものとなっている。

生徒指導堤要：これまで生徒指導に関する指針を示したものに，「生徒指導の手引」（文部省，1965），「生徒指導の手引（改訂版）」（文部省，1981）があったが，近年の社会状況の変化に対応すべく改訂された生徒指導の基本書が「生徒指導堤要」（文部科学省，2022）である。

また，『小学校学習指導要領』（文部科学省，2017）において，「児童が，自己の存在感を実感しながら，よりよい人間関係を形成し，有意義で充実した学校生活を送る中で，現在及び将来における自己実現を図っていくことができるよう，児童理解を深め，学習指導と関連づけながら，生徒指導の充実を図ること」と明記されている。

児童：児童福祉法においては，児童は18歳未満の者を指している。

なお，通常，教育関連法規等においては，生徒は中学生および高校生を指して用いられており，また日常的にもそうした用例が一般的である。したがって，小学生に対する生徒指導という言い方自体に矛盾があり，本来は児童指導と呼ぶべきであり，こうした言い方も確かに存在している。しかし，児童指導という用語は，例えば児童指導員などのように，学校教育とは異なる文脈で用いられているケースもあり，本書では慣例にしたがい，小学校における生徒指導と呼ぶこととする。

２．小学校における生徒指導の運営体制

中学校，高等学校においては，学校教育法施行規則により，校長の指導のもと学校内の生徒指導に関する業務を司る**生徒指導主事**を学校に置くことが定められている。したがって中学校，高等学校においては，この生徒指導主事を中心として，校内の生徒指導体制が組織され，運営されている。しかし，小学校においては生徒指導主事を置くことは義務づけられておらず，学級担任が生徒指導担当を任されるのが現状である。そのため，小学校においては，生徒指導担当者はもちろんであるが，校長や教頭，教務主任，学年主任，養護教諭等が，生徒指導機能を担っている場合が多い。また上記のメンバーによって定期的に生徒指導委員会が開かれ，問題行動がみられる児童についての情報共有，対応方針について話し合われている。ただし，こうした会議についての報告は，各

生徒指導主事：生徒指導主事とは「校長の監督を受け，学校における生徒指導計画の立案，実施，生徒指導に関する資料の整備，生徒指導に関する連絡・助言等生徒指導に関する事項を司り，当該事項について教職員間の連絡調整に当たるとともに関係教職員に対する指導，助言に当たる者」を指す。

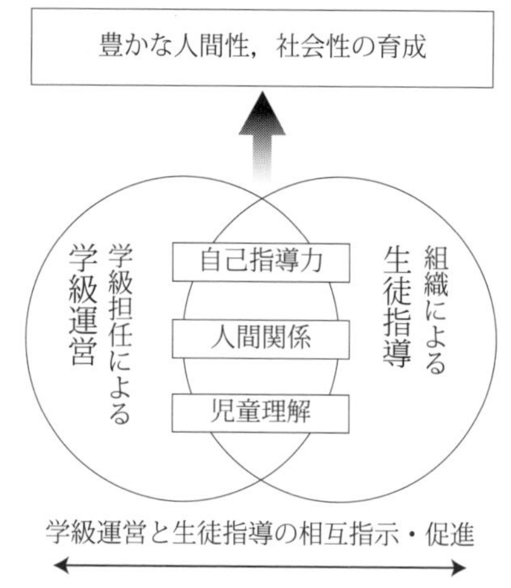

図1 学級担任による学級運営と校内組織による生徒指導の協働関係（国立教育政策研究所生徒指導研究センター，2010）

表1 学級がうまく機能しない状況をもたらす背景と直接的な要因（学級経営研究会，2000）

ア「学級がうまく機能しない状況」をもたらす背景 ①学級担任の状況，学校の状況 ②子どもの生活，人間関係の変化 ③家庭・地域社会の教育力の低下 ④現代社会の問題状況と教育課題
イ「学級がうまく機能しない状況」の直接的な要因 ①子どもの集団生活や人間関係の未熟さの問題 ②特別な教育的配慮や支援を必要とする子どもへの対応の問題 ③学級担任の指導力不足の問題

学級担任の裁量に任される部分が大きい。加えて，小学校は，中学校や高等学校と異なり，教科担任制ではなく学級担任制となっており，学級王国という言葉に象徴されるように，学級の独立性が強い。そのため，学級担任が，児童一人ひとりに対して目を配り，きめ細やかな対応を行うことが可能である半面，当該学級の児童について学級担任以外が把握することは困難である。したがって，保護者や他機関などが関わるようなケースに関しては議題にのぼり報告されるが，そこまでに至らないケースについては報告されないまま，担任が一人抱え込んでしまい，状況が深刻になってから問題が顕在化してしまうこともある。

こうした事態を防ぐためには，日頃から学級の子どもの様子について気軽に話し合える雰囲気づくりや人間関係づくりが基盤となる。また中学校では当たり前となっているチーム支援や校内組織による生徒指導の重要性やメリットについて，教員一人ひとりが認識を深めることも大切なことである。学級担任による指導と校内の生徒指導組織が互いに尊重しつつ，協働し，問題の解決にあたる生徒指導体制が望ましい。国立教育政策研究所生徒指導センター（2010）が示す学級担任による学級運営と校内組織による生徒指導の協働関係についての概念図を，図1に転載したので参照されたい。

3．学級崩壊について

小学校において学級経営上の問題として，また生徒指導上の問題として看過できない問題に90年代半ばに社会問題化した学級崩壊がある。学級崩壊は，「子どもたちが教室内で勝手な行動をして教師の指導に従わず，授業が成立しないなど，集団教育という学校の機能が成立しない学級の状態が一定期間継続し，学級担任による通常の方法では問題解決ができない状態」とされている。

こうした状況を「学級がうまく機能しない状況」と捉え事例研究を行った学級経営研究会（2000）は，「ある一つの『原因』によって『結果』が生まれるかのような単純な対応関係ではない。複合的な要因が積み重なって起こる。また，問題解決のための特効薬はなく，複合している諸要因に一つひとつ丁寧に対処していかなければならない」としたうえで，こうした状況をもたらす背景や要因について指摘している（表1）。

また河村（2006）は，学級崩壊について，1）学級崩壊は平均で19校に1校の割合でみられること，2）管理重視で指導好きの教師に対する一部の子どもの反発がクラス全体に広がる「反抗型」と，優しい教師による友達感覚の学級運営が瓦解を招く「な

表2　なれ合い型の学級崩壊の兆候（河村，2006）

1）崩壊初期	2）崩壊中期	3）崩壊期
学級全体の取り組みが遅れ，やる気が低下する 教師の気を引く悪ふざけが散見される ルール違反しても教師に個人的に許してほしいとねだる 私語が増え，教師の話に口をはさむ 2～3人が固まりヒソヒソ話が目立つ 他の子どもやグループのことを教師に言いつける	注意すると「私だけ怒られた」と反発する 教師の指示が行き渡らなくなる 係活動が半分以上なされない 陰口が増え，授業中の私語，手紙の回し合いが目立つ 子ども同士のけんかが目立つ	教師を無視し，勝手な行動で授業が成り立たない 教師に反抗するときだけ団結する 係活動を怠り，ゴミが散乱，いたずら書きが目立つ 掲示物などが壊される 給食は力の強い順番になり，勝手に食べる

れ合い型」の2つのタイプがあること，3）学級崩壊が社会問題化した1997（平成9）年時「反抗型」が主流だったが，2004（平成16）年の大規模調査では，なれ合い型が特に小学校において急増していること，4）首都圏の小学校で崩壊した学級の60％～70％がなれ合い型であること，の4点を指摘している。さらに，なれ合い型に見られる学級崩壊の兆候をまとめている（表2）。さらに増田・井上（2020）は，1998年度と2019年度の学級状況調査を比較し，学級崩壊をめぐる子どもの変化として，大人や教師の前では「よい子」を演じる子が増えたとの回答結果から，「静かな荒れ」という状況を指摘している。「静かな荒れ」とは，特に高学年に見られる現象で，表面的に荒れているわけではないが，教師がいくら質問したり，答えるように促しても一切無視するというものである。これは1998年度当時の学級崩壊が子どもは教員に本音をぶつけることができたのに対し，2019年度の調査は「よい子」を振る舞う子どもの姿を浮かび上がらせているとしている。子どもとの良好な関係を築くことは大切なことであるが，一方で学級は集団であり，善悪の基準やルールが不明確である場合，こうしたクラスの荒れを引き起こしてしまうことがあるので留意する必要がある。

4．小1プロブレム・中1ギャップ——幼小連携・小中連携

小1プロブレムとは，東京都教育委員会（2009）によれば，「第1学年の学級において，入学後の落ち着かない状態がいつまでも解消されず，教師の話を聞かない，指示通りに行動しない，勝手に授業中に教室の中を立ち歩いたり教室から出て行ったりするなど，授業規律が成立しない状態へと拡大し，こうした状態が数カ月にわたって継続する状態」を指す。先述した学級崩壊がどちらかといえば小学校高学年の学級に生じるクラスの荒れをイメージしているのに対して，小1プロブレムは，小学1年生の問題に限定されている。また要因として幼稚園で求められる行動様式と小学校で求められる行動様式の違いが指摘されている。小学校に比べ幼稚園では，遊びが活動の中心となっており，また時間的な構造や空間的な構造が比較的緩慢である。一方，小学校に入ると，45分という定められた時間，教室という空間で，椅子と机に座り，先生の話を聞くことが求められる。こうしたことから幼小連携の重要性が指摘され，幼稚園児が就学前に小学校で給食を食べる機会を設けたり，入学前に幼稚園と小学校間で子どもについての情報交換を行ったりといったさまざまな取り組みが行われている。

一方，同様に中学校1年生時の不適応問題として，**中1ギャップ**がある。この原因としては，学級担任制から教科担任制への移行に伴う学習面でのつまずき，部活動が始まることによる生活リズムの変化，心身ともに著しく成長する子ども自身のとまどい，違う学校から集まってきた子どもと友だちになるための社会的スキルの欠如などが指摘されており（野澤，2008），中1ギャップの予防のためにも小中連携が必須という認識が

中1ギャップ：本書姉妹編「中高編」を参照されたい。

高まっている。

こうした幼小連携，小中連携において柱となるのが，子どもたちの情報共有である。特に小中連携においては，児童の６年間の欠席・遅刻・早退の状況や，性格，学校生活の様子，得意科目・不得意科目，興味・関心，中学校に期待する配慮や支援などの項目からなる小中連携シートなどを活用して行われている。子どもたちの入学時のつまずきや不適応の予防のため，幼小連携，小中連携といった校種間の連携がより重要となっている。

Ⅱ．教育相談

1．教育相談とは

小学校学習指導要領（文部科学省，2017）においては，教育相談に関する記述は以下のように示されている。

「学校生活への適応や人間関係の形成などについては，主に集団の場面で必要な指導や援助を行うガイダンスと，個々の児童の多様な実態を踏まえ，一人一人が抱える課題に個別に対応した指導を行うカウンセリング（教育相談を含む。）の双方の趣旨を踏まえて指導を行うこと。特に入学当初や各学年のはじめにおいては，個々の児童が学校生活に適応するとともに，希望や目標をもって生活できるよう工夫すること。あわせて，児童の家庭との連絡を密にすること」

先述の生徒指導が，個別対応や個別指導を含みながらも，学級，学年，あるいは学校全体に対する指導をも内包する概念であるのに対して，教育相談とは，個に対する対応や支援，あるいはカウンセリング・マインドを強調した概念といえよう。

2．学校内における教育相談体制

これまで小学校の教育相談は，生徒指導同様，学級担任が中心的な役割を担ってきた。とりわけ，個別的な関わりが中心となる教育相談においては，そうした傾向が強く，また，多くの小学校においては**スクールカウンセラー**が配置されていないこともあり，児童や保護者の相談はもっぱら担任が引き受けてきたのが実情であった。しかし，近年の問題行動の低年齢化，問題の複雑化，あるいは中学校以降の問題行動の予防の観点から，小学校における教育相談体制の充実が図られてきている。数は多くないものの学校によってはスクールカウンセラーや教育相談員が配置されている学校もある。またあまり知られていないが，中学校に配置されているスクールカウンセラーは，中学校の学区にある小学校の児童，保護者が利用することも可能である。小学校の児童や保護者がスクールカウンセラーを活用することは，早い段階からの支援といった意義に加え，小中連携の観点からも，重要である。また，環境への適応に時間がかかる発達障害の子どもの場合では，入学前に中学校に慣れるといった意義もあり，スクールカウンセラーや中学校との連携の促進が望まれる。

スクールカウンセラー：臨床心理士，精神科医，心理学系の大学教員等が小学校，中学校，高等学校等に配置されている。児童生徒および保護者の相談，教員のコンサルテーションを行う。なお，心理支援の国家資格である公認心理師の誕生に伴い，2019 年度より，上記に公認心理師も追加されている。

児童期の SOS のサインとして，遅刻，早退が目立つ，登校しぶり（月曜に休みがち，欠席が目立つ），成績が落ちる，宿題を出さない，表情が硬い，昼休みや教室移動時一人でいる，言葉遣いが荒い，イライラしている，体調不良を訴える，保健室に頻繁に来室するなどが挙げられる。

Ⅲ．生徒指導・教育相談において求められる視点

1．3 段階の心理教育的援助サービス

石隈（1999）は，学校心理学（school psychology）の観点から，学校における児童生徒に対する心理教育的援助サービスとして以下の３つを挙げている（図２）。

一次的援助サービスとは，全ての子どもを対象として，入学時やクラス替え時の適応

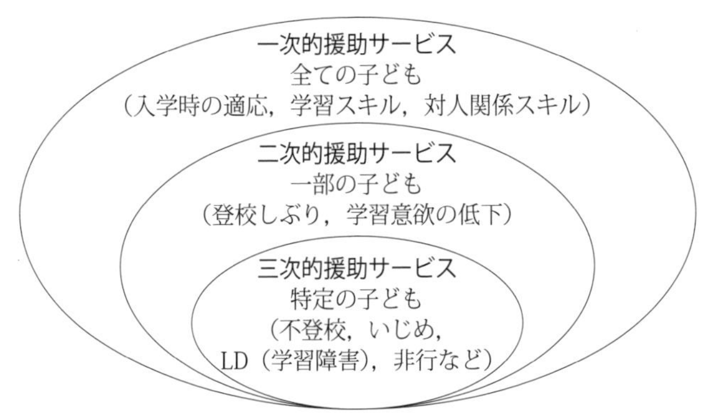

図2　石隈（1999）による3段階の心理教育的援助サービス

表3　小学校において三次的援助サービスにおいて対象となる個別的な問題

1）不登校
2）いじめ
3）発達障害：ADHD，LD，高機能広汎性発達障害（アスペルガー障害・高機能自閉症）
4）児童虐待
5）神経症的問題：不定愁訴（頭痛・腹痛・吐き気等），食欲不振，チック，場面緘黙，夜尿，脱毛，抜毛，強迫性障害
6）非行
7）その他

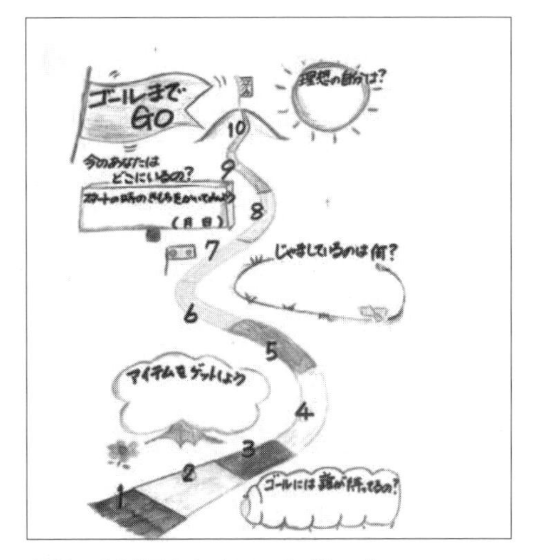

図3　児童用のセルフヘルプシート

を支える，あるいは学習スキル，対人関係スキルなどを育む指導援助である。

二次的援助サービスとは，学校でSOSサインを出し始めた児童，苦戦している児童に対する支援である。いわば早期発見，早期対応によって，問題が大きくなる前に問題の芽を摘む指導・援助といえる。

三次的援助サービスとは，問題が顕在化している特定の児童に対する援助サービスである。小学校において三次的援助サービスにおいて対象となる問題を，表3にまとめた。

2．子どもの良い点に目を向ける――ソリューション・フォーカストの視点

困難を抱える（と見なされている）児童と向き合うとき，私たちは，ついその子どもの問題や短所に焦点をあててしまいがちである（プロブレム・フォーカストの視点）。しかし，問題ばかりに焦点をあてた対応は，問題が解決しないばかりか，逆に犯人捜しや悪循環となりやすく，問題を大きくしてしまう場合もある。さらに付言すれば，教員のメンタルヘルスにも決していい効果は生まないものである。カウンセリング技法の一つである家族療法の展開の中で生まれたアプローチに，ソリューション・フォーカスト・アプローチと呼ばれるアプローチがある。これは問題ではなく解決に焦点をあて，問題解決ではなく解決構築の視点に基づくアプローチである。すわなち，問題を減らす視点ではなく，解決を増やす視点である。このような視点に基づく関わりの視点（すなわちソリューション・フォーカスト・エデュケーション）も忘れないようにしたいものである。またこうしたアプローチは，図3に示したように児童用のセルフヘルプシートとし

て活用することも可能である。

3．発達段階に応じた理解・対応

小学校は6年間と長い期間，子ども達が通う場所である。したがって，小学1年生と6年生では能力や体力，社会性も全く異なっており，発達段階に基づく対応が求められる。また小学校においては，成人と異なり精神医学的問題は，身体症状（頭痛・腹痛・吐き気等の不定愁訴）に現れやすい。したがって，体調不良等を頻繁に訴える児童，保健室に頻繁に来室する児童に対しては，まずは身体的な問題を疑いつつ，背景に心理的な問題が潜んでいないかを探ってみる必要もある。なお，カウンセリングは中学生以降では通常の言語面談を中心に行われるが，内面の言語化が十分でない児童に対しては，**プレイセラピー**（遊戯療法）が中心となる。また場合によってはプレイセラピーと並行して保護者面談も行われる。

プレイセラピー：児童に対する代表的な心理療法。遊具や砂場，水道等の設備を伴ったプレイルームで，子どもとセラピストが自由に遊ぶ中で治療が進むと考えられている。

4．保護者面談の重要性

児童期の子どもの問題において，保護者面談や家族面談は有効である。児童期の子どもの生活の舞台はほぼ家庭と学校といってよい。また年齢の低い児童期の子どもは，家庭の環境要因からの影響を受けやすい。問題行動の裏には，親の関心を引きたいといった欲求が潜んでいる場合もある。また両親の不仲や嫁姑関係の問題等，家族成員間に葛藤があり，家族がバラバラになるのを子どもが問題を呈することによって防いでいるケースもある。親の期待が大きすぎてプレッシャーとなっている場合や，逆に親が期待してくれないことに寂しさを感じている場合もある。こうしたケースでは，学校の環境を整えることはもちろんであるが，もう一方の家庭環境に対する介入により奏功するケースが多い。

保護者面接においては，保護者と教師が共に連携しながら，子どものために何ができるかを明確にしつつ，互いに協働していくことになる。この際，多様な保護者，家庭があることを十分に理解したうえで,保護者に対する敬意を払うことを忘れてはならない。さらに子どもに対するソリューション・フォーカストの視点の重要性については先に述べたとおりであるが，保護者に対するソリューション・フォーカストの視点も同様に重要である。保護者の頑張りや努力，工夫を認め，励ましながら，家庭の中の良循環を増やしていきたいものである。

Ⅳ．進路指導

進路指導とキャリア教育

進路指導（vocational guidance/career guidance）は，「生徒の一人ひとりが，自分の将来の生き方への関心を深め，自分の能力・適性等の発見と開発に努め，進路の世界への知見を広くかつ深いものとし，やがて自分の将来への展望を持ち，進路の選択・計画をし，卒業後の生活によりよく適応し，社会的・職業的自己実現を達成していくことに必要な，生徒の自己指導能力の伸長を目指す，教師の計画的，組織的，継続的な指導・援助の過程」（文部省，1961）とされる。また学校教育法第21条には，義務教育の目標として，「10　職業についての基礎的な知識と技能，勤労を重んずる態度及び個性に応じて将来の進路を選択する能力を養うこと」と掲げられている。

従来，進路指導は，中学校，高等学校を中心に行われてきたが，1999（平成11）年の中央教育審議会答申「初等中等教育と高等教育との接続の改善について」における,「キャリア教育を小学校段階から発達段階に応じて実施する必要がある…（中略）…キャリ

表4　職業観・勤労観を育む学習プログラムの枠組み（例）（小学校のものを抜粋）（国立教育政策研究所生徒指導研究センター，2002）

<table>
<tr><td colspan="3" rowspan="2"></td><td colspan="3">小学校</td></tr>
<tr><td>低学年</td><td>中学年</td><td>高学年</td></tr>
<tr><td colspan="3">職業的（進路）発達の段階</td><td colspan="3">進路の探索・選択にかかる基盤形成の時期</td></tr>
<tr><td colspan="3">○職業的（進路）発達課題（小～高等学校段階）
各発達段階において達成しておくべき課題を，進路・職業の選択能力及び将来の職業人として必要な資質の形成という側面から捉えたもの。</td><td colspan="3">・自己及び他者への積極的関心の形成・発展
・身のまわりの仕事や環境への関心・意欲の向上
・夢や希望，憧れる自己イメージの獲得
・勤労を重んじ目標に向かって努力する態度の形成</td></tr>
<tr><td colspan="3">職業的（進路）発達にかかわる諸能力</td><td colspan="3" rowspan="2">職業的（進路）発達を促すために育成することが期待される具体的な能力・態度</td></tr>
<tr><td>領域</td><td>領域説明</td><td>説明能力</td></tr>
<tr><td rowspan="2">人間関係形成能力</td><td rowspan="2">他者の個性を尊重し，自己の個性を発揮しながら，様々な人々とコミュニケーションを図り，協力・共同してものごとに取り組む。</td><td>【自他の理解能力】
自己理解を深め，他者の多様な個性を理解し，互いに認め合うことを大切にして行動していく能力</td><td>・自分の好きなことや嫌なことをはっきり言う。
・友達と仲良く遊び，助け合う。
・お世話になった人などに感謝し親切にする。</td><td>・自分のよいところを見つける。
・友達のよいところを認め，励まし合う。
・自分の生活を支えている人に感謝する。</td><td>・自分の長所や欠点に気付き，自分らしさを発揮する。
・話し合いなどに積極的に参加し，自分と異なる意見も理解しようとする。</td></tr>
<tr><td>【コミュニケーション能力】
多様な集団・組織の中で，コミュニケーションや豊かな人間関係を築きながら，自己の成長を果たしていく能力</td><td>・あいさつや返事をする。
・「ありがとう」や「ごめんなさい」を言う。
・自分の考えをみんなの前で話す。</td><td>・自分の意見や気持ちを分かりやすく表現する。
・友達の気持ちや考えを理解しようとする。
・友達と協力して，学習や活動に取り組む。</td><td>・思いやりの気持ちを持ち，相手の立場に立って考え行動しようとする。
・異年齢集団の活動に進んで参加し，役割と責任を果たそうとする。</td></tr>
<tr><td rowspan="2">情報活用能力</td><td rowspan="2">学ぶこと・働くことの意義や役割及びその多様性を理解し，幅広く情報を活用して，自己の進路や生き方の選択に生かす。</td><td>【情報収集・探索能力】
進路や職業等に関する様々な情報を収集・探索するとともに，必要な情報を選択・活用し，自己の進路や生き方を考えていく能力</td><td>・身近で働く人々の様子が分かり，興味・関心を持つ。</td><td>・いろいろな職業や生き方があることが分かる。
・分からないことを，図鑑などでなどで調べたり，質問したりする。</td><td>・身近な産業・職業の様子やその変化が分かる。
・自分に必要な情報を探す。
・気付いたこと，分かったことや個人・グループでまとめたことを発表する。</td></tr>
<tr><td>【職業理解能力】
様々な体験等を通して，学校で学ぶことと社会・職業生活との関連や，今しなければならないことなどを理解していく能力</td><td>・係や当番の活動に取り組み，それらの大切さが分かる。</td><td>・係や当番活動に積極的にかかわる。
・働くことの楽しさが分かる。</td><td>・施設・職場見学等を通し，働くことの大切さや苦労が分かる。
・学んだり体験したりしたことと，生活や職業との関連を考える。</td></tr>
<tr><td rowspan="2">将来設計能力</td><td rowspan="2">夢や希望を持って将来の生き方や生活を考え，社会の現実を踏まえながら，前向きに自己の将来を設計する。</td><td>【役割把握・認識能力】
生活・仕事上の多様な役割や意義及びその関連等を理解し，自己の果たすべき役割等についての認識を深めていく能力</td><td>・家の手伝いや割り当てられた仕事・役割の必要性が分かる。</td><td>・互いの役割や役割分担の必要性が分かる。
・日常の生活や学習と将来の生き方との関係に気付く。</td><td>・社会生活にはいろいろな役割があることやその大切さが分かる。
・仕事における役割の関連性や変化に気付く。</td></tr>
<tr><td>【計画実行能力】
目標とすべき将来の生き方や進路を考え，それを実現するための進路計画を立て，実際の選択行動等で実行していく能力</td><td>・作業の準備や片づけをする。
・決められた時間やきまりを守ろうとする。</td><td>・将来の夢や希望を持つ。
・計画づくりの必要性に気付き，作業の手順が分かる。
・学習等の計画を立てる。</td><td>・将来のことを考える大切さが分かる。
・憧れとする職業を持ち，今，しなければならないことを考える。</td></tr>
<tr><td rowspan="2">意思決定能力</td><td rowspan="2">自らの意思と責任でよりよい選択・決定を行うとともに，その過程での課題や葛藤に積極的に取り組み克服する。</td><td>【選択能力】
様々な選択肢について比較検討したり，葛藤を克服したりして，主体的に判断し，自らにふさわしい選択・決定を行っていく能力</td><td>・自分の好きなもの，大切なものを持つ。
・学校でしてよいことと悪いことがあることが分かる。</td><td>・自分のやりたいこと，よいと思うことなどを考え，進んで取り組む。
・してはいけないことが分かり，自制する。</td><td>・係活動などで自分のやりたい係，やれそうな係を選ぶ。
・教師や保護者に自分の悩みや葛藤を話す。</td></tr>
<tr><td>【課題解決能力】
意思決定に伴う責任を受け入れ，選択結果に適応するとともに，希望する進路の実現に向け，自ら課題を設定してその解決に取り組む能力</td><td>・自分のことは自分で行おうとする。</td><td>・自分の仕事に対して責任を感じ，最後までやり通そうとする。
・自分の力で課題を解決しようと努力する。</td><td>・生活や学習上の課題を見つけ，自分の力で解決しようとする。
・将来の夢や希望を持ち，実現を目指して努力しようとする。</td></tr>
</table>

ア教育の実施にあたっては家庭・地域と連携し，体験的な学習を重視するとともに，各学校ごとに目的を設定し，教育課程に位置付けて計画的に行う必要がある」との提言を受け，小学校段階から職業観を育む重要性が示された。これ以降，中学校においては職場体験活動，高等学校においては就業体験活動等が行われ，小学校においても，職場見学等が行われるようになった。

この新たなキャリア教育という概念は「望ましい職業観・勤労観及び職業に関する知識や技能を身に付けさせるとともに，自己の個性を理解し，主体的に進路を選択する能力・態度を育てる教育」（中央教育審議会「初等中等教育と高等教育との接続の改善について（答申）」（1999），あるいは「『キャリア』概念に基づき『児童生徒一人ひとりのキャリア発達を支援し，それぞれにふさわしいキャリアを形成していくために必要な意欲・態度や能力を育てる教育』」「勤労観・職業観を育てる教育」（キャリア教育の推進に関する総合的調査研究協力者会議報告書，2004）とされている。一般にキャリアとは，経歴，履歴，活動歴，職業等を意味する言葉であるが，「個々人が生涯にわたって遂行するさまざまな立場や役割の連鎖及びその過程における自己と働くこととの関係付けや価値付けの累積」（キャリア教育の推進に関する総合的調査研究協力者会議報告書，文部科学省，2004）といった職業生活にとどまらず家庭生活や市民生活をも含むより広い定義もある。

こうした中，国立教育政策研究所生徒指導研究センター（2002）は，『児童生徒の職業観・勤労観を育む教育の推進について（調査研究報告書）』における「職業観・勤労観をはぐくむ学習プログラムの枠組み（例）」の中で「人間関係形成能力（自他の理解能力／コミュニケーション能力）」「情報活用能力（情報収集・探索能力／職業理解能力）」「将来設計能力（役割把握・認識能力／計画実行能力）」「意思決定能力（選択能力／課題解決能力）」の４領域８能力を挙げている。またその中で，小学校（低学年・中学年・高学年），中学校，高等学校において育成されるべき具体的な能力を示している。このうち，小学校に関連する箇所を表４に載せた。

ワーク（考えてみよう）

1．小学校を振り返り，生徒指導，教育相談，進路指導に関する指導にはどのようなものがあったか，グループでシェアしよう。

2．二次的援助サービスにおいて児童に投げかけたい言葉を５つ考えて，グループでシェアしよう。

3．これまで自分が就きたかった職業がどのように変化してきたかについて振り返り，

グループでシェアしよう。

参考・引用文献

中央教育審議会 (1999). 初等中等教育と高等教育との接続の改善について（答申）
江川玟成・高橋勝・葉養正明・望月重信 (2007). 最新教育キーワード 137　第 12 版　時事通信社 pp.134-135.
学級経営研究会 (2000). 学級経営の充実に関する調査研究（最終報告書）
河村茂雄 (1999). 学級崩壊に学ぶ―崩壊のメカニズムを絶つ教師の知識と技術　誠信書房
河村茂雄 (2000). 学級崩壊予防・回復マニュアル―全体計画から１時間の進め方まで　図書文化
河村茂雄 (2006).「なれ合い型」学級崩壊が急増－都市部で顕著　産経新聞（2006 年 10 月 13 日）
石隈利紀 (1999). 学校心理学　誠信書房
国立教育政策研究所生徒指導研究センター (2002). 児童生徒の職業観・勤労観を育む教育の推進について（調査研究報告書）
国立教育政策研究所生徒指導研究センター (2009). 生徒指導資料第１集（改訂版）：生徒指導上の諸問題の推移とこれからの生徒指導―データに見る生徒指導の課題と展望
国立教育政策研究所生徒指導研究センター (2010). 生徒指導資料第３集　規範意識をはぐくむ生徒指導体制―小学校・中学校・高等学校の実践事例 22 から学ぶ
国立教育政策研究所生徒指導研究センター (2011). 生徒指導の役割連携の推進に向けて―『生徒指導主担当者』に求められる具体的な行動（小学校編）
増田美佳子・松本剛・隈元みちる (2007). 小学校における生徒指導の現状と課題　生徒指導研究, 18, 21-31.
増田修治・井上恵子 (2020).「学級がうまく機能しない状況」（いわゆる「学級崩壊」）の実態調査と克服すべき課題― 1998 年度と 2019 年度の学級状況調査を比較して　白梅学園大学・短期大学教職課程研究，3, 11-40.
文部省 (1961). 進路指導の手引－中学校学級担任編
文部省 (1965). 生徒指導の手引
文部省 (1981). 生徒指導の手引（改訂版）
文部科学省 (2004). キャリア教育の推進に関する総合的調査研究協力者会議報告書
文部科学省 (2017). 小学校学習指導要領
文部科学省 (2022). 生徒指導提要
野澤亜伊子 (2008). 生活時間の実態と意識にみる「中１ギャップ」 ベネッセ教育総合研究所　放課後の生活時間調査報告書
滝充 (2011). 小学校からの生徒指導―『生徒指導提要』を読み進めるために　国立教育政策研究所紀要，140, 301-312.
東京都教育委員会 (2009). 公立小・中学校における第１学年の児童生徒の学校生活への適応状況にかかわる実態調査
上野和久 (2011).『生徒指導の手引』（1981 年）と『生徒指導提要』（2010 年）の比較研究―「生徒指導の意義」における記述方法・意味内容の比較を通して　和歌山大学教育学部教育実践総合センター紀要，21, 83-88.

コラム※column

「ふるさと」という文脈を生かした子どもの自己形成

浅井継悟・赤木麻衣

「兎追ひし彼の山，小鮒釣りし彼の川」ではじまるのは，文部省唱歌の一つ，「ふるさと」の一節である。「ふるさと」というタイトルがついているものの，現代の子ども達には，このような光景はほとんど当てはまらない。しかし，たとえこの歌のような自然豊かな故郷でなくとも，自分が子どもの頃に暮らした風景は誰でも持っているだろう。

子どもの自己形成には，算数や国語といった教科に関する勉強だけでなく，学校や家庭で基本的な生活習慣や社会生活のきまりを学ぶことも必要である。以前であれば，意識せずとも学校や家庭の中で行われていたこれらのことも，時代の変化によって意図的に行う必要がでてきている。文部科学省は，基本的な生活習慣を形成するために，学校での道徳教育の充実を目的とした「心のノート」を全ての小学生・中学生に配布したり，家庭での基本的な生活習慣の育成を目的に「早寝早起き朝ご飯」運動を展開している（内閣府，2013）。

しかしながら，自己形成は全国の一律的なマニュアルにだけ従って行えばよいのかといえば，それは異なる。子どもが生まれ育った家庭にはその家庭の文化があり，通っている学校にはその学校の文化があり，さらに，住んでいる地域にはその地域の文化が存在する。これらの文化が合わさって子どもにとってのふるさとを作っているのではないだろうか？　したがって，基本的な生活習慣の獲得も大切であるが，ふるさとという，子どもにとって自分が生きてきたコンテクスト（文脈）を重視した自己形成も必要となってくるのではないだろうか。

被災地域での支援においても，この考え方は応用されている。

文部科学省の支援を受けて福島大学うつくしまふくしま未来支援センターが行った「郷土に想いをよせる同窓会事業」では，東日本大震災によって離れ離れになった浪江町津島地区と川内村の子どもたちを対象に，1泊2日の日程で自分たちのふるさとを思い起こすようなおみこしや，BON・DANCE（盆踊り）の活動を行い，ふるさとを通して子どもたちがつながれるような活動を行った（森・吉永・本多，2013）。この事業は平成25年度も継続して行われている。

大規模災害にかかわらず，さまざまな事情で生まれ育った故郷がなくなる，もしくは帰れなくなる人は多くいるだろう。しかし，一人ひとりが育った“ふるさと”は心の中にあるのではないだろうか。

ふるさとの三番の歌いだしは以下のようである。「志を果たして　いつの日にか歸（かえ）らん」。子どもたちに基本的な生活習慣を身に付けさせようとすることも大切であるが，自分が生まれ育ったふるさとに，いつの日にか帰りたいと思わせるような，ふるさとという文脈を活かした自己形成も大切なのではないだろうか？

参考・引用文献

森知高・吉永紀子・本多環 (2013). 子どもの「困り感」に寄り添った子ども支援活動―避難を強いられた子どもたちへの支援活動を通して　福島大学うつくしまふくしま未来支援センター平成24年度年報
内閣府 (2013). 平成25年度版 子ども・若者白書

第２章

児童理解の基礎

奥野誠一

Ⅰ．児童理解とは

児童理解とは，教師が児童のパーソナリティ，能力，行動傾向，対人関係，家庭的背景，興味関心などを把握することである。教師に限らず，専門的職業においては，それぞれの専門性に基づいて実態を把握し，その実態把握に基づいて対策を立てる。例えば，医師は患者の症状を診断し，診断に基づいた治療を行う。スクールカウンセラーや教育相談員などの心理専門職はクライエントに対する心理アセスメントに基づいて心理治療やコンサルテーションを行う。これらと同じように，教師は児童理解に基づいて指導を行う。医師の「診断」や心理専門職の「心理アセスメント」に相当する指導の根拠が児童理解である。

パーソナリティ：個人の「その人らしさ」を特徴づける基本的な行動様式のこと。ここでいう行動とは，振る舞い，認知・思考・判断，感情など広く捉えられている。また，環境や状況によって変容するものでもある。

心理アセスメント：クライエント（援助対象者）に関する情報を集めて問題を明確にし，問題が形成・維持されてきたプロセスについて仮説を立て，対応方針を定めること。心理的な問題には，多くの要因が複雑に絡み合っているため，それらを面接や心理検査などで系統的に情報を集めて全体的に理解しようとするものである。

コンサルテーション：援助対象者に直接関わる人物に働きかける間接的援助のこと。心理の専門家が援助対象者と直接関わらない形の援助である。児童への理解や関わり方について教師や保護者と相談することはコンサルテーションの一形態といえる。

１．児童理解の目的

児童理解の目的は，①指導方法を定めること，②児童およびその保護者に寄り添えるようにすること，の２点である。本章では，「指導」という言葉を教師による児童への働きかけ全てを含んだ意味で用いている。つまり，学習指導だけでなく，教師による日常的な関わり（心理面に配慮した対応や何気ない会話など）も含む。

①指導方法を定めること

児童理解の最大の目的は，児童の抱える事情を全体的に把握したうえで，どのように指導したらよいかを決定することである。このことは，学習指導・日常の生活指導の双方に共通する。児童に関する情報を集め，現在のつまずきや課題と関係する要因，興味・関心・得意なことといった強みなどを探り，指導方法を考え，その指導方法であればどのような結果となりそうか，それが児童にどのような影響を及ぼしそうかといった点まで推測し効果的な指導方法を検討する。児童理解を，個に応じた指導や集団全体への指導に活用する。

さまざまな情報を指導と結びつけることは教師の専門性であり，児童理解の重要な部分と考えられる。

②児童およびその保護者に寄り添えるようにすること

児童理解のもう一つの目的は，児童および保護者の気持ちに寄り添い，相手の身になって考えることである。実際の指導では，指導方法を定める際にこのプロセスを経ているであろう。しかし，相手の身になって考えることは非常に重要なことであるので，改めて述べておきたい。

自分の人間関係においても，親や友人に怒られた場合，怒られた理由が分からないと落ち込んだり，相手に怒りを感じたりすることがあるであろう。しかし，「相手がとても大事にしている領域を踏みにじってしまっていた」「他のことでイライラしていて八つ当たりされた」など，事情が分かると，そのときの相手の心情に思いをめぐらすことができる。

これと同じように，児童の事情を知ることは児童や保護者に寄り添いやすくする。「そのような経験をした人なら，どのような感情を抱き，行動するだろうか」と想像することで，相手を尊重した対応が可能になる。子ども基本法の成立（2022年公布）により，社会的にも子どもの権利の尊重がいっそう重要な位置づけになった。子どものことを想像し，子どもがうまく表現できない思いを推測することは，児童理解において肝要である。

例えば，仮に，父親が亡くなったことを境に問題行動が増加した……というケースがあるとする。問題行動増加の原因が父親の突然の死だとしても，父親を蘇らせることはできない。この場合は，この子どもがどのような思いを抱えているのか，といった複雑な感情をできるだけ多く想像し，そのような思いをもった子どもへの関わり方を考える。

また，学習面につまずきがある児童の指導においてもさまざまな指導方法がある。仮にボランティアの学習指導員をマンツーマンで配置し，それによって学力補償を行うとする。その指導によって児童は自分自身に対してどのような思いを抱くか，周囲の児童はその児童に対してどのような思いを抱くか，さらに周囲の児童の見方をその児童がどう思うかといった点にも想像をめぐらせるのである。うれしいと思い喜んで取り組む児童もいるであろう。しかし，自尊心を傷つけられたと感じる児童もいるであろう。そのため，児童理解に基づき，状況に応じた配慮をする必要がある。

なお，ここで挙げた例は相手の身になる重要性についての説明を補足するためのものであって，実際はこのような単純な理解ではないということを付記しておく。

これらの作業をするためには幅広い知識が必要になる。多くの場合，児童理解が意識されるのは発達上のつまずきや課題のある特定の児童を理解するときである。しかし，教科指導も児童理解に基づいて行われている。学習指導案には，「主題設定の理由」欄などで児童の実態を踏まえた指導の必然性を述べ，各回において教材をどのように用いて児童に何を身に付けさせるかを記述する。指導の必然性は児童理解に基づいた児童の実態（学習の進捗状況や準備状態）を根拠としたものである。したがって，児童理解は課題のある児童だけでなく学級全体も対象となる。

2．指導のマイナスとなる児童理解

上に述べた２つの目的のいずれにも役立たない理解は指導上，児童に悪影響を及ぼす。特に次のような理解をしていないかどうかは，日常的に意識して自問自答する癖をつけておくとよいかもしれない。

①自分が安心するための理解

通常，指導の初期段階では情報の理解も十分ではない。また，指導期間全体を通しても，必要な情報全てを入手できるわけではない。そのような場合には，相手の身になってどれだけさまざまな状況を想像できるかが重要になる。しかし，想像は実際とは異なるという点に注意しなければならない。情報を集めている途中で分からないことを想像で補ってしまい，それを事実であるかのように思い込んでしまう。「分からない」ことは人を不安にさせるため，その不安を解消するために自分の理解の枠組みで強引に理解してしまうことがある。「相手の身になる」ことでさまざまな状況を想像することは，限られた情報の中から対策を練るために重要である。しかし，何が分かっていることで，何が分かっていないことなのか，その部分をどう想像しているのか，といった点は整理しておく必要がある。

また，「○○が問題だ。だからダメなんだ」という理解のまま終わってしまうことも

ある。このような理解も対応に結びつかない。「○○が問題」だとするならば，○○の部分にどのようにアプローチしたらよいかという対策案を考えることにつながるように理解する必要がある。

②柔軟性のない理解

児童理解は，指導期間の初期から終了するまで同じまま継続するわけではない。指導の初期段階には，その時点での児童理解に基づいて指導が行われる。指導への反応（指導効果や児童の様子）を見て，次の指導を判断する。したがって，指導を行いながらも児童理解は継続される。教師と児童・保護者との関係が深まったところで，重要な情報が入手されることもある。場合によっては，それまでの児童理解を覆すようなこともある。当初の児童理解と反する情報が与えられた場合には，反する情報を無視することのないようにしたい。指導初期での正確な児童理解も重要であるが，柔軟性を持ち，新しい情報を得たら必要に応じて当初の理解を変更・修正しながら指導にあたることが重要であろう。

Ⅱ．児童理解の構成要素

児童理解は指導の根拠となるものであるが，児童理解自体も根拠を伴う必要がある。直感や経験ということだけではなく，根拠を示して理由を説明できることが求められる。そのためにはいくつか観点をおさえておくことが役立つだろう。

１．一般的な理解と個別的な理解

一般的な理解とは，「人間の平均的な発達のしかたと特徴を理解すること」「不登校・いじめ・非行・発達障害など主要問題の基本的特徴や基本的対応を理解すること」から構成される。

一般的な理解については，多くの研究成果の蓄積があるため，それらを参考にする。発達については，本書の第３章において述べられている。その他の章においても各内容に関する一般的な理解と対応のための情報が述べられている。教員免許状を取得しようとしているなら，教育相談・生徒指導関連の科目の他に，児童の心身の発達や学習過程に関する科目も履修しているであろう。それらの授業で扱われている内容とも密接に関係する。

どの分野にも基本的知識や理論というものがある。基本的知識や理論は指導の羅針盤となるものである。実際に児童と向き合うと，必ずしも基本的知識や理論と合致するわけではない。だからと言って，知識や理論が不要というわけではない。それらによって，指導の現在位置や今後の方向の目安を知ることができる。

小学校の教員であっても乳幼児の一般的な発達を知っていると，児童の発達が一般的なものなのかどうか判断ができ，児童の過去の経験を理解しやすくなる。発達的な課題を乗り越えるための能力を定めるには，中学校以降の一般的な発達のしかたを理解しておくことが役立つ。さまざまな家庭背景を理解するためには，乳幼児期から老年期までの基本的知識をおさえておくとよいであろう。例えば，乳児を抱える母親のストレス，保護者の両親（子どもの祖父母）を介護する家族のストレスなどである。自分が経験していないことを理解しようとするためにも一般的な理解は役立つであろう。

しかし，子どもは一人ひとり異なる。例えば，不登校に対する基本的な対応を行っても，児童や家庭によっては有効ではない場合がある。これは，その児童や家庭に特有の背景があるためである。同じ行動でも背景が変われば対応を変える必要がある。特有の事情を踏まえて，一般的な理解と組み合わせて総合的に理解する必要がある。このよう

表1 パーソナリティ検査の種類

種類	概要	特徴
質問紙法	用意された質問項目に対して，自己報告の形で回答をもとめてパーソナリティを把握する方法	・意識的なレベルでのパーソナリティを測る ・採点・解釈が容易 ・言語能力・内省能力に依存する ・項目以外のことは分からない
投映法（投影法）	ある一定のあいまいな刺激に対して，被検者がどのように反応するかによってパーソナリティを把握する方法	・無意識なレベルでのパーソナリティを測る ・全体的なパーソナリティの把握が可能 ・解釈が難しく，主観的になりやすい ・実施に時間がかかる
作業検査法	簡単な作業をさせ，その作業の過程や結果からパーソナリティを把握する方法	・意図的に操作しにくい ・言語を媒介としない ・限られた面しか評価できない ・課題に対する意欲の有無が影響する

に総合的に理解し，指導方法を考えられることが教師の専門性としての児童理解といえよう。

2．児童理解の内容

児童を総合的に理解するためには，児童に関するさまざまな情報が必要となる。これには，日常的な観察・関わりから得られるものもあれば，改まって本人に尋ねたり，保護者・これまでに関わりのある教師・外部機関の関係者などから情報を集めたりする必要がある。情報を集めたうえで，その児童のおかれた環境，年齢相応に発達している部分／そうでない部分，自己への認識などの一般的傾向との相違やその児童に特有の傾向，などを把握する。

集める情報は，問題（児童本人や保護者が困っていること），目標・ニーズ（どうなったら良いか），問題の経過（きっかけ，時期，周囲の対応など），相談歴（専門機関などで相談したことはあるか），生育歴（どのような発達の経過をたどっているか），対人関係（親子関係，家族関係，友人関係），身体状況（健康状態や疾病経験など）などである。また，児童の好きなこと・得意なこと・興味関心などについての情報も重要である。これらの情報は，児童の得意分野や興味を活かした指導法を考えたり，教師との関係を近づけたりするのに役立つだろう。

Ⅲ．児童理解の方法

児童理解は，児童を理解しようという意欲があればできるわけではなく，習得に時間を要する高度な技術である（向山，1987）。技術を磨くことで対象を細かく分析することが可能になる。児童理解にはいくつかの方法論が存在する。実際に児童理解を行うには，次に述べるような方法を組み合わせる。

1．心理検査法

心理検査法とは，知能，発達の程度，パーソナリティなどある特定の心理機能を測定するために作成された検査を用いる方法である。検査ごとに実施の手続きが定められていて，採点から解釈まで一定の手続きで行われる。**標準化**されているため，ある程度の信頼性と妥当性が保証された客観的データとして扱える。心理検査は大きく分けると，知能・発達に関する検査，パーソナリティに関する検査に大別できる。パーソナリティ検査はさらに質問紙法，投映法（投影法），作業検査法に分けられる（表1）。

標準化：①教示などの実施や採点の手続きを一定にする手続きのこと。②検査結果を，集団内での相対的な位置と対応させて解釈できるような基準を設定するための手続きのこと。標準化された検査を行うと，実施から解釈までの手続きが明確に定められており，検査結果の数値を集団と比較して考えることができる。②の手続きを踏んだものまでを標準化と呼ぶ場合と，①の手続きまでのみでも標準化と呼ぶ場合がある。

表2　代表的な標準化された心理検査

発達／知能検査	発達検査	遠城寺式乳幼児分析的発達検査 津守式乳幼児精神診断検査 新版K式発達検査
	知能検査	ビネー式知能検査（田中ビネーVなど） ウェクスラー式知能検査（WISC- Ⅳ，WISC- Vなど） KABC-II（Kaufman Assessment Battery for Children）
パーソナリティ検査	質問紙法	YG 性格検査 MMPI（Minnesota Multiphasic Personality Inventory）
	投映法（投影法）	ロールシャッハ・テスト TAT（Thematic Apperception Test；主題統覚検査） CAT（Children's Appereception Test；幼児・児童絵画統覚検査） P-F（Picture-Frustration）スタディ SCT（Sentence Completion Test；文章完成法テスト） 描画法（HTP（House-Tree-Person），バウムテスト，DAM（Draw A Man））
	作業検査法	内田クレペリン精神作業検査

代表的な心理検査を表2に整理した。しかし，多くの標準化された検査の実施には心理学に基づいた専門的な訓練が必要である。そのため，教師は実施者としてではなく，検査の名称や結果の理解に関する知識を習得しておくとよいであろう。最近では，特別支援教育と関連して知能検査結果を活用する機会は多い。特に，小学校段階の子どもによく用いられる検査は WISC- Ⅳ，KABC- Ⅱである（主要な知能検査の概要は，本書姉妹編『中高編』に詳しい）。WISC は 2022 年に WISC- Ⅴ（第5版）が発売され，今後はⅤに移行していくことになる。生徒指導提要改訂版では，発達上の課題を推定する方法の例として，WISC- Ⅳ，WISC- Ⅴ，KABC- Ⅱがあげられている。

なお，標準化されたものでなくても，学校単位で行われるアンケート（いじめや学校生活に関するものなど）や学力テストも児童理解のための参考資料として活用できる。例えば，急激な成績の落ち込みによっても児童の抱える問題の早期発見につなげられるであろう。

2．観察法

観察法は，子どもの行動を観察し，その結果を分析して，行動の質的側面・量的側面を把握する方法である。心理検査は学校では頻繁には実施できないため，観察法は教師にとっては最も基本的で現実的な方法である。各教科の授業中の様子，休み時間の過ごし方，友人との関わり方などさまざまな場面の観察が可能であろう。特定の場面での行動に課題があれば，特定の場面について細かく観察することもできる。教師の場合，日常的に児童と関わっているため，「ふだん」の様子との違いも観察可能である。これは学校外にいる専門家にはできない教師の強みである。

行動を観察する際には，外から観察できる現象（客観的記述）と内面に関する推測（主観的記述）を分けることが非常に重要である。例えば，「○○さんが悲しそうにしていた」というのは主観的記述である。どんなところから悲しそうにしていたと判断したかという部分が客観的な部分である。例えば，「うつむいていて目に涙を浮かべていた（客観的記述）」ことから，「悲しそう（主観的記述）」と判断したという具合である。思い込みによる偏った理解をすることを防ぐためにも，「自分の判断」と「その根拠となる観察可能な現象」とを分けておくことは重要である。

また，問題となる行動の直前に何が起こり，問題となる行動の直後に何が起こったの

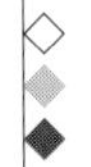

かについても細かく観察することが大切である。行動が発生しやすい環境になっていたり，行動の直後に子どもにとって報酬となるような刺激（例えば，周囲からの注目を集める，その行動をすればしたくないことをしなくてよくなるなど）を受け取っていたりすればその行動は継続されるだろう（**オペラント条件づけ**）。この場合，行動に関するデータがある程度集まれば，環境を整えたり，行動の直後の対応を変えたりするなどの対策を考えることができる。

オペラント条件づけ：ある環境で生起した行動の直後に強化刺激を随伴させることにより，その行動の生起頻度を変容させる手続きおよびその過程のこと。もともとは動物実験により導かれた学習理論であるが，人間においても「行為」を学習する際にこの原理が働いている。問題行動については適切な行動の未学習または誤学習と考える。

3．面接法

面接法は，対象の児童と直接話すことを通して児童の実態を把握する方法である。1対1でじっくりと話をきくこともあれば，休み時間や授業の合間などに短時間で話をするなど，教師の裁量によって自由に設定可能であろう。特に，改まって面接を設定するとかえって緊張してしまうような児童の場合や，言語で内面を表現できない場合には日常の中でさりげなく行うとよいであろう。

児童によっては，尋ねても応えなかったり，応えることができなかったりすることもある。質問されることによって，自分の中を内省することになるため，自分の中でまだ整理できていないことや受け入れられていないことに直面することになる。これらのような場合には，無理に応えさせようとすることは禁物である。児童を理解するための面接にもかかわらず，かえって脅威を与えることとなり，信頼関係を損なうことにつながる。児童の語る意欲をそがないように，話の文脈に沿いながら，情報を無理なく引き出すように工夫することが大切である。

4．周囲からの情報収集

面接法で述べたこととも関係するが，子ども本人は自分のことをうまく語れないことも多い。また，まだ自分自身のことを客観的に見ることができない場合もある。そのため，保護者からの情報は非常に重要である。生育歴や問題の経過は保護者から聞き取ることになるだろう。子どもの言っていることと保護者の言っていることがズレている場合も多い。そのズレには意味があることも多く，ズレを調整する必要もある。

生育歴のききとりについては，現代ではプライバシーなどのため，教師の立場で詳細にききとることは難しい場合もあるであろう。しかし，教師の立場から，向山（2006）は教師が生育歴をききとる重要性を指摘し，家庭訪問時にアルバムを見ながら自然に尋ねるといった方法を紹介している。

保護者だけでなく，前担任など他の関係者やクラスメイトからの情報も，現担任の前で見せる姿と異なることもあり重要である。

「バイアスをかけたくないので，他の人からの情報は聞かないほうがよいのではないか」という疑問を抱く人もいるかもしれない。しかし，教師に限らず専門家は，その専門性に基づいてさまざまな情報を分析・整理して，その妥当性について検証しながら役立てる必要がある。この点は，専門家と非専門家を分ける重要な点と考えられる。

5．提出物・作品法

作品法とは，日常の教育活動の中での児童の作品から心理状態を把握する方法である。ここでいう作品とは，作文，感想文，詩，新聞，工作，絵，日記など教育活動の中で児童に課され，形として残るもの全般を指す。

作品には，価値観・興味関心・感情状態などの内面が多かれ少なかれ反映される。だからと言って，作品から内面を解釈したり，パーソナリティを推測したりすることは適

切ではない。しかし，学校では多くの児童が同じテーマの作品に取り組むため，全体の傾向，全体の傾向とずれているもの，内容的に気になるもの，それまでの傾向と雰囲気が変わったものなどに触れることができる。多くの健康に発達している児童たちの作品とのズレは，問題を潜在的に抱える児童の早期発見に役立つであろう。

以上，児童理解のための方法について紹介したが，複数の方法を組み合わせ，多面的・意識的に理解することが大切である。本節の冒頭でも述べたように，理解する技術は簡単に身に付くものではない。そこで，最後に，意識しておくと児童理解の技術向上に役立つと思われる視点を２つ紹介したい。

まず，向山(1987)は，自身が新卒教師だった時代に行っていた「修行」を紹介している。その概要は次のようなものである。

①放課後の教室で机を順番に見ながら子どもたちの顔を思い浮かべる。
②座席を見ながら子どもと話したことを思い出す。
③特に，日常的な会話（印象的なことではなく）を具体的に思い出す。

相手を理解する方法は，こうした作業を継続し年数をかけて習得する「高級な技術」としている。

次に，菅野（1990）は，教師の指示どおりに行動できない子どもがいる場合に次の仮説を立ててみることを勧めている。

①指示や助言がその子の能力や現在おかれている状況からして無理なのではないか。
②行動に移すためのエネルギーが枯渇しているのではないか。
③行動の自己コントロールがうまくできないのではないか（耐性が未熟または低下している／心の中が混乱している）。
④行動に移すことに対して大きな抵抗があるのではないか（行動に移すと誰かが困る／「良い子になってしまうと誰も心配してくれなくなる」と無意識に感じている）。

向山（1987）や菅野（1990）のように，児童を理解するための視点を持ち，意識して訓練を継続することが教師としての児童理解の力量を高めるために重要である。力量が高まるにつれて，より多くの観点をもてるようになったり，多くの情報を統合して理解できるようになったりするであろう。教員志望者には最初の視点として参考になると思われるため，ここで紹介した。

ワーク（考えてみよう）

1．日常生活で自分の感情が動いた場面を想像して，そのときの状況を客観と主観の記述に分けて分析したうえで，自分の中で起こっていたことについて分析してみよう。

2．「ぼんやりしていて授業に取り組めない児童」がいるとする。これだけの情報からどのような可能性を想像するか？　想像の根拠とともに述べてみよう。

3．ある児童の学業成績が，夏休み明けから急に下がったとする。あなたが教師だったらどのようにして，この児童を理解しようとするだろうか？　方略について，その方法を用いる根拠とともに述べてみよう。

参考・引用文献

小林正幸 (1999). 教育カウンセリングのすすめ方　小林正幸（編）実践入門教育カウンセリング　川島書店　pp.46-52.

前田基成 (1999). 生徒理解　前田基成・沢宮容子・庄司一子　生徒指導と学校カウンセリングの心理学　八千代出版　pp.21-30.

松尾直博 (2008). 心理的問題の状態把握　小林正幸・橋本創一・松尾直博（編）教師のための学校カウンセリング　有斐閣　pp.84-92.

文部科学省 (2022). 生徒指導提要改訂版

向山洋一 (1987). 子どもを動かす法則　明治図書

向山洋一 (2006). 教え方のプロ・向山洋一全集 81　向山が切り拓く特別支援教育　明治図書

奥野誠一 (2011). 個別支援のための総合的なアセスメント　小林正幸・奥野誠一（編）ソーシャルスキルの視点から見た学校カウンセリング　ナカニシヤ出版　pp.31-38.

菅野純 (1990). 子どもの見える行動・見えない行動　瀝々社

コラム❖column

動物介在教育と学校での動物飼育

藤岡久美子

1980年代以降，欧米を中心に人と動物の関係が人に与える影響に関して重要性が認識されるようになり，とりわけ動物との触れ合いが人の心身の健康に与える影響に関する科学的検証が行われてきた。医療や福祉の場での取り組みである動物介在療法（Animal Assisted Therapy; AAT）や動物介在活動（Animal Assisted Activity; AAA）にやや遅れて，動物介在教育（Animal Assisted Education; AAE）という表現が用いられるようになってきた。動物介在教育の基本的なねらいは，“動物を教材として子どもが，生命・自然・自然との関係を学ぶこと，動物との関わりを学ぶこと，他者との関係を学ぶこと，学習効果を上げること”（横山，2006）である。

「動物介在教育」という言葉は新しいが，我が国では明治以来，学校や幼稚園での動物飼育の長い歴史がある。生活科が導入されると，生物愛護と生命尊重の態度の育成の観点で，学校における動物飼育の意義や位置づけがより明確になった。最近では，9割の小学校が飼育舎でウサギ，ニワトリなどの動物飼育を行っている（日本獣医師会，2007）。もちろん，動物飼育を行いさえすれば，子どもの「心」に対して自動的になにがしかのメリットを得られるというわけではない。中島・中川・無藤（2011）は，東京都内の12の小学校の動物飼育を調査し，綿密な教育的計画（獣医師との連携，保護者とともに休日飼育，教科学習との関連づけなど）のもとに4年生が学年飼育に取り組んでいる学校，教育的計画がなく4年生が学年飼育を行う学校，動物飼育は高学年の委員会が行う学校を対象に，学校適応や向社会性の変化を3年生3学期から5年生にかけて縦断的に調べた。その結果，適切に学年飼育を行った4年生は飼育未経験の4年生に比べて，学校適応や向社会性で減少傾向が抑制されていたが，教育的計画のない学年飼育を行った群は未経験群よりも向社会性において，大きな減少を示した。すなわち，動物飼育は教育的計画をもって取り組まれたときに，動物介在教育としての効果を持つ。

従来の動物飼育とはまったく異なる，特筆すべき動物介在教育の取り組みとして，立教女学院小学校の“学校犬バディ”による動物介在教育の実践がある（吉田，2009, 2011）。吉田（2009）は，ある登校しぶりの児童の「学校に犬がいたら楽しいのに」という言葉をきっかけに，学校に犬を介在させ子ども達とともに学校生活を送るというプログラムに取り組んだ。2003年に始まった継続的な取り組みである。ここでは取り組みの詳細は述べないが，エアデール・テリアという大きな犬が小学校の校内，教室やグラウンドを子ども達と一緒に自由に歩き，時には駆け回り，運動会や宿泊学習などの学校行事にも顔を出すという，ユニークな取り組みは，「学校は楽しい場所でなければならない」という信念のもとになされている（吉田，2011）。

このような特別の取り組みはどの学校でも取り入れられるわけではないが，子どもが楽しく学校に来られるようにすることを，教育現場に動物を介在させる主要な目的として設定することは，従来からある小動物の飼育においても可能である。動物が子どもに情緒的サポートを提供しうる潜在的なアタッチメント対象であることは否定できない。社会性や道徳性の発達という「心の教育」以上に子どもの「心の安定」を，学校での動物飼育の重要な目的として再認識することの意義は大きいと思われる。

参考・引用文献

中島由佳・中川美穂子・無藤隆 (2011). 学校での動物飼育の適切さが児童の心理的発達に与える影響　日本獣医師会雑誌, 64, 227-233.

日本獣医師会 (2007). 子どもの心を育てる学校での動物飼育（学校獣医師制の必要性と各地の活動事例）日本獣医師会小動物臨床部会学校飼育動物委員会報告書　社団法人日本獣医師会　http://nichiju.lin.gr.jp/report/bukai.html（2024年1月23日閲覧）

横山章光 (2006). 動物介在教育（Animal Assisted Education: AAE）の多面性　ヒトと動物の関係学会誌, 8, 20-21.

吉田太郎 (2009). 子どもたちの仲間　学校犬「バディ」動物介在教育の試み　高文研.

吉田太郎 (2011). 動物介在教育の試み—学校は楽しい場所でなければならない　教育と医学（特集：動物と親しみながら学ぶ）, 59, 702-713.

第3章

児童期の発達課題

藤岡久美子

Ⅰ．発達の諸理論の概略

1．エリクソンの心理・社会的発達論

人は，乳児の頃からさまざまな人と関わり，自分が所属する社会からの要請にこたえながら，一生涯を通じて一個の主体として発達していく。エリクソン Erikson, E. H. は，それまでのフロイト Freud, S. の心理ー性的発達論が生物的観点による青年期までの発達のみを説明していたのに対し，社会との関わりの中での自我の発達を人生の始まりから終わりまで８つの段階に分けて展望した。各段階には，特有の心理・社会的危機がある。

危機は，自我にとって肯定的なものと否定的なものという，対になる２つの概念で表される。対になる２つのバランス関係で，肯定的な方が否定的な方に勝る時，自我が生き抜いていく力が生まれ，自我の発達が阻害されずに進んでいくことになる。表１に各段階の危機と力を示した。乳児期から学童期までの発達段階についての詳細は後述する。

2．ピアジェの発生的認識論

人は，どのように自分を取り巻く世界にあるさまざまな対象と関わり，それらを認識していくようになるのか。ピアジェ Piaget, J. は人の知的活動の発達に関して独自の理論を築いた。ピアジェは知的発達を適応として捉えている。ここで適応とは，人と外界との相互作用の過程がプラス方向に展開していくことである（浜田，1994）。人が外界を捉え働きかけるために，外界からの刺激を取り込み認識する何らかの枠組みを持って

表１　エリクソンの発達段階

段階	心理・社会的危機	人格的活力	重要な対人関係の範	心理社会的様式
Ⅰ．乳児期	基本的信頼 対 基本的不信	希望（hope）	母及び母的人間	得る，お返しに与える
Ⅱ．幼児期初期	自律性 対 恥，疑惑	意志（will）	親，親的人物	保持する，手放す
Ⅲ．遊戯期	自発性 対 罪悪感	目的（purpose）	家族	まねる，遊ぶ
Ⅳ．学童期	勤勉性 対 劣等感	有能さ（competence）	近隣，学校内の人間	ものをつくる，組み立てる
Ⅴ．青年期	アイデンティティ 対 アイデンティティ拡散	忠誠（fidelity）	仲間集団，外集団	自分になりきる，他者が自分になりきることを認めあう
Ⅵ．成人前期	親密性 対 孤立	愛（love）	友情，異性，競争・協力の相手	他者の中に自己を見いだす，見失う
Ⅶ．成人期	世代性（生殖性）対 停滞性	世話（care）	分業と共同の家庭	存在を生む，世話をする
Ⅷ．老年期	統合性 対 絶望	知恵（wisdom）	人類，私らしさ	一貫した存在を通して得られる実存，存在しなくなることに直面する

表2　ピアジェの認知発達段階（浜田（1994），高橋（1990），郷式（2003）を参考に作成）

	発達段階	おおよその年齢	
感覚運動期	第1段階	0～1カ月	生得的な反射の時期。吸う，飲み込むなどの反射によるシェマ。同化と調節の萌芽が見られる。
	第2段階	1～4カ月	経験による獲得性反応（単純な習慣の形成）。第1次循環反応。
	第3段階	4～8カ月	興味ある環境の変化を求める目的志向性がある。第2次循環反応。
	第4段階	8～12カ月	手段と目的の分化。目的に適した手段の選択が可能に。二次的シェマの協調。
	第5段階	12～18カ月	対象に対し色々働きかけ，対象への影響を観察し，対象の性質を探索する。第3次循環反応。
	第6段階	18カ月～2歳	試行錯誤的ではなく，シェマの協調による新しい手段が可能になる。洞察行動。
前操作期	前概念的思考段階（象徴的思考段階）	2～4歳	イメージを活発に用いる活動が盛んに行われる。アニミズムもこの時期の思考特徴。
	直観的思考段階	4～7歳	概念による思考が可能になってくるが，思考に可逆性がない。
具体的操作期		7～11歳	数の保存や系列化，クラス化などの基本的な論理操作が可能になる。しかし論理操作はまだ形式化されていないため，具体的な事柄に対してしか適用できない。
形式的操作期		11, 12歳～	抽象的な事柄に対する論理操作が可能。

いる必要がある。ピアジェはこの枠組みをシェマ（schema）と呼んだ。シェマは“まとまりを持ち繰り返し可能な活動の単位”で，子どもはその時すでに持っているシェマを用いて自分の身の回りの世界を捉えて働きかける。このように手持ちのシェマを外界に適用することを同化という。生まれたての子どもの持つシェマは，生得的な反射行動であり，例えば吸啜反射により唇に触れた対象を，乳首であろうと指であろうと口の中に取り込もうとする。しかし，手持ちのシェマだけでは外界を捉えきれないので，外界に合わせてシェマの修正が必要となる。これを調節という。実際には同化の際には程度の差はあれ必ず調節を伴う。調節の累積により，新しいシェマの形成へつながる。シェマの大きな変化と対応して，認知発達は4つの段階に分けられている（表2）。

2歳までの感覚運動期では，子どもは生得的な反射行動や運動や感覚によって，世界を認識する。言葉が発達するようになると，実物が目の前になくても言葉やイメージなどの「表象」により考えることができるようになる。しかし，頭の中で対象に働きかけることがまだ十分に行えない前操作期では，自分以外の視点を理解できない，目立った特徴にだけ注目してしまうなどの「中心化」が思考の特徴となる。7，8歳頃からの具体的操作期の論理操作は，具体的な事柄に対しては可能だが，内容の抽象度が高くなるとうまくいかない。11，12歳頃からの形式的操作期の論理操作は，抽象的な事柄や事実に反する仮定的な事柄についても適用可能である。なお，形式的操作の完成時期には個人差や文化差が見られる。

Ⅱ．児童期までの発達の道のり

ここでは，前述のエリクソン，ピアジェに加えてボウルビィ Bowlby, J. とヴィゴツキー Vygotsky, L. S. の理論に基づいて，乳児期から児童期までの発達段階の特徴を述べる。

1．乳児期（0～1歳頃）――ケアされて，信じる

乳児は運動器官が未熟である。最初の数カ月は新生児反射（原始反射）の影響を受け，

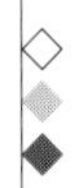

表3 アタッチメントの発達

段階	特徴
第1段階 出生～2，3カ月	人を識別する能力がないため，特定の人物に限らず，人物に対して定位（追視する，声を聴く，手を伸ばすなど）と発信（泣く，ほほえむ，喃語を発する）といったアタッチメント行動を向ける。
第2段階 2，3カ月～6カ月	日常的によく関わる人に対して特にほほえんだり，声を出すなどのアタッチメント行動を向ける。人物に応じて分化した反応を示す。
第3段階 6カ月頃～2，3歳頃	人物の識別が明確になり，相手によって明らかに反応が異なる。移動や言葉の使用が可能になるため，反応レパートリーが増える。養育者を安心の基地とした探索行動がみられる。
第4段階 3歳前後～	養育者の行動を観察することで，養育者の感情や動機，目標などを，ある程度推測することが可能になる。養育者との協調性に基づく関係の構築。養育者が自分を保護し助けてくれる存在であるというイメージが子どもの中に内在化され，物理的なアタッチメント行動を起こさなくても大丈夫になっていく。

頭部のコントロールも未獲得である。したがって，他者からの全面的なケアがなければ生きていけない。空腹や渇きなど生理的に不快な状態を泣くことによって養育者に知らせ，養育者のケアによって不快さを解消できるという経験を重ねることで，「自分は必要な助けを得られる存在である」「周囲の人は助けてくれる存在である」など，自分に対しても他者や世界に対しても肯定的な感覚を持つことが重要である。このような経験によって，エリクソンのいう「基本的信頼感」が育てられる。しかし，常に即時の対応をしてもらえるとは限らないし，また成長とともにこれまでのようにはしてもらえなくなること（例えば離乳）が出てくると，それは不信の感覚をもたらす。信頼と不信のバランス関係で，信頼が勝れば「希望」が生まれる。

同様に，ボウルビィはアタッチメント（Attachment；愛着）理論で，乳児期の養育者との関わりがその後の社会性や人格の発達に及ぼす影響を論じている。恐れや不安が活性化されている状態において，自分が誰かから一貫して「保護してもらえるということに対する信頼感」がアタッチメントの本質的要件であり，人格発達の核となる（遠藤，2005）。アタッチメントの発達を表3に示す。

2．幼児期前期（1～3歳頃）——意志を持つ

よちよち歩きのこの時期（トドラー期）は，身体発達に伴って，自分の意志で自分の身体をコントロールできることが飛躍的に増えてくる。1歳から1歳半にかけて主な移動手段は歩行となり，活動範囲が広がる。同時に微細運動も向上し，食事や更衣など日常生活動作も発達する。そのような制御性の向上に伴って，周囲の大人は子どもにコントロールすることを求めるようになる（例：排泄のコントロール）。エリクソンによれば，要求されたことをできたときに自律性，失敗したときに恥や自身への疑惑が生じる。自律性が勝ると，「意志」の力が生まれる。「自分でやる」「いやだ」など自分の意志を主張する第一反抗期もこの時期の後半にやってくる。

エリクソンが描いた自我発達の図式において，乳児期に信頼感が勝って希望が生まれ，次の発達段階で「意志する存在」になるのと同様の発達の道筋が，ボウルビィのアタッチメント発達からも読み取れる。

ボウルビィによれば，1歳を過ぎる頃，アタッチメント対象者との間で安定したアタッチメントが形成されている場合，その人を“安心の基地（secure base）”として利用し，周りの環境や外界に興味を向けることができ，探索活動が活発になる（図1）。すなわち，養育者との安定したアタッチメント関係の形成が外界への活発な探索——意志を持った外界との関わり——を可能にするといえる。

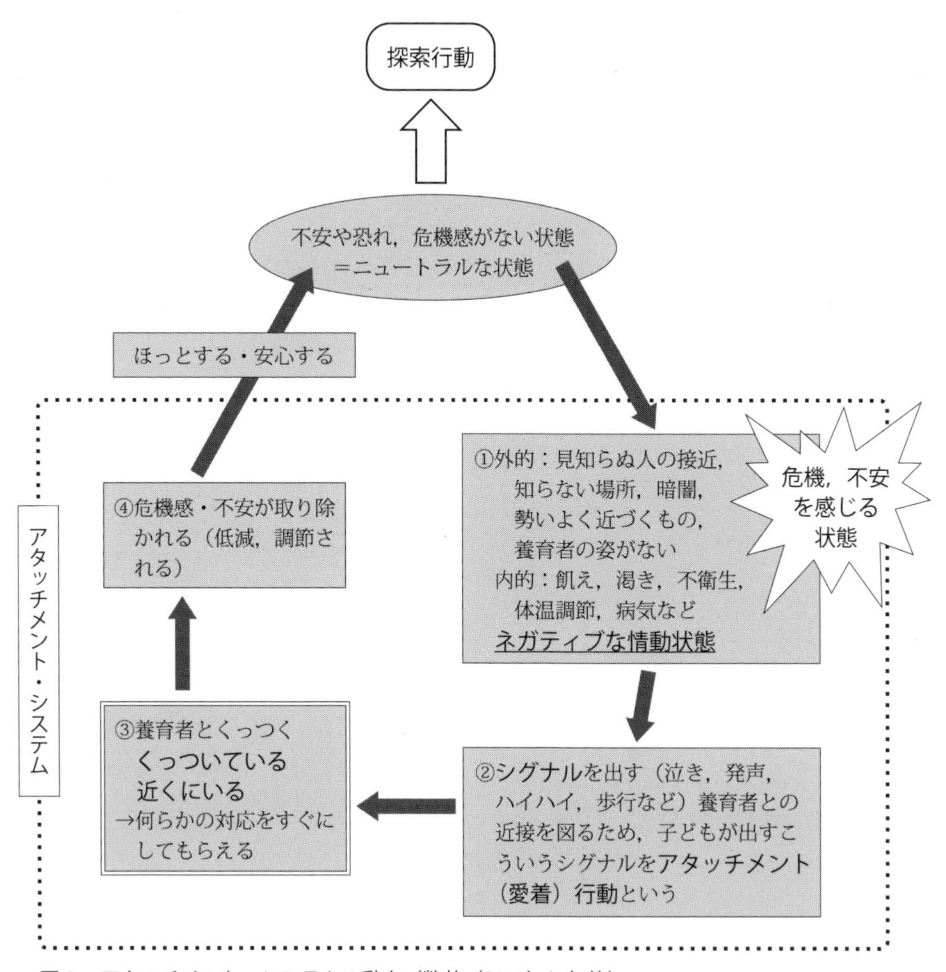

図１　アタッチメント・システムの動き（数井（2012）に加筆）

なお，ピアジェの理論におけるこの時期は，感覚運動期（０～２歳）の後半および前操作期（２～７歳頃）の前半である前概念的思考（象徴的思考）段階に該当する。試行錯誤的ではない対象への働きかけが可能となり，さらに見立て遊びに見られるようにイメージを活発に用いる活動が盛んに行われる。この時期のシェマは同化が優位で，なんでも取り込む。ゆえに見立てやイメージが自由で，イメージの世界に没頭して遊ぶ。また，発達しつつある表象の機能は，アタッチメント対象者との具体的なやりとりを内在的なイメージへと移行させることを可能にする。

３．幼児期後期（遊戯期，４～６歳頃）――遊びを通して育つ

幼稚園・保育所での年少から年長にあたるこの時期は，子どもは遊びを通じた活動の広がりを見せ，集団生活の中で社会性を育てる。また，言葉の発達が著しく，コミュニケーションの手段としてだけでなく思考の道具としても発達する。文字や数への興味の芽生えの時期でもあり，遊びを通して知的好奇心を育て，続く児童期に向けた就学レディネスの獲得も課題となる。

ピアジェの理論では，前操作期の後半であり，直観的思考に特徴づけられる時期である。直観を通して外界を捉えるため，目立つ特徴に基づいた判断をしやすい，あるいは自己の視点からのみ現実に向き合おうとすることになり（自己中心性），保存課題もできない。

エリクソンは,「自発性 対 罪悪感」をこの時期の危機として挙げている。子どもは,前の段階で獲得した自律性により,自分の要求を表現して自発的に身の回りの環境に働きかけていく。鑪（1990）によれば,“外的・内的なバランスを保ちつつ行動できている状態”が自発性が発揮されている状態であり,これがうまくいかないと規範から逸脱した行動となり,罪の意識が生じることになる。

幼児の自発的な環境への働きかけは,遊びを通してなされる。幼稚園・保育所での子どもの遊びの姿には,一人で探索遊びや積木や製作などの構成遊びに没頭したり,小グループでイメージを共有してごっこ遊びをしていたり,目的やルールを共有した協同的な遊びを展開しているなど,多様な姿がある。中でも,計画性や完結性のある構成遊びに取り組むことは,「何かをし遂げなければならない」という義務感を伴って自分に課題を課し,それに自己を定位する自発的な課題意識を発達させる（矢野,1996）。遊びから生まれた自発的な課題意識および態度は,与えられた課題に向き合う姿勢の基礎となる。また,年長の時期には協同遊びが成立していることが重要である。協同遊びでは子ども同士で役割分担や分業があり全体として一つの遊びを展開するものであり,集団の中での個人の特性に応じた役割取得,責任感などの基礎を培うことにもなる。遊びの魅力でつながり,いつもは遊ばない仲間と役割分担して遊びを発展させていったり,その途中でいやになって離れる仲間を叱咤激励して成し遂げるといった姿が,年長児の協同的遊びでは見られる。自発的な遊びの中で養われる協同性と課題意識が,小学校での学習やさまざまな活動を可能にする。

また,この頃の子どもは遊んでいるときや何かに取り組んでいるときに,よくひとりごとを話す。ヴィゴツキーは幼児期のひとりごとを,他者とのコミュニケーションの道具としての言葉が,自己に向けられた内言へと発達する過渡期の現象として,機能的には内言であるが構造的にはまだ外言の特徴を持つ,自己に向けられた発話（ひとりごと）が生じると解釈した。子どもが何らかの活動に取り組んでいる際に示されるひとりごとは,幼児期に言語的思考の始まりとともにいったん増加し,その後でことばの内化とともに減少するという,山型の発達曲線を描くことが示されている（Berk, 1992）。

4．児童期（学童期，7～12歳頃）――“勤勉性”の獲得と学習

小学校の6年間に該当する。重要な対人関係は地域や学校など家庭の外へと広がり,子どもはさまざまな課題に向き合うことになる。幼児期の遊びを通した活動の中で身に付けた課題意識を持って,学校の中で与えられた課題や自ら選択した課題にこつこつと向き合い,新しい知識や技能を獲得していくことが求められる。うまくいかなければ自分はダメだという劣等感を抱くことになる。したがって,「勤勉性 対 劣等感」で勤勉性が勝り,有能感を身に付けるような教師の配慮や支援が重要である。有能感とは,“自分は自分なりにやっていける力がある。そして学ぶことはおもしろい”という感覚であり（鑪,1990）,社会的に生きていくうえで欠くことのできない心の力である。

小学校6年間の発達を低・中・高学年に分けて見ていく。

①低学年

幼児教育からの接続期において,学校文化へなじむことが課題となる。幼児期までの遊びを通した体験的な学びから,教室での体系的な知識の習得へと学びの形態が変化する。また,幼児期までの言語発達は,具体的現実的場面で会話形式の相互交渉において用いられる一次的ことばの発達が主であった。これに対して児童期は,現実を離れた場面で不特定多数の他者に対して一方向的自己設計により展開される二次的ことば（岡本,1985）の習得が課題となる。接続期のカリキュラムにより,これらの学校文化への適

応を支援することが必要である。

②中学年

教科学習では，低学年の生活科が理科と社会に分かれ，算数では割り算や分数の単元があるなど，学習内容がより体系化してくる。その分学習の遅れやつまずきも目立つようになる。認知発達において，この頃に質的転換期があることが指摘されている。具体的操作期の第一段階（７，８歳）では，数の保存や系列化，クラス化などの基本的な論理操作にとどまるが，第二段階（９，10歳）では，２つの次元を自発的に見いだしてその共通項を推理することや遠近法を用いた描画などが可能になる。藤村（2008）は，この第二段階の思考が，児童期中頃に見られるようになる思考過程の意識化やプランニングなどメタ認知の発達と対応することを述べている。メタ認知の機能により自己評価能力も発達し，勉強や運動，友だち関係など領域別に得意か苦手かなどの自己認識もするようになる。また，仲間関係も変化をみせる（詳細は後述）。

③高学年

ピアジェの理論では，11，12歳頃からは形式的操作期となり，抽象的記号操作が可能になる。現実にはありえないような仮定の事象に対しても論理的な思考ができる。抽象的思考力の発達は，それまで漠然としか見えなかった事柄や断片しか見えなかった事柄の輪郭を，推測して補うことを可能にする。そのため，自分を取り巻くさまざまな状況や他者の行動の背後にある意図や感情などを認識し，以前とは異なる悩みを持つようにもなる。児童によっては第二次性徴を迎え，思春期にさしかかる。

Ⅲ．社会性の発達――子ども同士の関わりの中で育つこと

１．他者を理解する

①他者の考えの理解

「心の理論（theory of mind)」とは，自分や他者の思考や欲求，意図，情動など心の存在や働きに関する知識や枠組みのことである。「心の理論」の発達を調べるために，“誤まった信念（false belief）”課題を用いた多くの研究がなされている。課題では,「人物Ａがしまった物をＡの不在時に人物Ｂが移動させる」場面を幼児に提示し，人物Ａがどこに物を取りに行くかを質問する。話を聞いた幼児は物が別の場所に移動したことを知っているが,「人物Ａは前の場所にあると考えている」ことを理解しなければ正答できない。このような課題では，３～４歳では正答率は低いが，４～７歳にかけて正答率が上昇する。自閉症の児童は健常児に比べて正答率が低いことが示されている（Frith, 2005)。また，幼児期には心の理論が獲得されている子どもほど社会的スキルが優れていることも示唆されている。

児童期にはより複雑な「二次的信念（他者の思考や意図に関する別の他者の思考「“人物Ａは○○と信じている”と人物Ｂは考えている｣)」の理解も可能になり，他者を通じた自己理解や複雑な人間関係の理解の基盤となる（子安，2004)。

②感情の理解

幼児期に，表情や状況から他者感情（喜怒哀楽など基本情動）を理解する能力は発達し，６歳頃までには「同じ状況でも人によって感じ方が違う」ことも理解するようになる。児童期になると次のような側面が発達する。プレゼントをもらったのに悲しそうなど，状況と表情とに矛盾があるような場面を提示された時に，幼児はどちらか一方の手がかりだけを場面の理解に用いるが，児童期には両者を統合した場面の理解をする者の割合が増加する（笹屋，1997)。また，うれしいけれど同時に悲しいなど，入り混じった感情を言葉で説明できるのは児童期以降とされる（久保，1997)。

どのような場面でどのような感情表出をすべきかに関する社会・文化的なルールであるディスプレイ・ルールの理解について調べた研究（塚本，1997）では，5歳児は感情表出を統制する必要性自体を理解しておらず，7歳児では感情表出の統制が必要であることの理解は進むが，どのような対人的場面において統制を行うかの理解は不十分である。9歳児では感情表出の統制の必要性の理解とそれを遂行すべき場面の理解がともに発達し，他者が存在する場合としない場合で統制行動を使い分けるようになることが示唆された。

2．道徳性の発達

道徳の一般的な定義は，善悪をわきまえて正しい行為をなすために守るべき規範であり，道徳性はそれらの規範を尊重する意識や行為を示す。道徳性の研究では，正義や公正に関わる判断や，他者への思いやりや配慮など，多様な側面を対象としている。子どもの道徳性の発達の先駆的な研究もピアジェによって行われた。ピアジェは，5歳から13歳の子どもに例話（過失，盗み，嘘）を提示し善悪の判断を調べた。生じた損失など物理的な結果から評価する判断（客観的責任概念）と，動機から評価する判断（主観的責任概念）に分類し，10歳以降になると前者は減少し，後者が増加することを示した。

コールバーグ Kohlberg, L. はピアジェの道徳性発達の研究の影響を受けて，表4の発達段階を提唱した。コールバーグの研究は10歳以降から青年期を対象にしているため，児童期の発達については分配の公正観（ずるくない分け方の判断）を調べたデイモンの研究が参考になるだろう。道徳的判断や公正観に関わる役割取得の発達についても表5に示した。

3．幼児期・児童期の仲間関係の発達

①仲良しは誰？

低年齢の子どもは，物理的に近接した相手（家が近い，席が近いなど）と友人関係を成立させるが，年齢とともに，類似性や共通性がある相手へ（好きなものが同じ，話が合うなど）変化する。また，一緒に遊ぶだけの関係から，相互に仲間意識をもつ持続的な関係になっていく。

②仲間関係の意義

仲間関係は，同等性互恵性を備えた関係である。幼児期における仲間とのやりとりの経験は，社会スキル，他者理解，自己理解，感情のコントロールなどの社会－情緒的（socio-emotional）発達の基礎を形成するうえで重要な役割を果たす。また，児童期後期や思春期になるにしたがって，仲間は情緒的サポート源としての役割をもつようになり，友人との関わりがないことが孤独感につながることもある。それゆえ，子どもが仲間とあまり関わらないことは，社会性発達のリスク因子となるといえる（Hartup, 1970）。

③児童期の仲間関係の特徴

保坂（1996）は児童期から思春期にかけての仲間関係について，次のようにまとめている。児童期中期のギャング・グループは，同性の互いに密接な関係を持つ4，5人の閉鎖的な仲間集団であり，仲間の間だけで通用する言葉，ギャグ，ルールなどを作り，仲間同士の結束を強めたり，他のグループへの対抗意識を持つようになる。ギャング・グループの中で，集団内での役割，規範，責任，約束，忠誠などさまざまな社会的な事柄を学ぶ。

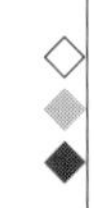

思春期前半のチャム・グループは少人数の同性の親友（chum）とのあいだで，相互信頼，

表4　コールバーグによる道徳性の発達段階（荒木（1988）による）

水準	段階
I　前習慣的水準	段階0：自己欲求希求志向 段階1：罰と従順志向（他律的な道徳） 段階2：道具的相対主義（素朴な自己本位）志向
II　慣習的水準	段階3：他者への同調，あるいは「よい子」志向 段階4：法と秩序志向 移行期
III　慣習以降の自律的，原則的水準	段階5：社会的契約，法律尊重，および個人の権利志向 段階6：普遍的な倫理的原則（良心または原理への）志向

表5　役割取得及び分配の公正観の発達

おおよその年齢	セルマンの役割取得の発達（渡辺，2000 より引用）		デーモンの分配の公正観の発達（Damon,1975；渡辺，1986）
3	レベル0：自己中心的役割取得（3～5歳）	自分の視点と他者の視点を区別することが難しい。同時に，他者の身体的特性を心理面と区別することが難しい。同じ状況でも，自分の見方と他者の見方が必ずしも同じでないことがあることに気づかない。	0-A：行動を起こしたいという欲求から選択。理由は正当化しようという意図はなく，ただ欲求を主張することのみ。例：「それを使いたいから得たい」
4			0-B：依然，欲求中心だが，外見的特徴や性等に基づいて理由づけするようになる（例「女の子だからたくさんほしい」）。目的は変わりやすく，自分に有利にする傾向がある。
5			
6	レベル1：主観的役割取得（6～7歳）	自分の視点と他者の視点を区別して理解するが，双方を関連づけることが出来ない。また，他者の意図と行動を区別して考えられるようになることから，行動が故意であったか（わざとか）そうでないかを考慮するようにもなる。ただし，「笑っていれば嬉しい」など表面的な行動から感情を予測する傾向がある。	1-A：厳密な平等性の概念からなる（例：「みんなおなじだけもらうべき」），平等はけんかや葛藤を避けるものとして考えられる。一方的で柔軟性に欠ける。
7			（1-B：行動の互恵的概念からなる。人は善・悪に関してお返しを受けるべきだと考える。メリットや功績の概念が現れるが，まだ一方的で柔軟性に欠ける。） ※渡辺の研究ではアメリカの研究と異なり，1-B が発達的に増加する傾向はみられなかった。
8	レベル2：二人称相応的役割取得（8～11歳）	他者の視点に立って自分の思考や行動について内省できる。したがって，他者もそうすることが出来ることを理解する。また，外から見える自分と自分だけが知る現実の自分という2つが存在することを理解するようになる。したがって，人と人がやり取りするときに，他者の内省を正しく理解するのは限界があることを認識できるようになる。	2-A：さまざまな人が存在しているが，人間的価値は等しいということが理解されている。ただ，選択理由は主張（競争）を避け，量的に妥協しようとする（例：「彼は一番多く，彼女は少し」） 2-B：互恵，平等，公平の真の意味を考える。さまざまな人の主張や状況の特殊性を理解する。したがって，場面により判断理由は変わる。基本的には誰もが当然分け前をもらうべきだという考え方。
9			
10			
11			
12	レベル3：三人称的役割取得（12～14歳）	自分と他者の視点以外，第三者的視点を取ることが出来るようになる。したがって第三者の立場から自分と他者の視点や相互作用を互いに調節し考慮することができるようになる。	
13			
14			
15～	レベル4：一般化された他者としての役割取得	多様な視点が存在する状況で自分自身の視点を理解する。人の心の無意識の世界を理解する。「言わなくても明らかな」といった深いところで共有される意味を認識する。	

忠誠心，ルールが重視され，一体感を得る一方，友人関係をめぐるトラブルを体験し悩むようになる。これらの仲間関係の中で学ぶ事柄は，青年期の友人関係や異性関係において重要である。

④アタッチメント対象の変化

児童期に相互に大事な相手と認識し合う安定した友人を持つようになると，一緒にいたい，心細いときに近くにいてほしいなどのアタッチメント欲求を向ける対象が親だけでなく友人へと広がる（安藤・遠藤，2005）。Hazan & Zeifman（1994）の研究では，対象となった6歳から17歳までの全ての年齢で一緒に過ごすのが好きな相手は友人が最も多く，なぐさめてほしい相手は14歳までに両親から友人へと移行し，離れていて寂しい相手と頼れる相手も17歳までには友人に置き換わっていった。また，思春期以降は，異性の友人もアタッチメント対象となっていた。

「悲しいことがあった時，一緒にいて欲しいのは？」「宇宙旅行に行くとしたら，一緒に行きたいのは？」などの質問をした研究でも，4歳児は全ての質問に母親と回答する母親型が半数を占めるが，年齢とともに質問によっては父親や他の家族を選択する両親型や家族型が増加し，6年生では友人と家族が混ざった混合型が半数を占めるようになっていた（Takahashi, 1990)。家の外に“安心の基地”をもてることで，子どもはますます世界を広げていくことが可能になる。

ワーク（考えてみよう）

1．小学生の頃を振り返り，低学年，中学年，高学年のそれぞれで，どういう友だちとどのような付き合い方をしていたかを思い出してみよう。本文で説明した仲間関係の発達と同様の特徴があるだろうか。

2．小学生の頃を振り返り，低学年，中学年，高学年のそれぞれで，自分がどういうことに悩んだかを思い出してみよう。悩みの内容が年齢によって異なる場合，それは本文で説明した考える力の発達や仲間関係の発達の観点で説明できるだろうか。

参考・引用文献

安藤智子・遠藤利彦 (2005). 青年期・成人期のアタッチメント　数井みゆき・遠藤利彦（編）アタッチメント：生涯にわたる絆　ミネルヴァ書房　pp.127-173.

荒木紀幸 (1988). 道徳教育はこうすればおもしろい―コールバーグ理論とその実践　北大路書房

Berk, L. E. (1992). Children's private speech: An overview of theory and the status of research. In R. M. Diaz & L. E. Berk (Eds.) *Private speech : From social interaction to self-regulation.* Hillsdale, N.J.: Lawrence Erlbaum Associates. pp.17-53.

ボウルビィ Bowlby, J.（著）　黒田実郎ほか（訳）(1976). 母子関係の理論Ⅰ　愛着行動　岩崎学術出

版社
Damon, W. (1975). Early conceptions of positive justice as related to the development of logical operations. *Child Development,* 46, 301-312.
遠藤利彦 (2005). アタッチメント理論の基本的枠組み　数井みゆき・遠藤利彦（編）アタッチメント：生涯にわたる絆　ミネルヴァ書房　pp.1-31.
エリクソン Erikson, E.H.（著）　小此木啓吾（訳編）(1973). 自我同一性　誠信書房
エリクソン Erikson, E.H.（著）　仁科弥生（訳）(1977). 幼児期と社会Ⅰ　みすず書房
エリクソン Erikson, E.H.（著）　仁科弥生（訳）(1980). 幼児期と社会Ⅱ　みすず書房
フリス Frith, U.（著）　冨田真紀・清水康夫（訳）(2005). 自閉症の謎を解き明かす　東京書籍
藤村宣之 (2008). 知識の獲得・利用とメタ認知　三宮真智子（編）メタ認知―学習力を支える高次認知機能　北大路書房　pp.39-54.
郷式徹 (2003). 乳幼児が世界を知るメカニズム　無藤隆・岩立京子（編）乳幼児心理学　北大路書房　pp.31-44.
浜田寿美男 (1994). ピアジェとワロン　ミネルヴァ書房
Hartup, W. W. (1970). Peer interction and social organization. In P. H. Mussen (Ed.) *Carmichael's manual of child psychology (Vol.2).* Wiley, pp.361-456.
Hazan, C. & Zeifman, D. (1994) Sex and the psychological tether. In K. Bartholomew & D. Perlman (Eds.) *Advances in personal relationships, Vol. 5.* Jessica Kingsley, pp.151-178.
保坂亨 (1996). 子どもの仲間関係が育む親密さ―仲間関係における親密さといじめ　現代のエスプリ，353, 43-51.
数井みゆき (2012). アタッチメント理論の概要　数井みゆき（編）アタッチメントの実践と応用―医療・福祉・教育・司法現場からの報告　誠信書房　pp.1-21.
子安増生 (2000). 心の理論―心を読む心の科学　岩波書店
子安増生 (2004). 心の理論　子安増生・二宮克美（編）キーワードコレクション 発達心理学［改訂版］新曜社　pp.139-139.
久保ゆかり (1997). 他者理解の発達　井上健治・久保ゆかり（編）子どもの社会的発達　東京大学出版会
岡本夏木 (1985). ことばと発達　岩波新書
笹屋里絵 (1997). 表情および状況手がかりからの他者感情推測　教育心理学研究，45, 312-319.
澤田忠幸 (1997). 幼児期における他者の見かけの感情の理解の発達　教育心理学研究，45, 416-425.
下山晴彦編 (1998). 教育心理学Ⅱ　発達と臨床援助の心理学　東京大学出版会
柴田義松 (2006). ヴィゴツキー入門　寺子屋新書
Takahashi, K. (1990). Affective relationships and their lifelong development. In P. B. Baltes, D. L. Featherman, & R. M. Lerner (Eds) *Life-span Development and Behavior. Vol.10.* Erlbaum, pp.1-27.
高橋道子 (1990). 乳児の認知と社会化　無藤隆・高橋道子・田島信元（編）発達心理学入門―乳児・幼児・児童　東京大学出版会　pp.36-60.
鑪幹八郎 (1990). アイデンティティの心理学　講談社現代新書
戸田まり (2005). 学校生活の中で育つ―自分と出会う　無藤隆・藤崎眞知代（編）保育ライブラリ発達心理学　北大路書房　pp.77-96.
塚本伸一 (1997). 子どもの自己感情とその自己統制の認知に関する発達的研究　心理学研究，68, 111-119.
ヴィゴツキー Vygotsky, L. S.（著）　柴田義松（訳）(2001). 新訳版・思考と言語　新読書社
渡辺弥生 (1986). 分配における公正観の発達　教育心理学研究，34, 84-90.
渡辺弥生 (2000) 道徳性の発達　堀野緑・濱口佳和・宮下一博（編）子どものパーソナリティと社会性の発達　北大路書房　pp.146-159.
渡辺弥生 (2011). 子どもの「10歳の壁」とは何か？　乗りこえるための発達心理学　光文社新書
矢野喜夫 (1996). 遊びにおける活動の発達　高橋たまき・中沢和子・森上史朗（編）遊びの発達学・展開編　培風館　pp.80-97.

コラム❈column

関係機関との連携をスムーズにする工夫

小林　智・高橋恵子

近年では，児童生徒の問題行動も複雑化・多様化し，学校だけで対応していくのが困難な事例も多く見られるようになった。したがってこれからは，学校と関係機関等がそれぞれの役割を明確にし，それぞれの専門性を生かしながら，互いに連携する必要性がますます高くなると考えられる。

関係機関等との連携は，日常の教育活動の中で講師等を依頼したり児童生徒に関する情報交換を行ったりするなど健全育成やネットワークの構築等のために行う「日々の連携」と，学校だけでは解決が困難な問題行動等が発生した場合などの対応のために行う「緊急時の連携」の２つに大別されている。このようなさまざまな連携機関について，どのような時にどのような機関と連携すればよいか，表１のようなチェックリストを作成・利用することで，教職員の間で共通理解を図ることが連携をスムーズにするうえでは重要である。

また，実際に関係機関と連携しうまくいった事例についてのソリューション・バンクを作成してデータベース化するなどの工夫も，今後同様の問題が生じた際の有用な資料となり，早期介入のためのスムーズな連携にとって重要である。

参考・引用文献

長谷川啓三 (2005). ソリューション・バンク―ブリーフセラピーの哲学と新展開　金子書房
文部科学省 (2011). 学校と関係機関との連携―学校を支える日々の連携　生徒指導資料第４集
内閣府 (2013). 平成 25 年度版子ども・若者白書

ソリューション・バンク：どのような問題が生じ，それに対してどのように対応し，その結果どのような変化が生まれたかについて記録する，解決事例の貯蔵庫として機能するデータベースを指す。

表１　連携機関のチェックリスト作成例

分野	関係機関等	所在地	電話番号	担当者氏名	備考
教育	○○市教育委員会				
	○○学校				
警察・司法	○○警察				
	保護司				
福祉	○○児童相談所				
	○○福祉事務所				
保健・医療	○○保健所				
	○○病院				

◆◆◇

第Ⅱ部

各論編

第4章

不登校・ひきこもり

花田里欧子・佐藤宏平・若島孔文・横谷謙次・上西　創

Ⅰ．不登校の定義とこれまでの変遷過程および不登校に対する基本的な考え方

文部科学省の「児童の問題行動等生徒指導上の諸問題に関する調査」によれば，不登校は「何らかの心理的，情緒的，身体的，あるいは社会的要因・背景により，児童生徒が登校しないあるいはしたくともできない状況にあること（ただし，病気や経済的な理由によるものを除く）」と定義されている。

そもそも，我が国において，学校に足が向かない子どもたちの問題が注目されるようになったのは昭和30年代のことである。当時，こうした子ども達は「**学校恐怖症**（school phobia）」と呼ばれ，神経症の一つとして理解されていた。その後，時代の変遷を経て，「**登校拒否**（school refusal）」，さらには「不登校」と呼称が変化してきた。この呼称の変化の背景には，こうした学校に足が向かない子ども達のあり方が多様化，複雑化，一般化したことが挙げられる。こうした状況下で，2002（平成14）年9月に「不登校問題に関する調査研究協力者会議」が設置され，さらに2003（平成15）年3月，「今後の不登校への対応の在り方について（報告）」（文部科学省，2003）がとりまとめられている。この報告において，5つの基本的視点が示されている（表1）。

とりわけ，本報告において重要な点は以下の2点である。1点目は，従来，不登校は一部の子どもの問題とされてきたが，「どの児童生徒にも起こりうることとして捉え，全ての児童生徒に対するきめ細やかな配慮や対応の必要性」が明確にされた点にある。また2点目としては，「ただ待つだけでは，状況の改善にならないという認識の必要性」が明示されたことである。不登校児童生徒への対応において，焦りが禁物であることは

学校恐怖症：1941年にアメリカの児童精神科医であるジョンソン Johnson A. M. が，怠学 truancy と区別し，神経症的な心理機制から生じるものとしてもちいた概念。

登校拒否：イギリスのブロードウィン Broadwin I. T. が，1932年に最初に使った用語。

表1　不登校に対する基本的な考え方（文部科学省，2003）

①将来の社会的自立に向けた支援	不登校の解決の目標は，児童生徒の将来的な社会的自立に向けて支援することである。したがって，不登校を「心の問題」としてのみ捉えるのではなく，「進路の問題」として捉え，本人の進路形成に資するような指導・相談や学習支援・情報提供等の対応をする必要がある。
②連携ネットワークによる支援	学校，家庭，地域が連携協力し，不登校の児童生徒がどのような状態にあり，どのような支援を必要としているのか正しく見極め（「アセスメント」）を行い，適切な機関による支援と多様な学習の機会を児童生徒に提供することが重要である。
③学校教育の意義・役割	小・中学校は，自ら学び自ら考える力なども含めた「確かな学力」や基本的な生活習慣，規範意識，集団における社会性等，社会の構成員として必要な資質や能力等をそれぞれの発達段階に応じて育成する機能と責務を有しており，全ての児童生徒が学校に楽しく通うことができるよう，学校教育の一層の充実のための取り組みを展開していくことが重要である。
④働きかけることや関わりを持つことの重要性	児童生徒の立ち直る力を信じることは重要であるが，児童生徒の状況を理解しようとすることもなく，あるいは必要としている支援を行おうとすることもなく，ただ待つだけでは，状況の改善にならないという認識が必要である。
⑤保護者の役割と家庭への支援	保護者を支援し，不登校となった子どもへの対応に関してその保護者が役割を適切に果たせるよう，時機を失することなく児童生徒本人のみならず家庭への適切な働きかけや支援を行うなど，学校と家庭，関係機関の連携を図ることが不可欠である。

論をまたない。しかし，一方で，当該不登校児童生徒に対する状態像のアセスメントに基づき，保護者との連携や，家庭の支援を通じて，さらには，スクールカウンセラーや他機関との連携をとりながら，事例に応じた関わりを行うことがより強調されるようになってきているといえよう。

なお，2017（平成 29）年２月，「義務教育の段階における普通教育に相当する教育の機会の確保等に関する法律」（以下，教育機会確保法）の完全施行に伴い，学校以外の教育機会を確保することが国や自治体の責務とされた。従来の不登校対策は，学校復帰を前提としたものであったが，今後，適応指導教室の拡充，フリースクールにおける学習に対する柔軟な運用など，学校以外での「多様な学びの機会」を拡大させる方向に進むことが見込まれる。

Ⅱ．小学校の不登校の特徴ならびにその背景と対応にむけて

１．データに見る小学校の不登校の特徴

文部科学省は毎年「児童生徒の問題行動・不登校等生徒指導上の諸課題に関する調査結果」の中で，不登校について詳細なデータを公表している。「令和４年度児童生徒の問題行動・不登校等生徒指導上の諸課題に関する調査結果」（文部科学省，2023）によれば，小学校における不登校の特徴として以下の点が挙げられる。

令和４年度児童生徒の問題行動・不登校等生徒指導上の諸課題に関する調査結果：不登校 p.65 ～

①小学校における不登校児童の人数は，59 人に１人の割合であり，中学校に比べて，相対的に少ない（図１）。
②平成 15 年度～平成 24 年度までは 0. 31 ～ 0. 34％で推移していた不登校児童の出現率がここ数年で急速に高まっており，平成 24 年度（0. 31％）から令和４年度（1. 70％）にかけて約 5. 48 倍となっている。出現率ベースで過去最も高い数値となっている（表１）。
③小学校における不登校児童人数は，小１から小６にかけて，段階的に増加し，中学校１年生にいたっては，小６の約 1. 75 倍に増加する（図２）。

以上をまとめると，小学校における不登校は，数自体は中学校に比べると少ないものの，近年急増している。また，小学校段階で登校しぶり等がみられ，中学校以降に長期化するケースも存在することが指摘されており，早期対応が不可欠といえる。

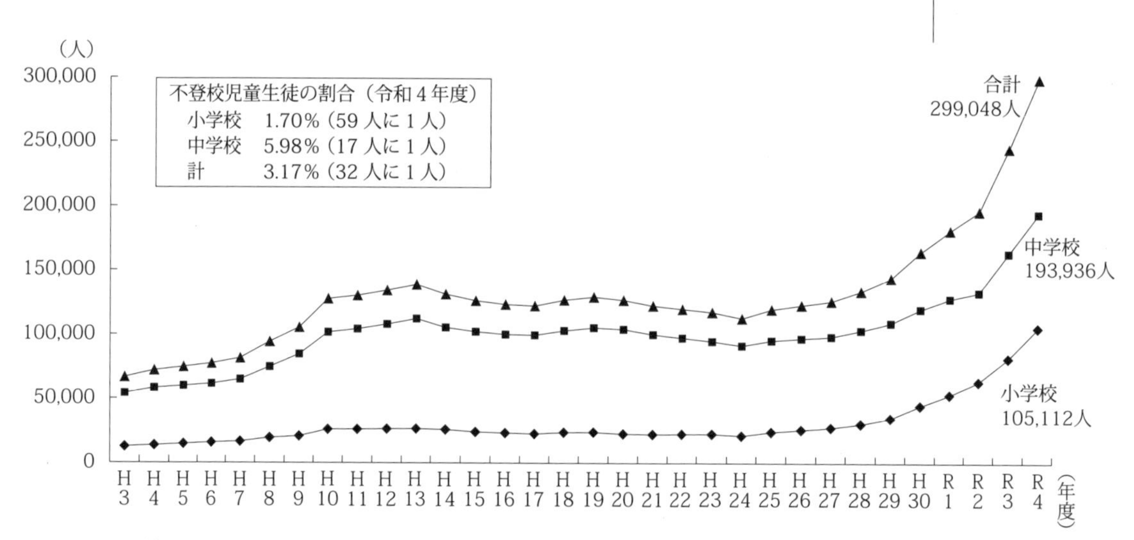

図１ 不登校の児童生徒数の推移（小学校・中学校）（文部科学省，2023）

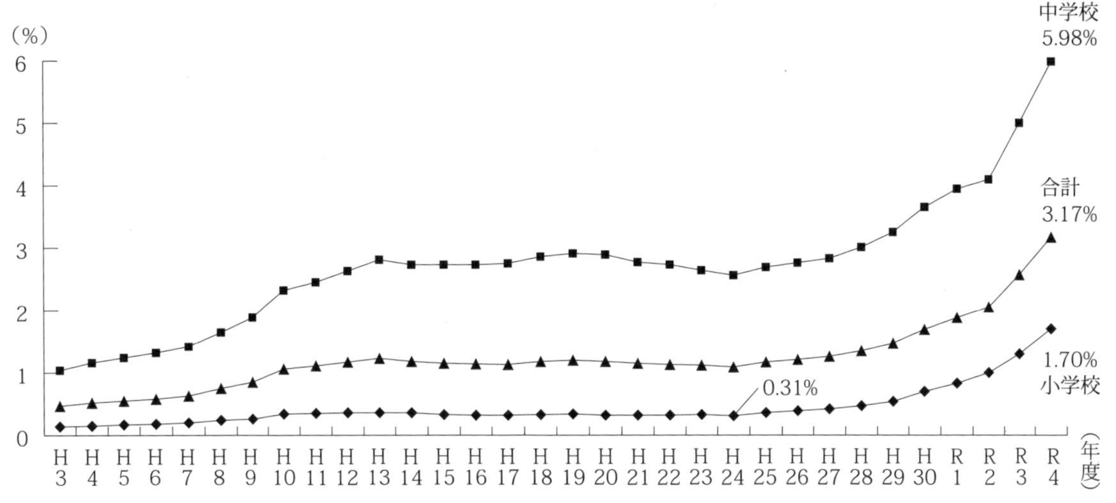

図2　不登校児童生徒の出現率の推移（小学校，中学校）（文部科学省, 2023）

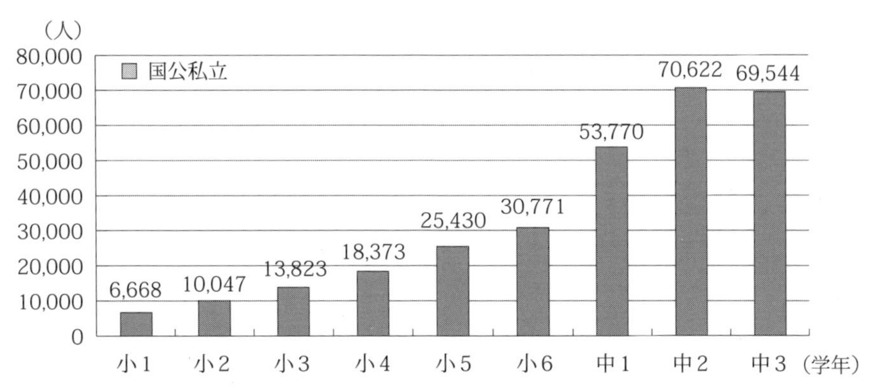

図3　学年別不登校児童生徒数のグラフ（小学校，中学校）（文部科学省，2023）

2．不登校児童の心理的な特徴

不登校児童もさまざまなものがあるが，以下に比較的よく見られる不登校児童の臨床像についていくつか述べたい。

①分離不安（separation anxiety）の問題

児童期に見られる不登校児童において，特に低学年では，分離不安の問題がみられることが多い。分離不安とは，主な養育者（多くの場合，母親）と離れることに対する極度の不安を指す。学校に登校することは，主な養育者と離れること（＝分離）を意味し，この分離に対する不安から，登校が困難になるケースである。こうした問題は，就学前の幼稚園や保育園段階において明らかになる場合が多い。対応としては，付き添い登校から段階的に分離を促す対応が一般的である。

②家庭生活と学校生活とのギャップ

学校生活にはさまざまなきまりやルールがある。例えば，時間（登校，下校，授業開始等）を守る，忘れ物をしない，授業に集中する，給食を残さずに食べる，学校に関係のないものを持ってきてはいけない等，無数のルールが存在する。そして，学校生活においては，そうしたルールを守ることを求められる。これらは，子どもたちが大人になり社会生活を営むうえで基礎となる重要なものである。

一方で，子どもたちは，家庭生活においても，さまざまなルールが存在する。しかし，家庭において求められるルールと学校において求められるルールは必ずしも一致しない。さらに，この一致する領域，すなわち共通領域は，家庭によって，子どもによっ

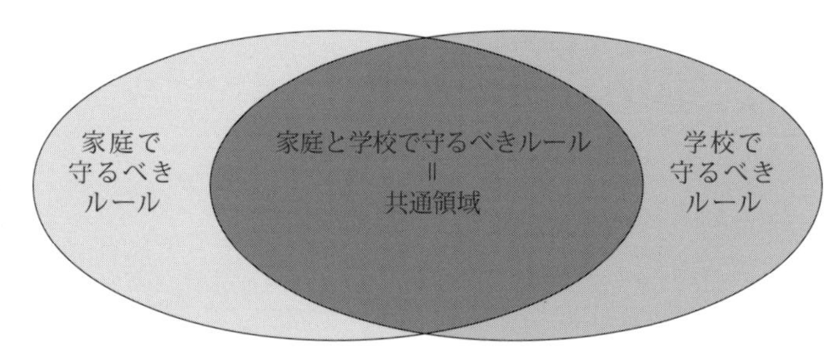

図４ 家庭と学校で求められるルール

てさまざまである。例えば，偏食のある子どもは，家庭では嫌いな食べ物を残すことを許されている。しかし学校では，許されない。また時間に若干ルーズな家庭では，夕食の時間や就寝時間がまちまちであったりするかもしれない。またゲームの時間もきちんと決まっていないかもしれない。こうした家庭と学校のギャップの大きさは，子どもや家庭それぞれであり，そのギャップが大きい場合，学校に対する負の感情を大きくさせてしまうことになる。

小林（2009）は，耐性は，①「努力する力」と②「我慢する力」からなると指摘している。①の「努力する力」とは，勉強や宿題など「したくないことを今行う力」を指す。一方，②の「我慢する力」とは，テレビやゲームなど「したいことを今行わない力」を指している。学校において，こうした力を育みながらも，学校のルールと，家庭のルールのギャップを小さなものにすべく，家庭との協力，連携も必要となる（図４）。なお，児童期における規範意識の問題については，後ほど詳述する。

③神経症的な問題

不登校児童は，さまざまな神経症的症状を呈することも少なくない。こうした症状には，①選択性緘黙（場面緘黙），②脱毛，③抜毛，④チック，⑤食欲不振，⑥睡眠障害，⑦洗浄強迫，などがある。各症状について，ここでは詳細は触れないが，これらのケースでは，医療機関等との連携が必要になる場合が多い。

④家庭の急激な変化

両親の不仲，両親の離婚，父親の失業，家族成員との死別，転居，等，子どもの家庭生活や家族の急激な変化をきっかけに不登校状態となるケースもみられる。とりわけ，児童期においては，こうした変化を受け入れるだけのキャパシティも，年長の場合に比べて小さく，場合によっては不登校につながってしまうことがある。特に，家族成員との死別については，おばあちゃん子が祖母の死に遭遇するといったように特に心理的な関係が深かった成員の場合，十分な心理的サポートが必要となる場合がある。

こうしたケースにおいては，まずは，家庭との連携をとりつつ，家族環境の調整を図っていくような，柔軟な対応が求められる。

⑤浮きこぼれ

小学校における不登校のケースでは，浮きこぼれの問題がみられる場合もある。浮きこぼれとは，周囲の児童に比べて，心理的あるいは能力的な発達水準が高いことにより，周囲から浮いてしまい孤立したり，不適応状態に陥ったりする状態を指す。こうした子どもは，授業がつまらない，周囲が子どもっぽくて嫌だ，といった思いを抱きやすい。また他者の感情の読み取りにも長けているため，他の子どもは気にしていない事柄に対して，心を痛めている場合もある。また教員の発言の裏にある意味を理解しているケースもある。学校のみでの対応では難しい面もあるが，学校教育に加え，その子どもの能力を生かすような教育の場を提供することも重要である。

3．その背景と対応にむけて

小学校段階の不登校の背景と対応は，中学校・高等学校とは異なる。以下に「小学校という段階」と「小学生という時期」および関連する問題について述べる。

①小学校という段階

まず，小学校という段階はどのように理解できるだろうか。理解の一つの柱となるのは，中学校・高等学校は教科担任制，小学校は学級担任制を基本とすることである。

小学校では，担任と児童は，学校生活のほとんど全ての時間や空間を共有することとなる。これは，小学校の担任が，中学校・高等学校に比べて，当該のクラスの児童との関わりあいの頻度や密度が自ずと濃くなることを意味する。そのため，良くも悪くも，児童のありようと，担任のあり方が，より密接に深く関わってくる。同時に，児童や保護者の担任への期待や求める責任はより大きいものとなり，「担任なのだから分かってくれる」ともなれば「担任なのに分かってくれていない」ともなる。不登校に関していえば，「○○先生のクラスの不登校児童数が他のクラスに比べて少ないのは，○○先生のおかげ」，あるいは「○○先生のクラスで不登校児童数が他のクラスに比べて多いのは，○○先生のせい」といった評価にもつながりやすい。このとき，クラスが望ましい状況にあるならば，好意的に受け止められることとなる。しかし，逆にクラスが望ましくない状況にあれば，否定的な評価を受け，場合によっては，担任はますます追いつめられ，事態が悪化してしまうことにもなろう。これは，不登校に限ったことではない。小学校が直面するさまざまな問題において，同様のことが生じうる。

小学校では，中学校に比べて，クラスに問題が生じた際，担任が全てを抱え込んでしまう傾向が強いことはよく指摘されていることである。とりわけ従来，いわゆる学級王国という言葉に示されるように，各クラスの独立性を尊重する風潮も強く，他のクラスのことには互いに口出ししない雰囲気が存在していたのも事実である。しかし，近年，学校全体で教育相談体制づくりを行うように変わってきている。クラスに問題を抱えた担任が，校内で孤立してしまうことがないように，日常的に学校全体で支え合う体制，雰囲気が重要である。なお，チームによる支援については，後ほど詳述する。

②小学生という時期（児童期）

次に，小学生という時期（児童期）はどのように理解できるだろうか。理解の一つの柱となるのは，**規範意識**ということである。

規範意識：法律上でも，教育基本法第６条において，学校教育の実施に当たっては，「教育を受ける者が，学校生活を営むうえで必要な規律を重んずる」ことを重視しなければならないとされ明示されている。また，学校教育法第 21 条においても，規範意識をはぐくみ社会の発展に寄与する態度を養うことなどが義務教育の目標として掲げられている（文部科学省，2022）。

規範意識は，通常，家庭における基本的な生活習慣の基礎の獲得形成のうちに種をまかれ芽を出し，学校や地域といった社会においてより大きく育てられていく。その第一歩として，児童は，小学校のさまざまな場面でルールやきまりといった校内規律に出会う。もっとも，小学校入学以前においても，家庭や幼稚園，保育園等にさまざまなルールは存在する。しかし，就学前の子どもたちは，自らの意志というよりは，保護者や先生といった大人から「言われるから守る」といったものであることがほとんどである。一方，小学校では，学年があがるにつれて，自ら考えて，大人に「言われなくても守る」といった，より主体的な遵守が求められるようになる。そうした自律的な規範意識が働くためには，そもそもなぜ規律があるのか，なぜそれを守るのかということの理解が欠かせない。規律が，自らのためにあるということ，それを守ることで，自分も守られ，他者も守られるということ，すなわち，自らが身を置く場を自らで安心・安全なものにしていくという理解が，決まりを守ることを強く動機づけるうえで重要である。小学生のうちに規範意識をしっかり養っておくことは，その後の学校生活，ひいては社会生活を送っていくうえでのベースとなる。このことが，児童に小学校という場に対する安心感を与え，不登校等を未然防止することにつながっていく。そして，場に対する基本的

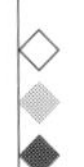

な信頼感があってはじめて，その場を構成する，教職員や仲間との関係がつくられ，「学校は登校するべき場所である」という登校そのものに対する規範意識が子どもたちに根付いていくことになる。

一方で，家庭でのしつけによってこうした規範意識を十分に育む機会に恵まれず，規範意識の理解や規律の遵守に課題をかかえる児童が存在する。また，こうしたケースの中には，家庭との連携，協力が困難である場合も少なくない。家庭の教育力を学校や行政機関等が全て補うのは難しいことではあるが，地域の社会的資源との橋渡し役としての役割を積極的に担うことが期待されている。なお，家庭との連携の問題については，後ほど詳述する。

③小学校の不登校と関連する問題

1）**学習の問題**：先に示した不登校児童の人数が，小１から小６にかけて，段階的に増加していることの理由の一つに，学習の難化が指摘できる。どの教科においても，小学校高学年になるにつれて，学習内容は，次第に高度になってくる。それに伴い，勉強についていきづらくなる児童がでてくる。彼らにとって，分からない授業に出なければならないこと，膨大な宿題を終わらせなければならないこと，解けないテストに取り組まねばならないことなどは，勉強のみならず，学校自体から足を遠のかせることになる。不登校児童には成績が不振におちいっている者が少なくなく，適した学習支援によって改善をみることがある。

2）**発達障害**：発達障害がもたらす特有の困難のために，小学校という場が，児童にとってネガティブで居心地の悪い空間になってしまうことがある。こうした児童が不登校に陥った場合，発達障害だけをその全ての原因として理解と対応のための視点とするならば，その子どもが発達障害である限り，不登校という事態は避けることが難しいように考えられてしまう。しかし，小学校という教育的な場において，発達障害であってもなくても，不登校児の子どもの支援に役立つことはなにかを探ることは，当該児童のみならず，その他の児童，教職員にとっても，重要な機会となる。それと同時に，より専門的な対応が求められる場合はすみやかに外部機関との連携をはかる必要がある。

3）**児童虐待**：児童虐待を受けている児童においては，登校の仕方自体に課題や特徴が示される場合がある。これは，子どもを学校に送り出す背景となる家庭等に，不安定な養育環境が存在するためである。こうした児童に特徴的な登校のありようとして，例えば，遅刻が多い，学校に来たり来なかったりする，なかなか家に帰りたがらない，学校に出向かないばかりでなく家から一歩も外に出ない（ひきこもり状態）などが挙げられる。虐待の事実が明らかになっていなくても，こうしたことが示される場合は，その背景にある家庭の状況に意識を向けて，児童虐待の可能性も視野に入れた対応を行う必要があるだろう。

4）**いじめ**：いじめによっては，不登校につながってしまうケースがある。学校に行ってもいじめられるのを我慢して登校を続ける場合，いじめはますます深刻なものになるかもしれない。このとき，学校に行けばいじめに遭うため，無理して学校に行かなくなるのであれば，いじめを逃れることができる。不登校といじめはその点で切り離せない問題であるが，どのようなケースにあっても最優先されなければならないことは，子どもをいじめから守るということである。その限りにおいて，多様かつ柔軟な登校を学校が認めることもありえる。

5）**中途退学**：中途退学は小学校の不登校に直接関係しない問題のように思われるかもしれない。ところが，先に見たように，小学校での不登校を起点に中学校以降に不登校が長期化するケースや，中途退学者の多くが，小，中学生時に不登校経験を有すると

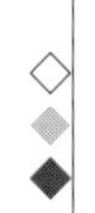

いう報告がある。これを踏まえるならば，中途退学の予防という意味でも，小学校段階からそれを見据えたさまざまなサポートが提供される必要がある。これらをうけ，現在，全国各地で，小学校におけるキャリア教育の視点から，小学校における不登校対応や改善の意義が取り上げられ，関連づけてすすめられつつあり，さまざまな実践報告がなされてきている。

Ⅲ．小学校の不登校を，生じさせない，長引かせないチームづくりにむけて

上述のように，小学校において不登校を，生じさせない，長引かせないためには，担任が一人で問題を抱え込まず，管理職，生徒指導担当，教育相談担当，学年主任，養護教諭等校内の教職員や，スクールカウンセラー，適応指導教室や教育センター，医療機関等の校外の専門家や専門機関等を活用して学校として組織的対応，早期解決，再発防止を徹底する必要がある。そのための有効な方法に**チーム支援**がある。チーム支援の特色は，次の２点にまとめられている（文部科学省，2022）。

１つは，生徒指導上の課題に取り組んでいる児童一人ひとりに対して，保護者，学校内の複数の教職員，関係機関の専門家，地域の人々等が，アセスメント（チーム支援において，当該児童の課題に関連する問題状況や緊急対応を要する危機の程度等の情報を収集・分析・共有し，課題解決に有効な支援仮説を立て，支援目標や方法を決定するための資料を提供するプロセス）に基づいて，支援チームを編成して，課題予防的生徒指導や困難課題対応的生徒指導を行うことである。

もう１つは，チーム支援のプロセスは，①チーム支援の判断とアセスメントの実施，②課題の明確化と目標の共有，③チーム支援計画の作成，④支援チームによる実践，⑤点検，評価に基づくチーム支援の終結・継続と捉えられることである。

さらに組織的対応を進め，児童の課題に適切に対応するには，幼稚園から小学校，小学校から中学校への系統的，継続的な不登校対応体制を構築しなければならない。こうした幼小連携や小中連携について，以下に，事例を交えながら概説する。

チーム支援：問題を抱える個々の児童について，校内の複数の教職員やスクールカウンセラー等がチームを編成して児童を指導・援助し，また，家庭への支援も行い問題解決をすすめるもの。このとき，教職員間で指導のあり方について共通理解を持つとともに，チームとして協働して解決に取り組もうとする教職員の意識が重要であり，校務分掌の明確化や全校指導体制の確立，研修の実施等が不可欠（文部科学省，2022）。

1．幼小連携――幼稚園とのつながりをつくる

保育園・幼稚園から小学校への移行期には，「小１プロブレム」の語に象徴されるように，小学校入学後の環境の変化に対応できにくい児童もおり，小学校に入学したばかりの小学校１年生等の教室では，学習に集中できない，児童が落ち着いて教員の話を聞けない，教室を歩き回って授業が成立しない等，学級がうまく機能しない状況がある。この段階でのつまずきが，小学校低学年における不登校を生じさせうるので注意したい時期である。

【事例】

幼稚園年長のＡ男くん。園の内外で，日々遭遇するもの，なんにでも興味を持ち，多くのことを吸収していた。ところが，小学校に入る直前くらいから，小学校入学後を意識した園での課題への取り組みにおいて，スムーズにいかない場面が生じた。例えば，決まった時間，決まった場所で，与えられた内容に従事しなければならないという状況において，椅子や机をガタガタさせたり，周囲で取り組んでいる友達の邪魔をしてみたり，ということが生じてきた。教師が注意してもあまり聞き入れる様子がない。Ａ君自身の表情も暗い。登園をしぶる日もあるようだ。このままだと小学校入学後の学校生活が危ぶまれてきた……。

本事例のＡ君の課題は，小学校教育と幼児教育の性格の違いに起因すると考えられる。幼児教育では，子ども自身の好奇心がもっとも重要な要素の一つとなる。ここでふれあうものから自然に学習が行われていく。一方，小学校教育では，事例にあるように，好奇心の赴くままにというわけにはいかなくなる。そこでは，一定の枠組みにおいて取り組む相応の態勢が求められる。その中で，自分は何を何のために学ぼうとしているのか，何を理解して何を理解していないのか，ということを見定めつつ取り組んでいくことで，次の学習への目標を得ながら，継続した学びの機会となっていく。子どもによっては，小１プロブレムなど経験せずに，幼児教育から小学校での学習にスムーズに移行する子どももいる。もちろん子どもの資質や能力にもよるだろう。しかし，小１プロブレムを子ども個人の要因にあえて帰すことなく，ここで述べた小学校教育と幼児教育の違いはおよそ全ての子どもに経験されるものと理解し，できる限りスムーズな移行ができるようなサポートは，幼小連携が果たせる重要な役割となる。

2．小中連携――中学校とのつながりをつくる

小学校から中学校への移行期には，「中１ギャップ」の語に象徴されるように，不登校はじめ学校における問題行動の発生率が著しく増加する。この段階でのつまずきが，中学校における不登校を生じさせうるので注意したい時期である。

【事例】

小学校６年生のＡ子さんの母親。Ａ子さんの小学校の卒業式を目前にして，気がかりなことがある。それは，Ａ子さんの年子のお姉さんで一足早くＡ子さんが進学する予定の中学校に入学している中１のＢ子さんのことがあるからだ。Ｂ子さんは不登校で学校に行けていない。理由はよく分からない。小学校時代は何の問題もなく登校していたが，中学校に入ってしばらくするとだんだん元気がなくなり，学校を休みがちとなり，夏休み前後を境に，学校に行かなくなった。そんなＢ子さんを見てきて，今年同じ小学校を卒業して，同じ中学に入学するＡ子さんも似たようなことになるのではないか，と思うと，母親は心配でならない……。

本事例のＢ子さんのように，特にこれといった理由が見当たらないのに，中学校に入学し突如として不登校となる子どもは少なくない。その人数は，先に見たように，小学校６年生から中学校１年生にかけての学年別不登校児童生徒数にみられるように，大幅な増加が認められる。このことから，先に述べた，小１プロブレム同様，子ども自身の個人特性に帰属するよりも，小学校と中学校の違いはおよそ全ての子どもに経験されるものと理解し，あらゆる子どもに起こりうる事態として認識することが大切である。

小学校と中学校の違いには，学区（中学校は，小学校と比べて，学校の規模，学区が広い），学級担任制から教科担任制への移行，人間関係の多様化（恋愛，部活動での友人・先輩後輩関係等），高校受験に始まり，大学受験に続く受験のストレス等がある。小学校から中学校への学校移行に伴う環境面でのさまざまな変化に対する予防的対策を講じておくべきである。

3．小学校と家庭との連携――家庭とのつながりをつくる

先に見たように，小学校の不登校のきっかけは，中学生，高校生と比べて，親子関係や家庭環境の急激な変化といった家庭に係る状況や本人の情緒的混乱等本人の問題に起因するケースが多い。小学校の不登校は，家庭というもののあり方に大きく左右される。

一方で，近年，都市化や核家族化，少子化，地域における地縁的なつながりの希薄化

表２　家庭教育支援の取り組みの一部の概要（文部科学省，2014 より一部修正を加え転載）

家庭教育支援チーム 	全ての親が安心して子育てや家庭教育が行える地域づくりに取り組む中で，地域の子育て経験者や民生委員・児童委員など身近な人たちによって組織されたものである。孤立しがちな保護者や仕事で忙しい保護者など，地域とのコミュニケーションや学習機会等をなかなか得ることのできない保護者や家庭に対する支援手法の開発を行ってきている。その成果を活かし，地域の主体的な取組が促進されるよう，効果的な事例の紹介・情報提供や発信等により支援を行っていくとともに，2010（平成 22）年度より各地域で積極的に取り組まれる家庭教育支援チーム活動を応援するための登録制度を新たに設けた。登録された各地の家庭教育支援チームを対象に，「家庭教育支援チームリーフレット」が作成されている。
家庭教育手帳   	子育てヒント集として作成されたもので，文部科学省のホームページへの掲載，全国の教育委員会等へ配布されている。活用事例として，家庭教育支援に関する講座や，支援人材の養成講座での活用，子育てサロンなど子を持つ親が多く集まる機会での活用，子育て情報誌，広報誌，学級通信などへの掲載，パソコンや携帯へのメールマガジンの発信，事業所における朝礼時などでの活用，大学などの教育機関や，行政機関などにおいて，研修の教材として活用といったことが報告されている。

等により，家庭の教育力の低下が指摘されている。そうした中，改正教育基本法第 10 条で家庭教育支援が規定されたことや，政府レベルの会議での提言において家庭教育支援の重要性が盛り込まれたこと等，社会全体での家庭教育支援の必要性がさらに高まっている。

これらをうけ，文部科学省では，全ての親が安心して子育てや家庭教育を行うことができるよう，検討会議や全国家庭教育支援研究協議会の実施，家庭でのルールづくりの推進，家庭教育支援チーム，家庭教育手帳，データベース（調査研究報告，事例集等）他において，さまざまな取り組みを行ってきている（表２参照）。

Ⅳ．おわりに――まとめにかえて

小学校における不登校は，中学校や高等学校に比べ，発生頻度は多くない。また，登校しぶりにある児童に対しては，担任の対応の工夫で，深刻な状態になる前に改善が見られるケースも少なくない。しかし一方で，小学校において不登校状態となり，中学校以降もその状態が継続する重篤な事例が見られるのも事実である。したがって，目の前の子どもの生育歴や家庭の状況，パーソナリティ，能力などを総合的にアセスメントし，その後の対応の方針を立てることが重要である。

小学校における不登校の対応は，不登校の予防や早期における対応が第一である。また近年の家族の変化に伴い，家庭への支援もますます重要なものとなっている。さらに，重篤なケースにおいては，専門機関との連携が欠かせない。

支援にあたっては，①アセスメントに基づいた対応，②学校内のチーム支援，③家庭との連携，④専門機関との連携，の４つのキーワードを軸とした対応が必要となる。

ワーク（考えてみよう）

1．児童にとって居心地のよいクラス作りのための工夫について，考えてみよう。

2．家庭教育支援について各自で調べ，学校における家庭教育支援のあり方について，考えてみよう。

3．あなたが担任をするクラスの児童が不登校となった。校内でチーム支援をすすめていきたいが，どのような点に注意すべきか，考えてみよう。

ワーク（事例）

■事例1

小学校6年生のA（女児）が担任の先生（中年男性）の強い勧めもあって，5月頃から相談室に来るようになった。Aは小学校2年生の頃から不登校歴があり，小学校3年生の春に一時回復するが秋には不登校状態になり，4，5，6年生は週3日ほど休んで週2日学校に行く，というのを繰り返していた。たまに連続して来る日が続くと間もなく連続して休む日が続いていた。担任としては定期的に親に電話連絡することでAが登校しやすくなることを心がけていたが，4年間不登校を繰り返しているため，「Aはなかなか難しいよね」と全教員が共有していた。なお，発達上の問題はこれまで指摘されたことは一度もない。

教室内ではAはほとんど一人で過ごしており，給食の時間は担任と一緒に食べている。休み時間は机で寝ていることが多い。常にだるそうな表情をしており，下を向いていて，全く覇気がない。学校に来るとほぼ必ず保健室に行き，頭痛と発熱（37度前後）を訴えて，1時間くらい横になっている。

相談室では，初めは話し出さなかったAだが，ぽつりぽつりと自分のことを話すようになる。「（学校の中にも，家の中にも）居場所がない」「家に帰って絵描いていると，祖母からそんなことしないで勉強しろ！」と言われる。「勉強してると父親が肩をわざとぶつけてきて，勉強に集中できない」「吹奏楽の課題曲を吹いていると，うるせぇと言われる」どうしようもなく泣いていると，祖母から「泣くな。ご近所様の迷惑だ」と言われる。それで近くの神社に行って泣いている。「あんな所，居たくない」。成績が最下位でもあり，分からないことが多い。また，吹奏楽の練習ができないので，顧問の先生や同級生から「休んでばっかりだから，できないんだ。（他のメンバーに）迷惑かけ

ないで」と言われる。そのため，全体練習から外されたりする。なお，50分話をしていくと若干だがだるそうな表情が和らいだ気がしていたので，体温計で前後の体温を測ってみると，4分ほど下がっていた。

学校や家庭に居場所がないため，表情が落ち込み，学校を休んでいる。その一方で話をすることによって身体症状が和らいでいく可能性が考えられた。そこで，Ａの学校と家での居場所作りをＡの担任と検討する。その結果，Ａは書道が得意だったので，クラス新聞のタイトルをＡに書いてもらうようにする。Ａが書く度に担任がクラスの前でＡの達筆を褒めることにした。また，吹奏楽部の練習量が非常に多いため，別の部活動に入りなおすことにした。家庭環境についても介入が必要と考えられたため，担任が家庭に直接訪問し，Ａの良くできたことを伝え，Ａががんばっていることも伝えた。このときたまたまＡの父親と会い，その父親と担任が意気投合したよう。また，最後に保健室の養護教諭とも話し，スクールカウンセラーがいるときはＡの話をカウンセラーが聞くが，いない場合はしばらく保健室で休んでいくよう調整した。

これらの介入をすると，7月頃からＡが学校に休まず来るようになり，表情が明るくなってきた。また，Ａが笑うと，「Ａって笑うんだ」と教職員全体が驚いていた。6年間笑顔を見たことがなかったよう。その後，手芸部の友達と仲良くなり，休み時間はその友達と話すようになる。また，書道大会で入賞したようで，それを珍しく家庭内で褒められた，と嬉しそうに話す。クラス内でもハキハキとしゃべるようになり，その変化に学校全体が驚いていた。

解説：なぜ解決したのか？

解決した理由は以下の4つが考えられる。

①担任の対応

担任はＡの問題に対して最も高い動機づけを持っていた。また，学級運営についても優れた手腕を発揮していた。こういった高い動機づけと高い能力を持っている人間を活かすと解決に繋がることが多い。Ａの居場所作りを提案した際は，担任自らがＡの特技を見出し，それをクラス中で公表することによって，Ａの役割を作り出していった。担任はＡには内緒で数名のリーダー的な生徒にＡが学級にうまく溶け込めるよう，「君たちからも言ってやってくれ」と言い，その生徒たちにＡの文字をそれとなく褒めてもらうようにした。そうすると学級全体がＡの達筆を評価するようになり，それがＡのクラス内での役割を作っていった。学校を休んだ際も「学級新聞を発行するためにも来てくれ」と言い，Ａの役割を最大限発揮するようにしていた。担任はＡの家庭訪問の際にＡの父親と面談し，普段話さない父親と意気投合している。この意気投合が，担任と父親の連携を強くし，父親がＡの味方になっていくことにつながったと考えられる。

②父親の対応

Ａにとって，父親はこれまでちょっかいをかける邪魔な存在であったが，担任と定期的に面談することによって，父親がＡに対して「うまくやってるらしいな」という肯定的なちょっかいをかけるようになった。これによって，Ａ自身が家の中で父親を「邪魔する人」から「自分を認めてくれる人」という風に見ていったと考えられる。また，父親がＡを直接褒めることによって，祖母や母親が父親の前で露骨にＡを批判しにくくなったこともある。こういった父親の対応によって，少なくとも父親がいるときは家の中に安全な居場所ができていった可能性が高い。有能な教師が親と接することによって家族内の対応が変わることはよくある。

③養護教諭の対応

養護教諭はＡの辛いときや苦しいときに４年間保護してきた。この保護によってＡの学校内での精神衛生が保たれていたと考えられる。特に保健室にあるカーテン付のベッドにＡは安らぎを得ていたよう。また，頭痛や微熱によってＡ自身の苦しさをうまく表現していた可能性がある。クライエントと長期間良好な関係を築いている人を活かすことによって解決が導かれやすい。

④スクールカウンセラーの対応

スクールカウンセラーはＡがどのような苦しみをもっているのかを丁寧に聞いていった。その苦しみを和らげるためには学校全体のリソースを使う必要があると考えたため，カウンセリングの内容を担任や養護教諭に伝え，対応を話し合っていった。このようにカウンセリング内容をスクールカウンセラーだけの個人守秘にするのではなく，担任や養護教諭を含めた集団守秘体制を築くことによって，多側面からの支援を同時並行的に行うことが可能になる。また，Ａの苦しみがすでに一部解決している点も常に見つけていった（話をすると表情が和らぎ，体温が下がる）。解決が難しそうに見えるケースでもＡなりに解決している部分を見つけ，それを拡張していくことによって，Ａの解決が促されていったと考えられる。Ａの苦しんでいる世界観を十分共有しつつも，解決を冷静に見つけていく，という２つの視点がきわめて重要である。

■事例２

小学校５年生のＡさんは，新学年が始まって少し経った６月の初め頃に担任教師とのトラブルから不登校となり，心配した母親に伴われてカウンセラーを訪問した。

Ａさんは学級委員をしており，活発で友達の多い児童だったが，学級会の活動中に上手くクラスをまとめられなかったことで担任から強く叱責されることがあった。それ以降，担任の顔を見ると体が固まり，怖くて教室に入れなくなってしまった。

面接開始直後は，母親から担任教師のひいきがひどく，児童によって対応が違うことに対する不満が語られた。一通り傾聴しながらもＡさんの様子について尋ねると，家では元気で，勉強もしているし，放課後は友達も来てくれて，公園などで遊ぶこともあるとのこと。Ａさん自身は担任教師が怖いので学校へ行きたくないが，母親は「不登校」という娘の状態に対する抵抗があり，どうしても学校へ行ってほしいという強い思いがあるようだった。

学年主任や校長先生に話を聞くと，担任はベテランの熱血教師で曲がったことが許せないという強い信念があるが，行き過ぎることもあり，これまでも他の児童の保護者とのトラブルがあり，転校に至ったケースもあった。今回のＡさんの件に関しても間違った指導はしていない，という認識があるという。不登校はＡさん自身の問題であり，Ａさんが登校すれば今まで通り受け入れるが，担任から働きかけることはしない，とのことであった。担任の頑なさが強かったため，まずはＡさんと母親の不登校状態への不安を軽減することを目的にカウンセリングを進めることにした。

Ａさんは，「先生はひいきがひどくて辛い。あの先生のせいでＢさんは転校することになった。今度は自分の番かも……」と涙を流すことが多かった。母親もそんなＡさんを不憫に思う一方で「学校に行かなくて大丈夫なのか」という不安を語った。具体的に学校に行かないことの何が不安なのかを聞くと，「勉強が遅れそうなことと，友達から孤立してしまうのでは」とのことだった。すでに聞いたＡさんの家庭での様子から「勉強も自分でしているようですし，友達とも交流していますね。学校に足が向かなくても，お母さんが心配されていることはＡさんがきちんと自分で解決してくれていますね」と伝えると，母親もハッとした様子だった。母親自身の不安を軽減するためにできること

を尋ねると,「家で勉強を見てあげられれば」とのことだったので，実践してもらうことにした。

この介入で母親が安定し始めると, Aさん自身も少しずつ登校へ前向きになり始めた。そこで，学校と相談してまずは保健室登校から始めることにした。保健室へは，放課後に遊ぶ友達が休み時間ごとに顔を出してくれたり，給食を一緒に食べるなど，徐々にAさんも登校を楽しみにするようになってきた。また，担任は未だに頑ななものの，隣のクラスの担任が様子を見に来てくれ，勉強をみてもらうなど「教師」と関わる機会が増えてきたことで，Aさんの教室復帰への意欲も高まっていた。しかし，元のクラスへの復帰については「担任が変わらない限り無理」と拒んでいたため，校長から「それならクラス自体を変えよう」と提案があった。Aさんも，保健室へ様子を見に来てくれる隣のクラスの担任なら教室に行けるとのことだったため，実験的な登校を経て，夏休み明けの２学期からクラスを変えることになった。

Aさんはもともと友達も多く，隣のクラスにも友達がいたため，すぐにクラスに馴染み，その後は問題なく登校を続けることになった。

解説：なぜ解決したのか？

本ケースは，担任教師との関係悪化を発端とする不登校事例であるが，担任教師が頑なに関係改善の取り組みに拒否反応を示していたため，中心となる「問題」に触れず，周辺のシステムへアプローチすることが有効に働いたと考えられるケースである。主なポイントは以下の４点である。

①「不登校状態」のリフレイムによる母親の不安軽減

問題を問題足らしめるのは，当事者の「問題意識」であり，このケースの場合，母親がAさんの「不登校状態」を「とにかくよくない状態」として認識していたことが焦りを生み，家庭を不安な状態に追い込んでいた。そこで，カウンセラーが母親の具体的な不安について聞き，その不安はAさんの力によってすでに解決されていることを提示すると，とたんに問題は消失したのである。また，母親にその状態を維持するための課題を出すことで，母親自身をエンパワー（勇気づける）することにもつながり，結果として，問題が解決された状態を定着させることができたと考えられる。

ひとえに「不登校」といっても,その状態像はさまざまである。部屋から一歩も出ず，家族と一言も口を利かない状態も「不登校」といえるし，毎週１日だけ学校に行かない日がある状態も「不登校」といえる。大切なのは，Aさんにとっての不登校，母親にとっての不登校がどのような意味を持ち，そこへどのような具体的な不安があるかを明らかにすることであり，その具体的な不安や状態をリフレイムすることである。「不登校」＝「今は休憩」のような般化可能なリフレイムも有効ではあるが，より効果を発揮するのは，前述のようなリフレイムであろう。

②多角的な情報収集

不登校事例に限らず，学校現場で起きる種々の問題は，被害者とみなされる家族側の主観的な情報のみを扱うと「スクールカウンセラー＋家族 vs. 学校」の構図になりがちである。そのため，担任や部活顧問，養護教諭，管理職など，多角的な視点からの情報収集を行い，ケースを立体的に見立てる必要がある。そのためには，日ごろから教職員間の連携を強めておくことが有用である。

③スモールステップによる学校復帰

学校復帰はAさんの要望と学校の受け入れ態勢の調整をしながら，取り組みやすいものから段階的に挑戦していくことが望ましい。段階の考え方としては時間（朝の会，給食，帰りの会，放課後など）と空間（図書室，保健室，相談室，校長室など），出来事（運動会，遠足，学習発表会，生物の世話など）に留意すると考えやすい。

④クラス替えという第二次変化

本ケースの場合，担任とAさんの関係改善を中心に取り組もうとすると，担任，Aさん双方の抵抗が強く，偽解決の積み重ねによって悪循環が維持される可能性が高いと考えられる。システム内部（担任とAさんの関係）での変化が困難な場合，より上位のシステム（スプラシステム）に変化を起こす（この場合はクラスそのものを変える）ことで，担任とIPの悪循環というシステムそのものを消失することができる。本ケースの場合，校長がクラス替えに理解があり，Aさんも友達が多かったことがクラス替えへの抵抗を減らし，短期での解決を導いたと考えられる。

IP：Identified Patientの略で「患者と認識された人」の意。その人自身が問題なのではなく，周囲の人によって問題・困難を抱えていると認識されている人という意味で，個人に問題の原因を同定しない家族療法の姿勢が体現されている。

参考・引用文献

小林正幸（監修），早川惠子・大熊雅士・副島賢和（編）(2009). 学校でしかできない不登校支援と未然防止―個別支援シートを用いたサポートシステムの構築 東洋館出版社

文部科学省 (2003). 今後の不登校への対応の在り方について（報告） http://warp.ndl.go.jp/info:ndljp/pid/286794/www.mext.go.jp/b_menu/public/2003/03041134.htm（2024年1月23日閲覧）

文部科学省 (2014). 家庭の教育力の向上 http://www.mext.go.jp/a_menu/shougai/katei/1246352.htm（2024年1月23日閲覧）

文部科学省 (2022). 生徒指導提要（改訂版） https://www.mext.go.jp/content/20230220-mxt_jidou01-000024699-201-1.pdf（2024年1月23日閲覧）

文部科学省 (2023).「令和4年度児童生徒の問題行動等生徒指導上の諸問題に関する調査」結果について https://www.mext.go.jp/content/20231004-mxt_jidou01-100002753_1.pdf（2024年1月23日閲覧）

コラム❖column

小学生の社会形成・社会参加支援

古澤あや

子どもたちが社会の一員として自立し，権利と義務の行使により，社会に積極的に関わろうとする態度を身に付けるため，社会形成，社会参加に関する教育（シティズンシップ（citizenship）教育）の推進が学校教育の中で求められている。

小学校においては，シティズンシップ教育の一環として「約束について考える」授業や「子ども議会」といった体験型の活動が取り組みとして展開されており，その中では自分と他者との違いを排除することなく理解し合うための方法や，ルール守ることの大切さなどを学んでいる。

このように，子どもたちは教育の場で，学習や議論を通じて公正さの概念や法律，規則，意思決定，社会的責任などに対する態度の形成をはじめているが，子どもたちは，通常の学校教育での授業や活動のなかだけでシティズンシップを発揮できる人間に成長していくわけではない。シティズンシップ教育の特徴は，単なる知識教育では不十分であり，社会参加への意欲や行動を引き起こすためには，生涯を通じて学ぶ機会が多面的に存在していることが求められている。

さらに子どもたち一人ひとりがおかれている社会的状況なども考慮した，より個別的なサポートや教育も必要である。

子どもたちを取り巻く社会の現状として，リスクや困難を抱える家族においては，養育者である大人自身が人生に悩んでいるために，子どもに対して適切に関わることができないといった家庭内での教育力の低下がみられることも課題である。子どもたちの中には，親に愛されているという感覚がえられないことで，自分のことも他者のことも受け入れることが難しく，家族や友達との関係でうまくいかずに苦しんでいる姿を学校現場でみることも少なからずある。シティズンシップ教育が目指す，自分と他者との違いを排除せずに理解しあえる人間関係を築けるようになるためには，基盤となる養育者との関係の中で，自分の存在を認めてもらい理解してもらえる体験が大切である。

シティズンシップ教育は，社会との関わりを重視する教育であるため，学校というフォーマル・エデュケーションの場から踏み出した，学校外の家庭や地域との連携も重要であると考えられている。学校教育での学びから獲得する知識・スキルの育成と併せて養育環境が安定することや，養育者との関係性がより良く変化していくことで，子どもたちの自己主張する力や自己肯定感が育まれていくと思われる。

家族療法においては，例えば同じ情報であっても誰が話すかによって受け手の感情や行動に与える影響が変わると考える。つまり，情報の「内容」ではなく，その情報が「どこから」「どのように」伝えられるかという，コミュニケーションルートこそが重要であるという考え方である。よって，子どもたちの学びを学校－家庭－地域といった広い関係性の中で捉え，さまざまな側面で出会う他者との間に開かれている，コミュニケーションルートを最大限に活用するといった視点をもち，多面的に子どもたち（あるいは家族）と関わっていくことが大切であり，さまざまな場面で子どもたちと出会う全ての人たちが，子どもたちの学びを支えているのだという意識をもち関わっていくことが重要であろう。

シティズンシップ：多様な価値観や文化で構成される社会において，個人が自己を守り，自己実現を図るとともに，より良い社会の実現に寄与するという目的のために，社会の意思決定や運営の過程において，個人としての権利と義務を行使し，多様な関係者と積極的に（アクティブに）関わろうとする資質（経済産業省「シティズンシップ教育と経済社会での人々の活躍についての研究会」編『シティズンシップ教育宣言』(2006) にある定義)。シティズンシップ教育が実施されることによって，シティズンシップなしには成立しえない分野であると考える，①公的・共同的な活動（社会・文化活動），②政治活動，③経済活動の各活動が学校教育において活発になっていくことが期待されている。

第5章

いじめ

若島孔文・張　新荷・板倉憲政

Ⅰ．はじめに

2012年，大津市の中2男子の自殺問題を機に社会的関心が高まったいじめ問題。**いじめ防止対策推進法**が成立して11年が経った。同法成立によって，いじめが法的に定義づけられた。「児童生徒の問題行動等生徒指導上の諸問題に関する調査」によれば，例年，いじめの発生件数のピークは中学1年生である。小学校から中学校に移行し，新たな友人関係を築くことに多くのエネルギーを費やす中学1年生の時期に，いじめのピークが重なる。中学校でのいじめは，小学校でのいじめが尾を引いていることが多い。小学校でのいじめ解決には「握手和解」や「一方的な謝罪」が教師によって行われるが，いじめる側の生徒がそれに不全感を抱き，いじめを「再発」させる。そしていじめられる対象は変わらないことが多いとしている（石田，2007）。このように，小学校のいじめは中学校のいじめ問題につながっているため，小学校の段階でいじめへの有効かつ徹底的な対策を検討する必要がある。

いじめ防止対策推進法：いじめへの対応と防止について，学校や行政等の責務を定めた法律。2013年6月，与野党の議員立法で成立した。小中高校と高等専門学校を対象に，自殺など心身に深刻な危害が及ぶ「重大事態」について学校や自治体に調査と報告を義務づけたほか，各学校に教職員や心理・福祉の専門家による組織を常設する。警察や児童相談所，法務局など関係機関との連携を強く促し，早期発見にも力点を置く。

いじめはどの子どもにも，どの学校でも起こりうる問題である。全ての教職員がいじめ問題に取り組む基本姿勢について十分に理解し，学校側が組織的にいじめ問題に取り組むことがより一層求められている。本章では，いじめの現状を欧米と比較しながら考え，いじめに関する重要な理論を踏まえたうえで小学校でのいじめ対策を考察し，いじめへの理解と対応に資することを目的としたい。

Ⅱ．いじめの現状といじめの定義

いじめの現状と定義について考え直してみたい。図1は2022（令和4年）度「児童生徒の問題行動等生徒指導上の諸問題に関する調査」で，文部科学省から毎年提示されているいじめ認知（発生）件数のグラフである。調査対象は国公私立小・中・高等学校および特別支援学校である。この調査結果をもとに，いじめの件数の増加・減少や過去最高の件数になったこと等の報道がマスコミによってなされている。特に令和3年度はいじめ認知件数が68万1,948件と過去最多を更新したことが分かった。しかし，本調査が実施されて以降，平成5年の後と平成17年の後に波線が見られる。その理由は文部科学省が，調査する際のいじめの定義や調査方法を変更したためである。したがって，同じ基準で調査がなされていない点もあり，過去の数と安易に比較することはできない。

いじめの調査開始やいじめの定義の変更のきっかけは，いじめが社会問題化された後である。いじめによる自殺事件が社会的に大きく扱われたことが背景にあると推察される。2007（平成19）年に定義が変更された背景には，2005年に起こった北海道滝川市の小学校6年生の女子児童，2013（平成25）年にいじめ防止対策推進法の施行に伴い，定義が変更された背景には，2012年の大津市の中2男子など，学校から報告のなかっ

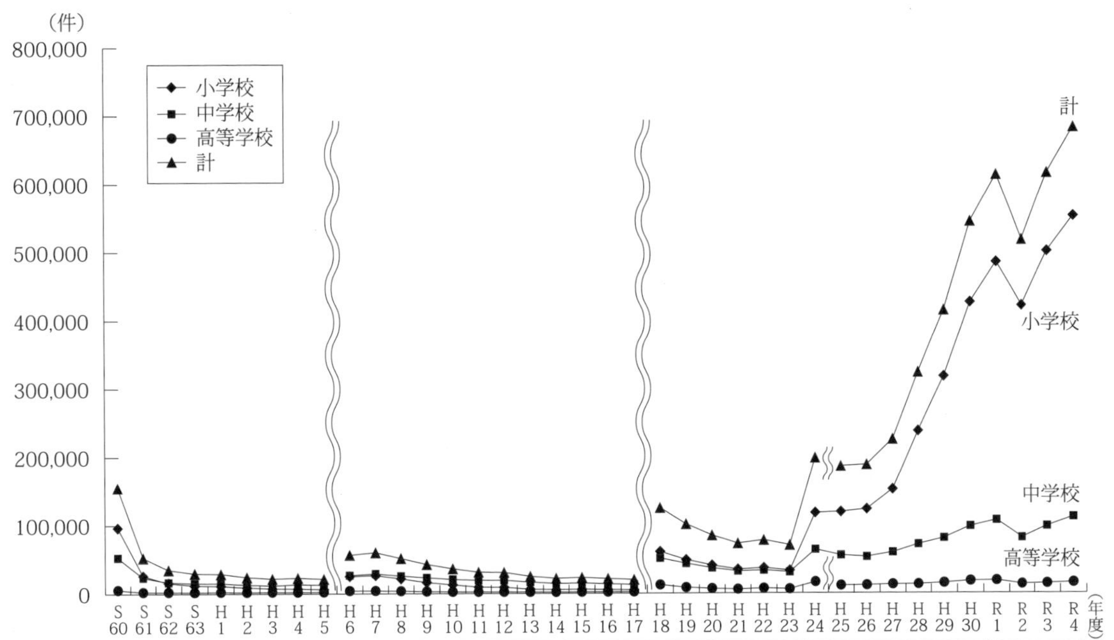

年度	小学校	中学校	高等学校	特別支援学校（特殊教育諸学校）	計
S60	96,457	52,891	5,718	***	155,066
S61	26,306	23,690	2,614	***	52,610
S62	15,727	16,796	2,544	***	35,067
S63	12,122	15,452	2,212	***	29,786
H1	11,350	15,215	2,523	***	29,088
H2	9,035	13,121	2,152	***	24,308
H3	7,718	11,922	2,422	***	22,062
H4	7,300	13,632	2,326	***	23,258
H5	6,390	12,817	2,391	***	21,598
H6	25,295	26,828	4,253	225	56,601
H7	26,614	29,069	4,184	229	60,096
H8	21,733	25,862	3,771	178	51,544
H9	16,294	23,234	3,103	159	42,790
H10	12,858	20,801	2,576	161	36,396
H11	9,462	19,383	2,391	123	31,359
H12	9,114	19,371	2,327	106	30,918
H13	6,206	16,635	2,119	77	25,037
H14	5,659	14,562	1,906	78	22,205
H15	6,051	15,159	2,070	71	23,351
H16	5,551	13,915	2,121	84	21,671
H17	5,087	12,794	2,191	71	20,143
H18	60,897	51,310	12,307	384	124,898
H19	48,896	43,505	8,355	341	101,097
H20	40,807	36,795	6,737	309	84,648
H21	34,766	32,111	5,642	259	72,778
H22	36,909	33,323	7,018	380	77,630
H23	33,124	30,749	6,020	338	70,231
H24	117,384	63,634	16,274	817	198,109
H25	118,748	55,248	11,039	768	185,803
H26	122,734	52,971	11,404	963	188,072
H27	151,692	59,502	12,664	1,274	225,132
H28	237,256	71,309	12,874	1,704	323,143
H29	317,121	80,424	14,789	2,044	414,378
H30	425,844	97,704	17,709	2,676	543,933
R1	484,545	106,524	18,352	3,075	612,496
R2	420,897	80,877	13,126	2,263	517,163
R3	500,562	97,937	14,157	2,695	615,351
R4	551,944	111,404	15,568	3,032	681,948

図1　いじめの認知（発生）件数の推移

（2022（令和4）年度「児童生徒の問題行動等生徒指導上の諸問題に関する調査」について）

注1）平成5年度までは公立小・中・高等学校を調査。平成6年度からは特殊教育諸学校，平成18年度からは国私立学校を含める。注2）平成6年度及び平成18年度に調査方法等を改めている。注3）平成17年度までは発生件数，平成18年度からは認知件数。注4）平成25年度からは高等学校に通信制課程を含める。注5）小学校には義務教育学校前期課程，中学校には義務教育学校後期課程及び中等教育学校前期課程，高等学校には中等教育学校後期課程を含む。

表1 文部科学省が調査で用いるいじめの定義の変遷（文部科学省，2013参照）

文部省（1985（昭和60）年） ・「いじめ」とは，自分よりも弱いものに対して一方的に， ・身体的・心理的な攻撃を継続的に加え， ・相手が深刻な苦痛を感じているもの。 ・学校としてその事実を確認しているもの。 ・なお，起こった場所は学校の内外を問わないこととする。
文部省（1994（平成6）年） ・「いじめ」とは，自分よりも弱いものに対して一方的に， ・身体的・心理的な攻撃を継続的に加え， ・相手が深刻な苦痛を感じているもの。 ・個々の行為がいじめに当たるか否かの判断を表面的・形式的に行うことなく，いじめられている児童生徒の立場に立って行うこと。 ・なお，起こった場所は学校の内外を問わないこととする。
文部科学省（2007（平成19）年） ・個々の行為がいじめに当たるか否かの判断は，表面的・形式的に行うことなく，いじめられた児童生徒の立場に立って行うものとする。 ・「いじめ」とは，当該児童生徒が，一定の人間関係のある者から， ・心理的，物理的な攻撃を受けたことにより， ・精神的な苦痛を感じているものとする。 ・なお，起こった場所は学校の内外を問わない。
文部科学省（2013（平成25）年） ・「いじめ」とは，児童生徒に対して，当該児童生徒が在籍する学校に在籍している等当該児童生徒と一定の人的関係のある他の児童生徒が行う， ・心理的又は物理的な影響を与える行為（インターネットを通じて行われるものも含む。）であって， ・当該行為の対象となった児童生徒が心身の苦痛を感じているもの。

たいじめ自殺が相次いで発覚し，国が行ういじめの実態調査の自殺への信頼性が揺らいだことがあった。それゆえ，いじめ防止対策推進法では，重大事態が発生した場合，学校や学校の設置者は，調査組織を設置し，事実関係を明確にするための調査を行い，いじめを受けた子どもおよびその保護者に対し，調査結果等の情報を提供するなどの特別な対応を行うことが明記された。

現在，文部科学省が用いているいじめの定義は，「児童生徒に対して，当該児童生徒が在籍する学校に在籍している等当該児童生徒と一定の人的関係のある他の児童生徒が行う心理的又は物理的な影響を与える行為（インターネットを通じて行われるものも含む。）であって，当該行為の対象となった児童生徒が心身の苦痛を感じているもの」としている。これにより，いじめを対象になった児童生徒が心身の苦痛を感じているものとし，体を傷つけたり，暴力を振るったりすることは無論，仲間はずれやインターネットへの悪意のある書き込みなども含めていじめとして明確に禁じている。また，児童等の間には一定の人的関係があればよいので，同じ学校に在籍している場合だけでなく，塾やクラブ活動などでつながりがある場合も該当する。しかし，従来の調査基準にみられる，いじめは力の優位－劣位の関係に基づく力の乱用であり，攻撃が一過性でなく反復継続して行われるという指摘は，いじめの本質を的確に突いている。

いじめの定義(表1)の変更後，認知(発生)件数が増加することは予想できる。そして，一端増加した後，減少傾向に変化することが毎回繰り返されている。これは，いじめへの介入が徹底し，実数が減少しているのであれば問題はない。しかし，いじめ自殺を契機としたいじめ問題の顕在化が約10年周期で生じていることは明らかである。学校教員，家庭，社会のいじめに対する意識が薄れたとき，いじめ問題が社会浮上するように感じられる。つまり，学校がいじめと判断し，報告する基準が低くなってしまう傾向があるのではないか。したがって，件数にこだわるのでなく，いじめに対する問題意識を維持することが求められる。

Ⅲ．欧米におけるいじめ

「いじめの諸外国における現状把握」という問題意識のもとに，我が国で国際シンポジウムが開催され，外国の文献が翻訳され，さらには国際比較調査が行われてきた。しかしながら，欧米の bullying（一般に，いじめと訳されることが多い）と日本のいじめには重なり合う部分がある一方で，異なる部分も少なくない。それゆえ，欧米では効果的とされる bullying 対策であっても，それが日本のいじめに対して効果を上げるとは限らない。

例えば，滝（2007）は欧米で効果的とされる bullying 対策の代表例ともいえる「校庭監視」について考察した。「校庭監視」は，生徒の行動を監視・監督するために休み時間に大人が彼らと一緒に過ごす，という手法である。それが bullying（≒いじめ）に効果を上げるとされることに対して，日本の教師の多くが信じがたいとの思いを抱くのではなかろうか。なぜなら，日本でいじめの特徴として指摘されているのは「大人の目には見えにくい形で行われる」点や「主に教室の中で行われる」点であり，校庭の監視・監督が日本のいじめ（≒ bullying）を大きく減らすなどとは考えがたいからである。ところが，欧米で bullying を激減させる手法として，数十年前から今に至るまで根強く支持され続けている。

このような違いが生まれてくる一つの要因として，日本のいじめと欧米の bullying の基本認識に関わる部分の違い，その中心的なイメージのズレが指摘された。すなわち，欧米で bullying という言葉でイメージされる行為は，日本で言うなら「校内暴力（暴力行為）」に分類されるような行為と言ってよい。第三者の「目に見えやすい」攻撃的な行為，すなわち「校内暴力」的な行為がイメージされることが多い bullying に対して，仲間はずれや無視などの「目に見えにくい」攻撃的な行為を中心に，少なくとも「校内暴力」とは一線を画す行為がイメージされることが多いのが，日本のいじめである。このズレに気づけば，欧米の bullying 対策の中心として「校庭監視」がもてはやされる理由，それが実際に効果を上げるとされている理由が理解できよう。

小・中学生を対象に，国立教育政策研究所が行った国際比較調査（滝，2007）によると，被害経験については，日本の場合には男女ともに「仲間はずれ・無視・陰口」「からかう・悪口」の値が著しく高い。また他の行為については，「かるくぶつかる・叩く・蹴る」→「ひどくぶつかる・叩く・蹴る」→「金銭強要・物品破壊」のように暴力的傾向・犯罪的傾向が強くなるほど低くなる。同様に，文部科学省の調査（2018）によると，“ひどくぶつかられたり，叩かれたり，蹴られたりする”といった暴行や傷害という事件につながるようないじめは全体の 5. 8%と減少傾向にあるが，“冷やかしやからかい，悪口や脅し文句，嫌なことを言われる”といった陰湿ないじめが，依然として全体の 62. 3%を占めている。それに対して，アメリカ，カナダ，オーストラリアの３カ国については，「仲間はずれ・無視・陰口」の値は日本と同程度だが，「からかう・悪口」はそれ以上に高い値を示し，「かるくぶつかる・叩く・蹴る」はオーストラリアの女子を除けばやはり高い値を示す。「ひどくぶつかる・叩く・蹴る」「金銭強要・物品破壊」については日本同様に低くはなるものの，日本よりは明らかに高い値を示すことが分かる。いずれにしても，日本のいじめが他国と比べたときに「非暴力的」な傾向が強いことがはっきりと分かる。

こうした傾向は，加害経験を見るとより顕著になる。日本は「仲間はずれ・無視・陰口」

が他国以上に高い一方で,「からかう・悪口」→「かるくぶつかる・叩く・蹴る」→「ひどくぶつかる・叩く・蹴る」→「金銭強要・物品破壊」と値がどんどん低くなる。米加豪の3国については,「かるくぶつかる・叩く・蹴る」「からかう・悪口」の値が高く,「仲間はずれ・無視・陰口」の値も低くはないものの「ひどくぶつかる・叩く・蹴る」の値がそれに迫っており,そうした傾向は特に男子で強い。

以上の結果は,日本でいじめとして問題になっている行為と,海外で bullying として問題になっている行為の形態にはズレがあることをはっきりと示すエビデンスといえよう。いじめは日本だけの現象ではないというのは確かであるが,その質という点では大いに異なっているように思われる。これまで述べてきたように,日本のいじめは仲間はずれの行為に見られるように,心理的なダメージを与えることが多いのに対して,欧米はより直接的な身体への暴力が多い。日本のいじめは,教職員に見えにくいところで行われ,潜在化しやすい特徴があるため,教職員が子どもたちの小さな変化を敏感に察知し,いじめを見逃さない認知能力を向上させることが求められる。

Ⅳ. いじめに関する理論

1. いじめの四層構造論

森田・清永(1994)は,いじめ集団の四層構造論として,被害者−加害者という二者間の外側に位置する存在として観衆,観衆の外側に傍観者という位置づけがあることを提示した。

観衆とは,自分で直接手を下してはいないが,周りでおもしろがり,ときにははやしたてることによって,燃え上がるいじめの炎に油を注ぎ込む存在である。加害者にとって彼らはいじめを積極的に是認してくれる層であり,加害者側に立っている。

これに対して,傍観者とは,いじめを見ながらも知らぬふりを装っている子どもたちである。彼らの見て見ぬふりをする態度の背景には,自分が被害者へおとしいれられることへの恐れがあり,この層の大部分の子どもたちは,実際には,いじめを抑止する力とはなりえない。彼らのこうした自己保身は加害者への服従的態度の表明であり,むしろ彼らの存在はいじめを抑止するどころか,かえっていじめを黙認し,いじめっ子を支持する存在となる。

現代のいじめ集団の構造は基本的には加害者,被害者,観衆,傍観者という四層構造からなっている。しかも,観衆と傍観者はいじめを助長したり,抑止する重要な要素である。いじめが誰に,どんな手口で,どれだけ長く陰湿に行われるかは,加害者にもよるが,同時にかなりの数にのぼる観衆と傍観者の反応によって決まってくる。いわば教室全体が劇場であり,いじめは舞台と観客との反応によって進行する状況的ドラマである。

2. 割れ窓理論

割れ窓理論(Broken Windows Theory)とは,アメリカの犯罪学者ジョージ・ケリング Kelling, G. L. が考案した,軽微な犯罪も徹底的に取り締まることで凶悪犯罪を含めた犯罪を抑止できるとする環境犯罪学上の理論である。「建物の窓が壊れているのを放置すると,誰も注意を払っていないという象徴になり,やがて他の窓もまもなく全て壊される」との考え方からこの名がついている。適用例を挙げよう。ニューヨーク市は 1980 年代からアメリカ有数の犯罪多発都市となっていたが,1994 年に検事出身のルドルフ・ジュリアーニ Rudolp.Giuliani が治安回復を公約に市長に当選すると「家族連れにも安心な街にする」と宣言し,ケリングを顧問としてこの理論を応用しての治安

表2　コミュニケーション能力の高低によるクラス内地位

				同調力	
				高い	低い
自己主張力	高い	共感力	高い	スーパーリーダー	栄光ある孤高
			低い	残酷なリーダー いじめ首謀者候補	「自己中」 被害者リスク大
	低い	共感力	高い	人望あるサブリーダー	「いい奴なんだけど……」 被害者リスク中
			低い	お調子者 いじられキャラ いじめ脇役候補	「何を考えているんだか……」 被害者リスク大

対策に乗り出した。彼の政策は「ゼロ・トレランス（不寛容）」政策と名づけられている。具体的には，警察に予算を重点配分し，警察職員を5, 000人増員して街頭パトロールを強化した他，落書き，未成年者の喫煙，無賃乗車，万引き，花火，爆竹，騒音，違法駐車など軽犯罪の徹底的な取り締まりなどの施策を行った。そして就任から5年間で犯罪の認知件数は殺人が67. 5%，強盗が54. 2%，婦女暴行が27. 4%減少し，治安が回復した。また，中心街も活気を取り戻し，住民や観光客が戻ってきた（Kelling & Coles, 1998）。

割れ窓理論はいじめ問題にも応用できると考えられている。小さな嫌がらせ行為や陰口を，周りが見て見ぬふりをして，何らかの具体的な対策を取らずに放置していると，そのいじめはどんどんエスカレートしていく。「いじめを苦にした自殺」の重大ないじめ事案の背景には，いくつもの些細ないじめ行為が潜んでいると考えられる。割れ窓理論をいじめ対策に活かせるところは，「小さな問題を放置せずにすぐに対策を講ずる努力こそが，悪しき事件を消滅させることにつながる」ということだろう。いじめについても，ごく最初に見られる些細なイザコザの段階で，それに気付いた大人たちが断固として措置を取ることが大切なのである。軽微な罪でも犯人に裁判を受けさせるというニューヨーク市の方針のように，いつでも大人たちが監督しているということを，子どもたちに自覚させることが必要である。

3．スクールカースト

森口（2007）はスクールカーストという概念でいじめの解明を試みた。スクールカーストとは，クラス内のステイタスを表す言葉として，近年若者たちの間で定着しつつある言葉である。従来と異なるのは，ステイタスの決定要因が，人気やモテるか否かという点である。スクールカーストを決定する最大要因は「コミュニケーション能力」だと考えられている。ここでのコミュニケーション能力とは「自己主張力」「共感力」「同調力」の三次元マトリクスで決定されると指摘されている。3つの総合力を主因としてスクールカーストが決定されるが，スクールカーストは単に高低だけでなく，各人のキャラクターに応じてそれぞれに期待される役割を与える。表2は，「自己主張力」「共感力」「同調力」の高低によりクラスで占めがちなポジションを表したものである。もちろん一例にすぎないが，どの子がいじめに遭いやすいかの判断には使えるだろう。

森口（2007）は**理念型藤田モデル**を基に，スクールカーストという概念を導入し，修正藤田モデルを想定した。いじめには4つのタイプが分類され，スクールカーストの高低とキャラクターに応じて，生徒達は加害者1（恒常的な加害者），被害者（恒常的な被害者），加害者2（状況により被害者にもなる），中立者（加害者にも被害者にもな

理念型藤田モデル： 藤田は「いじめ」と呼ばれている現象を，次の4つの理念型に分類している。「タイプⅠ—集団のモラルが混乱・低下している状況で起こる」「タイプⅡ—なんらかの社会的な偏見や差別に根ざすもので，基本的には〈異質性〉排除の理論で展開する」「タイプⅢ—一定の持続性をもった閉じた集団の中で起こる」「タイプⅣ—特定の個人や集団がなんらかの接点を持つ個人にくりかえし暴力を加え，あるいは恐喝の対象にする」

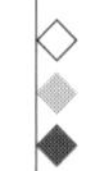

らない）などさまざまな役割を演じる。スクールカーストの低さはいじめの対象になるリスクを上げるが，いじめの対象になることでスクールカーストが下がるというように，両者は互いに原因と結果の関係になっている。それゆえ，一度いじめの対象になると悪循環が生じ，なかなか抜け出せなくなる。

子どもたちはなぜ見て見ぬふりをするかについて考えてみたい。中立者が，いじめが行われている集団の主導的立場にある者よりもスクールカーストにおいて下位にある場合，いじめを止めに入ることはほとんど期待できないし，教師への密告がばれると一気に被害者になる危険性がある。結局，彼にできることは被害者を慰めることくらいであるが，それも加害者の目の届かないところで行わなければならない。これに対して，中立者が加害者よりスクールカーストにおいて優位にある場合は，いじめを止めることが可能かもしれない。しかし，単独ならば優位でも，加害者は大勢の同調者がおり，いじめを止められる可能性は100％ではない。さらに，教師への密告は，それ自体がスクールカーストの低い者に似合う行為なので，中立者のプライドが許さない。密告するという行為そのものが中立者のスクールカーストを低下させる可能性もゼロではない。それに比べれば，被害者への慰めは堂々とできると思われる。結局のところ，中立者にとっては「見て見ぬふり」か「慰める」がクラス内における最も合理的な行動ということになる。

4．態度の二重構造

若島（1995）では，大学生の過去体験における「立場（加害者・被害者・傍観者）によるいじめ発生原因と終結の認識の仕方」を調査し，その結果から，いじめ発生の原因では被害者，加害者ともに自分自身の性格・行動・状態にその原因を帰属している。終結の仕方において，被害者では被害者自身と加害者の要因はほぼ同値であり，自分が悪いと思うが，自分を変えることでいじめから抜け出せないという側面がある。一方，加害者においては被害者の要因によって終結したという認識は少なく，加害者自身の要因によって終結するという認識をもっている。また，傍観者はいじめの発生原因を被害者の要因として認識していることが多かった。若島ら（2007）はこれらの結果を踏まえ，私たちは一般論として被害者にいじめの原因を帰することをしないが，具体的経験論においては被害者にいじめの原因を帰するような“態度の二重構造”をもっていることを指摘している。さらに，児童・生徒だけでなく，教員は具体的・個別性をもつ事例としていじめという現象を体験しているのである。すなわち，教員は被害者に要因を見出しやすい位置にいるということを示している。

Ⅴ．児童期の友人関係といじめ

1．児童期前期・後期の友人関係の変化

児童期前期の友人関係の特徴として，平野（1997）は「同性・同年代の集団であること」「競争がテーマになりやすいこと」「親の影響が強く横たわっていること」を挙げている。汚い言葉やちょっとした悪いことをすることでそれを楽しみ，子ども関係の中の結束が固まるということがある。この仲間関係は，近い将来，親には言えないような秘密や性的な事がらを共有し合う場に発展し，さらにこの中から親友と呼ばれる存在を見出す土壌にもなる。競争的な遊びからはルールを身に付けたり，勝つか負けるだけでなく，互いに協力し合ったり，時に妥協したりすることにも楽しさを見出していく。また，子どものけんかに親が出ることが比較的受容されるのはこの時期ぐらいまでである。また，仲間たちの家庭の方針を比較して，遊ぶ友達を選択するようなこともある。

児童期後期は，「ギャングエイジ（gang age）」と呼ばれ，遊びのあり方も変化する。子どもたちはさながら「小さなギャング」のように，同性・同年齢の者どうしで閉鎖的な5人前後の小集団をつくり，強力なリーダーと集団の決まりのもとで特異的な仲間遊びを行うのである（磯邉，1997）。ここでは情報や秘密の共有をしたり，自分たちのグループにしか分からない言葉を使ったり，サインを用いることで結束が強化されていく。しかし，こういった集団の特性が度を越えてしまうと排他的になり，いじめが生じる危険性も同時にもっている。

ギャングエイジ：小学校の中学年から高学年にかけて，子ども達は急速に仲間意識が発達し，多くは同年齢の児童と閉鎖的な小集団（ギャング）をつくって，そこで遊びや活動をすることを喜びとするようになる。この仲間は，家族以上に大きな影響を持つものであり，大人から干渉されない自分たちだけの集団であることを望んでいる。このような時期をギャングエイジと呼ぶ。

2．児童期のいじめの特徴

児童期のいじめ事例では，それほど深刻ではない単発的な事象として扱うことができる場合も多く，加害者への対症療法的な対応がしばしば効果的である（中川，2012）。例えばギャングエイジに当てはまる児童期後期は，いじめが起きても，教師の適切な叱責によって反省を促せば，加害者側の心からの謝罪を引き出すこともできる。

しかし，中川（2012）は2つの点で注意を喚起すべきであると指摘している。一つは，虐待など機能不全の家庭で育った子どもや，発達障害などの発達的な特性をもった子どもの場合，たとえ児童期であってもいじめは深刻化しやすい。なぜなら彼らの場合は，過去の外傷体験や発達的特性などから，被害，加害にかかわらず，いじめ体験が彼らの心を深く傷つけてしまいやすいからである。このような子どもたちに対しては，たとえ軽微ないじめであっても十分なサポートやケアが必要となるだろう。

さらにもう一つ，児童期のいじめの場合は保護者が関与しやすい点が挙げられる。児童期では，日々生活をともにしている保護者はいじめに気付くことが多い。2011（平成23）年度「児童生徒の問題行動等生徒指導上の諸問題に関する調査」では，小学校においては，いじめは保護者からの訴えにより発見されることが1割程度あることが示されている。つまり，小学校では，保護者からの情報を丁寧に聴く機会を充実させることがいじめ解決には大切である。

Ⅵ．いじめの早期発見と早期対応

1．教職員と組織の基本姿勢

貞光・若島（1996）における“いじめの初期行動に関する研究”では，初期段階に教職員がいじめに介入するほうが，しないよりも比較的いじめが短期で終結することが示されている。「いじめかな？」と思ったとき，すぐに行動に移すことが大切である。たとえ結果的に「いじめ」ではなかったとしても，さまざまな問題の初期対応としても効果は十分にあるので，徒労に終わることはない。

「いじめかもしれない」という可能性を念頭に置いて対応するのみならず，教職員たちが「協力するのが当然」という意識も大事である。担任一人では，個々の児童を十分にフォローし，多くの保護者に納得を得て解決することは容易ではない。多様なもつれが存在するいじめ問題を解くためには，教職員側も多面的に対応することが大事である。しかし，組織的な対応の「計画」「方法」の具体を示すガイドラインがなければ，学校全体の動きは安定しない。学校の教育計画にいじめ早期発見や早期対応，解決までの流れを明文化したうえで，いじめ問題への対応システムを機能させる必要がある。

2．いじめの早期発見に向けて――早期発見のための手だて

①日々の観察

休み時間や昼休み，放課後の雑談等の機会に，子どもたちの様子に目を配る。「子ど

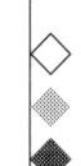

もがいるところには，教職員がいる」ことを目指し，子どもたちと共に過ごす機会を積極的に設けることは，いじめ発見に効果がある。

②情報収集

定期的な教育相談や連絡ノートによる家庭連絡等を通して，子どもや保護者からの情報を積極的に収集する。また，学校の相談窓口（教頭など）を設け，保護者や地域からの情報が届きやすくする工夫も重要である。

③アンケート調査

いじめも含めた「生活アンケート」等の調査を学校全体で計画的に取り組む。いじめられている子どもにとっては，その場で記入することが難しい状況も考えられるので，実施方法については，学校の実情に応じて，またスクールカウンセラー等の専門的な立場からの助言を得て配慮することが必要である。

3．いじめの早期対応に向けて――いじめの関係者への対応，生徒を中心に

いじめを認知した教職員は，その時に，その場で，いじめを止めさせるとともに，いじめに関わる関係者に適切な指導を行わなければならない。あわせて，ただちに学級担任，生徒指導担当，管理職に連絡し，保護者に面談し事実関係を説明する。ここで生徒への対応を中心に考えていきたい。

被害者救済が優先という観点に立ち，学校現場ではいじめられた子どもの気持ちを配慮し慎重に対応を進める。文部省が 2007（平成 19）年に公表した「いじめ対策 Q&A」には，いじめへの対応について触れられている。そこにはいじめられた子どもには傷つきの程度を見極め，回復のための方策を取るのが第一とある。例えば，話してくれた勇気に敬意を表し，「あなたが悪いのではない」とはっきり伝え，必ず守り通すことを具体的に約束する。守り方について，本人の希望を聞き，本人が安心できる方法を選択する。また，感受性が高まりすぎて適切な判断ができなくなっていると考えられる場合には，客観的な情報を提供して，本人だけでなく保護者も交えて方策を決定していくようにする。いじめた子どもには一方的・機械的に懲戒を行うだけでは解決にならず，加害者もまた傷ついていることを理解し十分な教育相談を行うようにと記されている。例えば，「どうしてそんなことをしたくなったのか」「振り返ってみて，何が起こったのか語れるかどうか」，問いかけてみる。まずは，本人の言い分を充分に聴き取ることが第一である。そして，その子どもの気持ちや背景を充分理解したうえで，「理由はどうあれ，その行為自体は許されないことである」こと，その行為の結果に「どう責任を取ればよいかを一緒に考える」よう促す。

いじめられた子・いじめた子だけでなく，周りの子どもたちに対して適切な指導が必要であると指摘されている。具体的な対応として，1）当事者だけの問題にとどめず，学級および学年，学校全体の問題として考え，いじめの傍観者からいじめを抑止する仲裁者への転換を促すこと，2）「いじめは決して許さない」という毅然とした姿勢を，学級・学年・学校全体に示すこと，3）はやし立てたり，見て見ぬふりをする行為も，いじめを肯定していることを理解させること，4）いじめを訴えることは，正義に基づいた勇気ある行動であることを指導すること，5）いじめに関するマスコミ報道や，体験事例等の資料をもとにいじめについて話し合い，自分たちの問題として意識させること，などが挙げられている（兵庫県教育委員会，2013）。

4．予防的な動き――ソリューション・バンクの考え方

ソリューション・バンク（解決銀行）とは，いじめ自死連鎖への対策の一つになれば

として始められた，臨床心理士，医師，教師たちによる心身上の問題の解決事例，成功事例のネットワーク・データベースである（長谷川，2005）。長谷川らがソリューション・バンクを始めるきっかけとなったのは，愛知県の中学２年生O君が，いじめにあい遺書を残して自死したことであった。それも両親が解決へ向けて精一杯の努力をした果ての自死であった。この遺書がマスコミを通じて大きく報道された。すると各地で同様の状態におかれていた子どもたちが遺書を書いて自死することを「まね」，自死が「連鎖」した。このような時期に，NHK 地方局の「報道特別番組・いじめ」と題する番組に専門家のひとりとして出演予定の長谷川は，番組の製作者と議論をし，以下のような企画をまとめた。①良循環を生起すること。問題ではなく，いじめの解決事例を報道し，その連鎖，つまり「解決の連鎖」が続くような番組でありたい。②そのための準備として適当な空帯に「いじめの解決事例を集めます」という主旨のテロップを流す。本番までに約２週間がある。③番組で解決が集まるものならば，その結果を分析して，さらに解決事例を検討すること。その結果，250 例近いいじめの体験事例が寄せられ，その 10%，つまり約 25 例が解決事例であった。長谷川らは，社会システムの中でも解決は連鎖することを確認した。

いじめ問題でマスコミから流される情報は，「いじめは深刻であり，どうすることもできず，子どもたちを自殺にさえ追い込んでしまう」といった内容が多い。これらの情報にさらされると，いじめを受ける子どもたちは不安を強くし，子どもたちのさらなる自殺が誘発される恐れがある。そこで学校や専門家，家庭の努力によっていじめを解決した成功事例を蓄積し，社会にこれらの成功事例を提供していく。いじめをうまく解決した事例を提示することで，いじめを受ける本人や家族・学校関係者は，明るい見通しが得られ，また具体的にどうすればよいかのヒントが得られ，いじめの問題を報道するよりもいじめ解決に向けて大いに役立つのである。これらのソリューション・バンクの発想に基づき，教職員は日頃からいじめの解決事例を互いに分かち合ったり，子どもたちと保護者に伝えたりすることがいじめの早期発見と早期対応につながると考えられる。

ワーク（考えてみよう）

1．子どもたちが，教職員や保護者へいじめについて相談することは，非常に勇気がいる行為である。いじめられている本人からの訴えは少ないということがよく言われる。その理由についてスクールカーストと態度の二重構造理論を踏まえ，考えてみよう。そして，このような状況に対して，教職員の立場からどのような対応が考えられるだろうか？

2．小学校において，いじめの早期発見と早期対応に保護者との連携が重要である。しかし，本来協力して問題解決すべき保護者と学校側が，ときに対立関係に陥ってしまうことがある。保護者から相談を受けたとき，またいじめ問題を保護者と話すときな

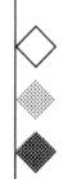

ど保護者との関わりについて，教職員の立場から留意点を考えてみよう。

3．小学校４年生男子Ａ男は，授業中ほとんど発言をしない。また，指名しても黙っていることが多い。学級内には，特に仲の良い友だちもおらず，休み時間も自由帳に絵を描いて静かに過ごしていることが多い。忘れ物をしたことを注意すると泣いたり，係の仕事なども進んで取り組む方ではないこともあり，友だちから強い口調で注意される場面もしばしば見かけた。時には，腹痛を訴え保健室に行くこともあった。養護教諭とは，笑顔を見せ何気ない会話を楽しむこともあった。もしあなたがＡ男の担任だったら，これからどう対応するだろうか？

ワーク（事例）

■事例１

小学校男子のいじめ（クラス担任のＡ先生の事例）。

私のクラスには，少し変わったお調子者のＢ君がいる。Ｂ君は，クラスメイトの男子から冗談を言われ，からかわれたり，時には悪口を言われたり，こき使われる時もあった。これらの行為は男子たちにとってはあくまで冗談でしかなく，クラス内でも普通に行われていたので，笑ってみている人たちもいた。

しかし，最初は，私と同じように，他のクラスメイトの中には「あそこまでしなくても……」「かわいそう……」と思っている人はいるはずと思い，誰かが仲裁に入ってくれるはずだと信じていた。しかし，クラスメイトは，仲裁に入ることで，新たないじめの対象になってしまうのでないかという恐れがあるせいか，なかなか行動に移さないでいた。そこで，私は，いつものように過度な冗談を言っているような状況下で，「これもいじめなんじゃないの？」と加害者側の男子たちに促した。男子児童達は，自分自身のこれまでの行動を反省したらしく，それ以来，たまにＢ君を冗談半分でからかったりもしていたが，Ｂ君に対して悪口を言ったりするようなことや，こき使うようなことは一切なくなった。

（本事例は，ソリューションバンク .Net の事例を一部加筆・修正したうえで，用いている。http://www7b. biglobe. ne. jp/~solutionbank/）

解説：なぜ解決したのか？

教師が，いじめの介入を行いにくい要因として，本章で述べているように，被害者にいじめの原因を見出しやすい位置にいることが考えられる。特に，本事例のようにいじめの被害者をお調子者や変わっている子という認識で見た場合にはなおさらのことである。また，我が国のいじめは，海外と比較して，教職員から見えにくいところで行われ，教職員が認知できるような状況の場合でも“冗談”や“からかい”などが中心となるため，

教師が，いじめと断定するまでに時間を要してしまう特徴をもっているのではないかと考えられる。そのため，教師は，すぐに，いじめであるという判断をするよりも，いじめなのかどうかということを慎重に考えるばかりにいじめへの介入が遅れてしまうケースもあるように思われる。特に，冗談等も飛び交うなどクラスの雰囲気が良い場合は，その雰囲気を壊してしまい，いじめの存在を露呈していくことは思っているほど容易ではない。

しかしながら，本事例は，教師の迅速な対応がいじめの解決に功を奏した事例である。いじめの介入では，教師側は，クラスメイトに期待して，クラスの誰かが仲裁に入ってくれるはずであると過度の期待をするのではなく，仲裁者が新たなターゲットになる可能性を踏まえ，本事例のように，教師が先頭に立って介入していく必要がある。

本事例では，教師の立場からすると，加害者の男子児童は被害者のＢ君に対して冗談等を中心に関わっていたため，いじめかどうか断定しづらい状況であった。そこで，教師側から先に，「これもいじめなんじゃないの？」というように，加害者の男子児童の行動に対して，“いじめ”と意味づけたことで，加害者の一連の問題行動を抑制する力があったのではないかと考えられる。最近では，いじめは犯罪行為や人権問題を含んでいることが指摘されているため，いじめという言葉は，いじめを疑われるような軽率な行動を取る児童達に反省意識を持たせる大きな意味を持つようになってきている。

■事例２

小学校女子のいじめ（いじめの被害を受けたＣさんの事例）。

ある日，同じグループの女の子たちから，急に手のひらを返したようにいじめを受けた。それは無視から始まり，わざと聞こえるような悪口，さらにはエスカレートして，靴がなくなるようになり，机の中にゴミやカッターの刃を入れられたりした時もあった。

それらのいじめから救ってくれたのは，両親と担任の先生であった。いじめを受ける前から，「いじめられたらすぐ相談するように」と言われていた私は，ある日いじめの事実を両親に打ち明けた。話すことで心が救われたし，少なくとも，何があっても両親は私の味方だと思うことができた。それから，両親と私で，担任の先生に今のいじめの現状を相談しに行った。その後，担任の先生は，私と両親に，「Ｃさんを絶対に守ることを約束します」と言ってきた。そして，いじめへの対応に関しては，「犯人探しはあえてせずに，いじめの存在についてクラスの皆で話したい」というものであった。私と両親は，担任の先生のいじめへの対応に関して同意した。

そして，担任の先生は，クラスの皆に話をした。「今日，Ｃさんと保護者が来られた。今，どうしてＣさんがいないか，あなたたちは分かりますか。あなたたちは同じクラスの仲間を見捨てるんですか。私は，いじめは絶対に許さない!!」と，今まで見たことがないくらい強い口調で断言した。そして，どのようないじめがあったのか，クラスの皆に話したそうである。そのあまりにひどい事態に，クラスの児童の多くは驚き，“いじめを許さない”という方向に，クラスの大半の児童が向かっていった。クラス内の多くの児童がそういう態度を取ったことで，逆にいじめをしていた加害者グループは焦っているようであった。

その後，加害者の女子児童たちは，自ら担任の先生に謝罪を言いに行った。そして，担任の先生は，私とそのグループで話し合う機会を設けてくれた。そこでどうして私をいじめるようになったのか話を聞き，また私はその時どういう気持ちだったのかを，伝えることができた。

最終的には彼女たちが私に謝ることでいじめは終わり，きちんと話し合うことでわだ

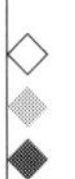

かまりも残らず，その後はいい友好関係を築けている。

（本事例は，ソリューションバンク .Net の事例を一部加筆・修正したうえで，用いている。http://www7b. biglobe. ne. jp/~solutionbank/）

解説：なぜ解決したのか？

いじめの被害を受けた児童は，基本的に「誰にも言ってほしくない」と訴えてくる場合が多い。この理由としては，被害者が相談することが，加害者に知られることでより一層いじめがエスカレーションをするという恐れを抱えている。そのため，なかなかいじめのことを他者に相談するには至らない心理が存在する。また，いじめの被害を受けた児童は，いじめ発生当初は，相手が悪いとは考えずに，いじめられているのは自分が悪いのだから仕方ないという原因帰属をするため，加害者に“ノー”と言えない私が悪いのだと考えてしまう傾向がある。結果的にいじめの被害を受ける児童は，学校の先生や両親に相談しづらい状況にどんどん自分自身で追い込んでしまうのである。そして，最終的には，いじめの被害を受ける児童は誰にも相談しない中で，自死という手段を用いて問題を解決しようとする場合もある。教師は，そのような児童の心理を理解することが重要になる。

そして，教師がいじめの相談を受けた際には，守秘義務についての取り扱いが重要となる。本事例のように相談した子どもを絶対に守ると約束したうえで，いじめの対応を行うことが必要である。本事例ではＣさんが，両親や担任の先生との関係が良好であり，何かあった時にいつでも相談できるような関係を構築していったことがいじめを迅速に解決した一つの要因であると考えられる。特に大きかったのが，学校側と家族との連携ができたことである。いじめの場合は，家族等の協力を求める方がうまく行く場合も多い。いじめの解決には，家族を呼び出すことも辞さないという「勢い」が有効に働くのである。

また，多くの場合，いじめが発生すると，その事実のしっかりした証拠と犯人の特定を，まずはじめようとするものであるが，これがいじめの解決を後手にさせることが多い。しかし，本事例では，担任の先生は，いじめの存在を認め，「いじめを絶対に許さない!!」という姿勢をクラス全体に明言し，その場で犯人を捜すことはしていない。本事例では，担任の先生の一貫した強い態度が，加害者以外の傍観者などの児童たちに強く影響を与え，“いじめは許されない”という態度に変容させていったと推察できる。この結果，いじめの加害者のクラス内での勢力が落ちていったことで，加害者生徒が担任に対して自ら名乗り謝罪するという一連の流れに繋がったのではないかと考えられる。

参考・引用文献

長谷川啓三 (2005). ソリューション・バンク―ブリーフセラピーの哲学と新展開　金子書房

平野直己 (1997). 児童期：前期―小学校１～３年　馬場禮子・永井撤（編）ライフサイクルの臨床心理学　培風館　pp.43-55.

兵庫県教育委員会 (2013). いじめ対応マニュアル　www.hyogo-c.ed.jp/~gimu-bo/seitosidou/ijimetaiou.pdf（2013年９月20日閲覧）（本マニュアルは2017年に改訂版が出ている。https://www.hyogo-c.ed.jp/~gimu-bo/ijimetaiou/manyuaru2908.pdf）

石田陽彦 (2007). スクールカウンセラーはいじめに対して何ができるか　臨床心理学，40, 454-459.

磯邊聡 (1997). 児童期：後期―小学校４～６年　馬場禮子・永井撤（編）ライフサイクルの臨床心理学　培風館　pp.58-72.

Kelling, G. L., & Coles, C. M. (1998). *Fixing Broken Windows: Restoring Order and Reducing Crime in Our Communities.* Free Press（小宮信夫（監訳）(2004). 割れ窓理論による犯罪防止―コミュニティの安全をどう確保するか　文化書房博文社）

森口朗 (2007). いじめの構造　新潮新書
森田洋司・清永賢二 (1994). いじめ―教室の病い　金子書房
文部科学省 (2007).「いじめ対策Q&A」 http://www.mext.go.jp/b_menu/shingi/chousa/shotou/040/toushin/07030123/001.pdf（2024年1月23日閲覧）
文部科学省 (2022). 令和3年度「児童生徒の問題行動等生徒指導上の諸問題に関する調査」結果について　https://www.mext.go.jp/content/20221021-mxt_jidou02-100002753_1.pdf（2024年1月23日閲覧）
文部科学省 (2013). いじめ防止対策推進法の公布について（通知）　http://www.mext.go.jp/a_menu/shotou/seitoshidou/1337219.htm（2024年1月23日閲覧）
中川美保子 (2012). いじめ・ネットいじめ　本間友巳（編）学校臨床―子どもをめぐる課題への視座と対応　金子書房　pp.48-49.
貞光健一・若島孔文 (1996). いじめプロセスの研究Ⅱ―初期行動に注目して　日本心理学会第60回大会発表論文集，p.385.
高松勝也 (2013). いじめ　子どもの心と学校臨床（特集：子どもと思春期の暴力），8, 8-21.
滝充 (2007). Evidenceに基づくいじめ対策　国立教育政策研究所紀要，136, 119-135.
若島孔文 (1995). いじめプロセスの研究Ⅰ―抜けだせない罠　日本社会心理学会第36回大会発表論文集，pp.138-139.
若島孔文 (2007). いじめに対する介入を考える　児童心理，853, 12-16.

コラム❈column

小学生の健康と安心の確保——性教育

宮﨑　昭

1．学校における性教育

学校教育における性教育の位置づけには，２つの側面がある。一つは，教育課程に位置づけられた生活，体育，理科などの教科，あるいは総合的な学習の時間，道徳，学級活動として，組織的，計画的になされるものである。もう一つは，教育相談における性の問題への個別指導などの側面がある。いずれにしても，学習指導要領には，性教育の一般的な目標・内容が示されていないため，各学校において指導内容を選択・組織することが必要である。

2．人間のセクシャリティの理解

人間のセクシャリティは，男と女といった２種類の性だけが存在しているのではない。染色体や身体の形状などの「生物学的な性」，自分が男性だと感じるか，女性だと感じるかという「性自認」。感情的・身体的な欲求の対象が異性なのか同性なのか両性なのかという「性指向」，化粧や服装あるいは男らしさや女らしさをどう感じるかという「社会的な性」など，多次元のセクシャリティがさまざまに組み合わされている。その意味で，一人ひとりが違ったセクシャリティを持っている。

学校教育における性教育：内容についての詳細は，財団法人日本性教育協会（JASE）が，参考図書（財団法人日本性教育協会編　2007　教育MOOK　すぐ授業に使える性教育実践資料集　小学生版　小学館）を出版しているので参照してほしい。

性別違和：「生物学的な性」と「性自認」とが不一致な状態で生活上の困難を感じている場合につけられる診断名である。身体は男性なのに，「自分は女性だ」と感じて，男子トイレに入ることや男子の中で裸になって身体測定することに違和感を感じたりするものである。また，身体が女性なのに「自分は男性だ」と感じる場合には，第二次性徴に伴う胸のふくらみや生理に嫌悪感を感じてしまうなどの場合も見られる。

同性愛：古くは，精神疾患の一種として考えられていたが，WHOの国際疾病分類（ICD-10）では，「同性愛はいかなる意味においても治療の対象とはならない」と宣言がなされ，生得的なセクシャリティのあり方の一つとして認められるようになっている。

性の問題に対しては，十分な性教育を受けてこなかった教師や親がとまどうことがある。「性教育は小学校低学年ではいらない」と考える人もいる。しかし，教師自身が小学校低学年から存在する多様な性のあり方について，よく理解しておくことが大切である。そのうえで，保護者や地域社会の大人との連携が必要となる。

3．小学校における性教育の基本

小学生段階では，からだのしくみを理解させるとともにボディーイメージを育て，自分の身体はよいものという意識を育てることが重要である。自分の身体を好きになることがないならば，他の人を好きになることや，他の人から自分を愛してもらうことはできない。こうした自らの身体への自尊感情が性教育の基本となる。その意味で自分の身体を教材に使った具体的な指導が大切になる。男の子の場合には，排せつ時の性器の扱い方や入浴時の性器の洗い方，女の子の場合には性器は外から見えないので性器を見ることなどが，自分の体を知る意味で大切な出発点の一つとなる。また，日常生活における着替えのマナーなども大切な指導機会である。さらに第二次性徴にあたっては大人への成長として共に喜び合うことが重要である。

性教育の内容としては，日本性教育協会（2007）を参考にすれば，次のような内容が考えられる。

小学校低学年段階：
- 男の子と女の子の身体の特徴と違いを理解する。
- 生命の尊さを知り，性器を清潔に保ち，自己の性を大切にする心情を養う。
- 男女の間でも，家族の役割においても，お互いを大切にする態度や行動を養う。

小学校高学年：
- 月経や精通などの二次性徴を取り上げ，大人になるとはどういうことかを考える機会を作る。

コラム※column

“いじめ”と“いじり”——楽しい雰囲気の裏に隠された“いじり特有のリスク”とその対応策

坂本一真

近年，日常の対人場面で“いじり”という言葉をよく耳にするようになった。我々は日常的に，誰かをいじり，誰かにいじられ，誰かがいじられているのを見て笑っている。いじりが行われる場には，なんとなく“楽しい雰囲気”が流れていることが多いだろう。しかしその雰囲気の中で人知れず傷ついている者がいるのではないか？　もともと“いじり”とは芸能関連の用語で，演者が観客に対してアプローチを行う手法のことであった（兼高，2001）。それが日常の対人場面に持ち込まれ，児童生徒から大人まで幅広い年代層でいじりが用いられ始めた。

日常の対人場面における“いじり”とは，ある対象を笑いものにする行為のことで（本田，2012），悪意ではなく親和的意図に基づいていることが特徴である（望月ら，2017）。また向井（2010）は，いじりでは当事者間に“集団からメンバーを追放しよう”という排他性はなく，むしろ集団の一員であることを相互に確認するための行為である，と述べている。このように，いじりは当事者同士の親和的な意図に基づいた行為として集団内で認められ“楽しい雰囲気”の中で行われていく。

しかし，その“楽しい雰囲気”の中でいじられ役は人知れず傷ついている場合がある。望月ら（2017）は，第三者の親和的な意図の認識や，いじられ役の受容的な行動にかかわらず，いじられ役は精神的苦痛を受けている可能性があると述べている。いじり役の意図といじられ役の精神的苦痛の有無は全く別の軸のものであり，たとえいじり役に親和的な意図があっても，いじられ役が精神的苦痛を受ける可能性があるのである。いじられ役に精神的苦痛をもたらすいじりは，いじめとして機能する（荻上，2008；向井，2010）。

森口（2007）は，いじられ役はいじり役との仲間としての関係性を維持するため，傷つきを表明せずに，いじりを受容する場合があると述べている。さらに向井（2010）は，いじられ役がいじり役の親和的な意図を認識しているからこそ，自身の傷つきを表明できないと述べている。これこそが“いじり特有のリスク”である。いじりでは，精神的苦痛を表明することが抑制され，その結果いじりの長期化やエスカレート，適切な介入の遅れなどにつながりやすい。いじりは楽しい雰囲気の中で行われているから“軽い”のではなく，いじり特有のリスクを持っているのである。

いじりの当事者間では，次のような悪循環が形成されている。“いじり役が親和的意図を持っていじりを行う→いじられ役は意図を読み取ったがゆえに，傷つきを表明せず受容する→いじられ役が受容しているがゆえに，いじり役はさらに親和的意図を持っていじる……”。このように，親和的な関係を構築・維持するために“良かれと思って”誰かをいじり，それを受容しているが，逆説的にいじられ役が傷つき続ける病理的な関係性が形成されている。この悪循環をどのように断ち切れるだろうか？

対応の一つとして，まずいじり役の親和的意図や，いじられ役の傷つきを聞き取り，両者ともに認め，保証することが必要だろう。いじりは“良かれと思って”行われていることが多いため，その部分を認め，保証することで初めて当事者との対話が進んでいくだろう。そのうえで，適切でより健康的なやり方で親和的意図を表現するように介入すると効果的なのではないだろうか。

参考・引用文献

本田由紀 (2011). 若者の気分―学校の空気　岩波書店

兼高聖雄 (2001).「素人いじり」を楽しむ視聴者心理（特集「参加」→「いじり」→「覗き」へ―バラエティ番組の新しい動向）　ぎゃらく，379, 32-35.

森口朗 (2007). いじめの構造　新潮新書

望月正哉・澤海崇文・瀧澤純・吉澤英里 (2017).「からかい」や「いじめ」と比較した「いじり」の特徴　対人社会心理学研究，17, 7-13.

向井学 (2010).「いじめの社会理論」の射程と変容するコミュニケーション　社会学批評，3, 3-12.

荻上チキ (2008). ネットいじめウェブ社会と終わりなき「キャラ戦争」　PHP 研究所

第6章

児童期の非行にまつわる問題

三澤文紀・久保順也

Ⅰ．はじめに

1．児童期の非行・攻撃性にまつわる現状

非行とは何かについてはさまざまな議論があるが（非行の定義については，本書シリーズの中学校編を参照），ここでは公的統計から話を始めたい。児童期の子どもが刑罰法令に違反した場合，**少年法**で規定される「14 歳に満たないで刑罰法令に触れる行為をした少年」に該当し，一般的に触法少年と呼ばれる。2021（令和３）年に触法少年として補導された人数は，5, 581 人であり，14 歳以上の非行少年よりも少ない（図１）。人口比で見ても他の非行少年よりも触法少年は少ない。一部の例外を除き，触法少年の補導は比較的少ない。また，一部の例外を除き，触法少年の補導人数は，近年，横ばいかやや減少する傾向が見られる。

一方で，小学校における暴力行為は，増加傾向が見られる（図２）。文部科学省の統計によると，小学生による学校内外での暴力行為件数は，2022（令和４）年度で 61, 455 件であり，2006（平成 18）年度以降おおむね増加傾向が続いている。上述の触法少年の減少傾向は歓迎されることだとしても，教員にとって小学校での暴力件数の増加

少年法：同法における「少年」とは 20 歳に満たない者を指している。また，この法律の目的は「少年の健全な育成を期し，非行のある少年に対して性格の矯正および環境の調整に関する保護処分を行うとともに，少年の刑事事件について特別の措置を講ずること」（第１条）とされる。なお，日常的な意味での「少年」は男子を指すことが多いが，少年法では男女含めた未成年全てを「少年」と呼ぶ。

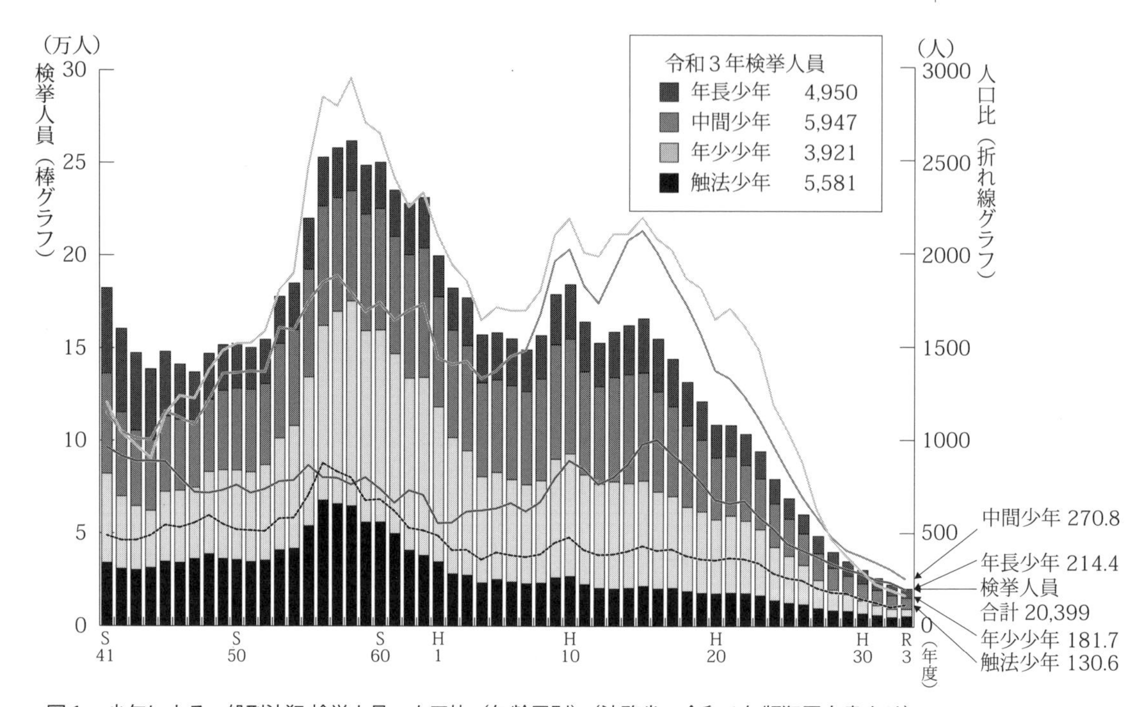

図１　少年による一般刑法犯 検挙人員・人口比（年齢層別）（法務省　令和４年版犯罪白書より）

注１）警察庁の統計，警察庁交通局の資料及び総務省統計局の人口資料による。２）犯行時の年齢による。ただし，検挙時に 20 歳以上であった者を除く。３）平成 14 年から 26 年は，危険運転致死傷を含む。４）「人口比」は，各年齢層の少年 10 万人当たりの刑法犯検挙（補導）人員である。なお，触法少年の人口比算出に用いた人口は，10 歳以上 14 歳未満の人口である。

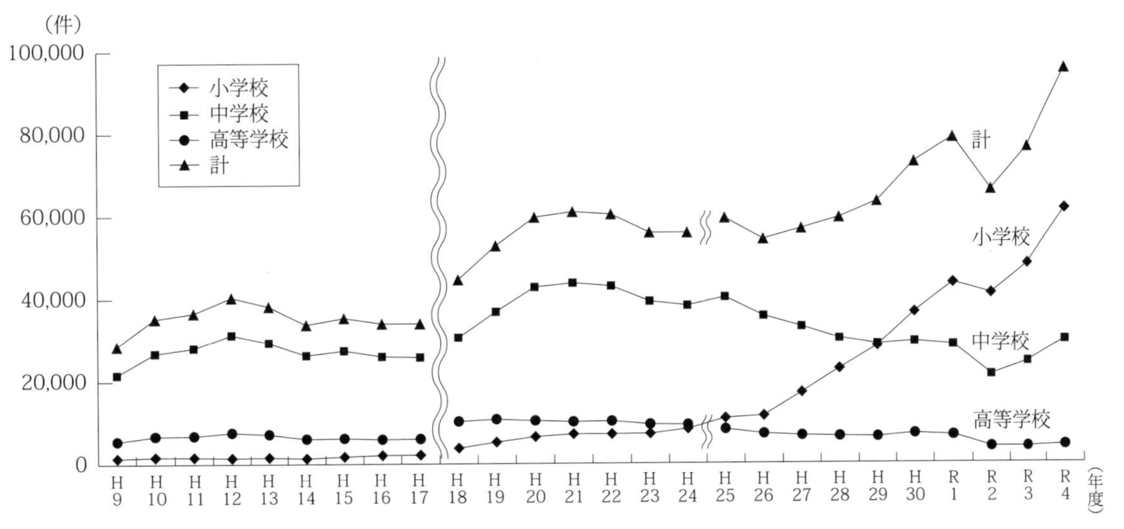

年度	小学校	中学校	高等学校	計
H9	1,432	21,585	5,509	28,526
H10	1,706	26,783	6,743	35,232
H11	1,668	28,077	6,833	36,578
H12	1,483	31,285	7,606	40,374
H13	1,630	29,388	7,213	38,231
H14	1,393	26,295	6,077	33,765
H15	1,777	27,414	6,201	35,392
H16	2,100	25,984	5,938	34,022
H17	2,176	25,796	6,046	34,018
H18	3,803	30,564	10,254	44,621
H19	5,214	36,803	10,739	52,756
H20	6,484	42,754	10,380	59,618
H21	7,115	43,715	10,085	60,915

年度	小学校	中学校	高等学校	計
H22	7,092	42,987	10,226	60,305
H23	7,175	39,251	9,431	55,857
H24	8,296	38,218	9,322	55,836
H25	10,896	40,246	8,203	59,345
H26	11,472	35,683	7,091	54,246
H27	17,078	33,073	6,655	56,806
H28	22,841	30,148	6,455	59,444
H29	28,315	28,702	6,308	63,325
H30	36,536	29,320	7,084	72,940
R1	43,614	28,518	6,655	78,787
R2	41,056	21,293	3,852	66,201
R3	48,138	24,450	3,853	76,441
R4	61,455	29,699	4,272	95,426

図2　学校内外における暴力行為発生件数の推移（文部科学省，2023）
注1）平成9年度からは公立小・中・高等学校を対象として，学校外の暴力行為についても調査。注2）平成18年度からは国私立学校も調査。注3）平成25年度からは高等学校に通信制課程を含める。注4）小学校には義務教育学校前期課程，中学校には義務教育学校後期課程及び中等教育学校前期課程，高等学校には中等教育学校後期課程を含める。

傾向は，対応を迫られている課題であるといえる。

本章では，刑罰法令に触れる行為をする，あるいはそれに類する行為をゆるやかに「非行」と捉え，児童期の非行について取り上げていきたい。

2．児童期における非行対応

児童期の非行は，思春期・青年期のそれと比較すると数が少なく，小さな非行に見えることが多いため，見過ごされることが少なくない。しかし，非行の予防や悪化防止の点では，きわめて重要な意味を持つ。思春期・青年期に非行に走る子どもは，その前の児童期に何らかの兆候を発している場合がある。例えば，坂野（2011）は，12 歳から 14 歳の触法・低年齢少年の非行 12 例について，9例で小学校の頃に問題行動が始まったことを見出している。また，分析全体の結果から，児童期（学童期）に友人関係からの孤立，あるいは学校不適応が生じ，非行の問題へと拡大することを指摘している。また，小林（2008）は粗暴傾向の少年相談事例を調査し，小さな改善しか見られなかった事例では，大きな改善が見られた事例に比べ，小学生の時期に粗暴行為やその他の逸脱が始まった割合が高いことを見出している。

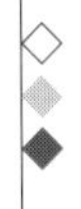

こうした研究は，思春期以降の非行の前兆が児童期に始まっていることが多い事実を示しており，児童期のうちに非行の早期対応することの重要性を表している。したがって，小学校の教員は，非行の未然防止をしやすい貴重な立場にいるといえる。

Ⅱ．対応の基礎となる理論

非行に関する理論は，数多く存在する（朝比奈，2007）。紙面の都合上，ここでは，教員が児童期の非行に向き合う際に非常に有効な視点を提供すると考えられる２つの理論に限定して紹介する。

1．社会的コントロール理論（社会的絆理論）

①社会的コントロール理論（社会的絆理論）とは

非行理論としては，ハーシ Hirschi の**社会的コントロール理論**（社会的絆理論）が代表的である（Hirschi, 1969）。ハーシは，アメリカの中高生 17, 500 名から抽出された 5, 500 名以上のうち，完全に回答を得られた 4, 077 名を分析対象とした調査を行った。ハーシは，「なぜ非行に走るのか？」ではなく，「なぜ非行に走らないのか？」という観点から分析を試み，以下の４つの要素との絆（bond）の重要性を考察している。

社会的コントロール理論：ハーシ（1969）は自身の理論を「社会的コントロール理論」と呼んでいるが，我が国では「社会的絆理論」と呼ばれることも多い。そのため，本書では両者を併記する。

絆（bond）：ここでの絆とは，日常的に使われる「人々の結びつき」のみならず，得られた評価，従事する活動，社会的なルールに対しての結びつきも含んでいる，幅広い概念である。

１）愛着（attachment）：愛着とは人との絆，結びつきのことである。子どもが，家族，教師，友人などの人々に対して強い結びつきを持つ場合，非行に走ることはそうした絆にマイナスの影響を与えることになり，メリットがない。そのため，強い絆を持つ子どもは，非行に走る可能性が少ない。

２）投資（commitment）：投資とは，これまでに子ども自身が積み重ねてきた評価や実績や，これから達成しようとする目標や希望のことである。人は，学業やスポーツなどで良い成績を収めたり，他者から認められたり尊重されているなど，それまでの人生で積み上げてきた評価や実績を得ていることがある。もしそれまでに得た評価や実績がたくさんある場合，それらを台無しにするような反社会的行動を避ける傾向が強くなる。また，プロスポーツ選手になりたい，今まで以上に社会から認められたいなど，これから実現しようとしている目標や希望を強く持っている場合も，やはり目標や希望の実現を妨げるような反社会的行動をとることはしない。

３）巻き込み（involvement）：巻き込みとは，社会的に認められた活動に没頭することである。学校での勉学や部活動などに忙しい場合，非行化しにくいということである。しかし，ただ単に忙しくしていれば非行化しない，ということではない。先に述べた愛着や投資の結果として，特定の活動に本人が意義を感じて没頭することが重要である。

４）規範観念（belief）：規範観念とは，社会的なルールに対してさほど疑問を持たずに受け入れていることである。規範観念との絆がある，つまり規範観念に従っている場合，社会に認められたきまりから外れることがないため，当然，反社会的行動に走ることはない。

これら４つの要素との結びつきが強い（４つの要素を満たしている）子どもは，より非行に走りにくくなるとされている。

②非行対応への示唆

これまで社会的コントロール理論（社会的絆理論）の概要を見てきたが，この理論は非行の予防や再発防止に学校教育が重要な鍵となることを示唆している。ハーシ（1969）

は，「学校が愛着という情緒的なつながり（attachment），日常のさまざまな活動への巻き込み（involvement），目標や価値への思い入れ（commitment）をあたえてくれるのであれば，少年は，非行を犯すことなく，児童から成人へと成長する」（邦訳，p.125）と述べており，学校教育の重要性を指摘している。また，日本の学校教育においては，道徳教育や生活指導などを通じて，社会のルール（規範観念；belief）の育成が図られている。こうしたことから，学校教育が４つの要素と深く関連していることは明らかである。教員は，これら４つの要素と子どもが強い絆で結ばれるように働きかけることを行いやすい立場におり，非行の予防，あるいはすでに非行行動をしてしまった子どもの再発予防を進めるうえで絶好の位置にいると考えられる。

２．システム論

①システム論とは

システム論は，複数の要素を全体的に捉える視点を持つ理論である。システムという用語は，日常的にはパソコンや通信システムなどの工学分野で使われることが多いが，例えば学校や家族もその中に含まれる個人一人ひとりを要素として考えた場合，それぞれ「学校システム」「家族システム」と捉えることができる。ミクロな視点で捉えると，一人の個人は脳や心臓といったさまざまな器官から成り立っており，「個体システム」と考えることができる。逆にマクロな視点で捉えると，学校や家族，その他さまざまな集団から成り立っている社会も，「社会システム」と考えることができる。このシステム論には，いくつかの重要な概念があるが，以下ではその中で特に重要な２つのポイントを説明する。

システム論：複雑な現象を一つのシステムとして捉え，要素間の全体的連関を考察しそのあり方を解明しようとする理論的方法。生物学・工学・社会科学の分野で応用されている。（「広辞苑」第六版，DVD-ROM版）

１）**全体性**：システム論で最も重要な概念は，この全体性である。システムは，いくつもの要素から構成されるが，それらの要素同士は互いに無関係に存在することはなく，相互に影響を及ぼし合っていると考えられる。したがって，システムを構成する全ての要素とそれら要素間の相互影響の全体が，システムの状態を決定する。このことが全体性である。もし一部の要素ばかり注目し，その他の要素や要素間の相互影響の全体を見ない場合，システムを理解したとはいえない。

２）**変化**：システム論では，いくつもの要素が互いに影響し合っているため，常に変化していると考えられている。この変化は，大別して２種類ある（岡堂，2004）。

１つ目は，「**一定の状態を保つ変化**」である。例えば，学校である子どもが授業で動き回るといった逸脱行動をした場合，教員，保護者，級友などはその逸脱行動を打ち消すような対応（叱る，なだめる，教室外に出す，など）をとるかもしれない。その対応の結果，逸脱行動が収まって通常の授業活動を進めることができた場合，一定の状態を保つ変化が起こったとみなされる。

２つ目は，「**一定の状態から離れていく変化**」である。先の例で言うと，授業中にある子どもが動き回ることからヒントを得た教員が，活発に班活動や討論を行うような動きのある授業を模索し始めるかもしれない。それに対し，子ども達が喜んで反応した結果，当初とは全く別の授業様式が形成されるかもしれない。この場合，元々の授業様式とはまったく異なる様式であり，子どもや教員の振る舞いがそれ以前とはまるで違ったものになっている。つまり，別のシステムに至るような変化が起きたとみなされる。

一定の状態を保つ変化：システム論では，これをホメオスタシス（homeostasis），モルフォスタシス（morphostasis），ネガティヴ・フィードバック・ループ（negative feedback loop），第一次変化（first-order change）などと呼んでいる。

一定の状態から離れていく変化：システム論では，これをモルフォジェネシス（morphogenesis），ポジティヴ・フィードバック・ループ（positive feedback loop），第二次変化（second-order change）などと呼んでいる。

②非行対応への示唆

システム論を基にした心理的アプローチは，システム論的アプローチ（システムズアプローチ）（楢林，2003）と称される。このシステム論的アプローチは，非行対応の際に有意義であることが指摘されている（岡堂，1990；生島，2011）。この点について，上述の２つの要点をもとに，もう少し具体的に述べてみたい。

１）**全体性**：全体性を念頭に置く時，特定の部分だけでなく，システム全体を広い視野で見ることになる。非行の場合，どうしても反社会的行動を起こした子どもにばかり目が行き，さらにその子どもが持つ特徴の一部，それも多くの場合は能力がない，性格が良くない，等々の欠点だけに注目しがちである。しかし，システム論から見た場合，子どもの中にさまざまな特徴（要素）があると考え，一つの特徴だけにとらわれることはなくなる。同時に，子どもだけでなく，家族や親戚，教員や級友，地域の人々などとの関係，さらには社会全体との関係までも視野に入れることが可能となる。

２）**変化**：システムの変化は大きく分けて２種類あったが，それぞれは非行対応において有意義な視点をもたらす。

非行の対応では，教員・保護者の懸命な対応にもかかわらず改善が見られないことがある。そのような時，子ども個人の能力不足等の問題と見られることがあり，周囲の大人はどうすることもできずに無力感に陥ることがある。ここで，システム論の「一定の状態を保つ変化」を考慮すると，違った見方ができる。本人の行動と周囲の対応全体が，一定の状態を保つ行動の連鎖になっている捉えることができる。したがって，関係する人々のやりとり全体を点検し，それとは違ったやりとりを導入することで，「対応しても変化が起きない状態」から脱出できると考えられる。

また，非行に対応する教員は，子ども（時には，その家族）の好ましくないさまざまな行動や特徴に目が行き，その多さに圧倒され，改善を想像すらできなくなることがある。この時，システム論の「変化は常に起きていること」と，「一定の状態から離れていく変化」を併せて考えることが役立つ。非行を犯す子どもや周囲の大人を含めてシステムと捉える時，小さいながらも好ましい変化が起きていると考えることができる。そのすでに起きている好ましい方向の変化を見つけて増幅させることで，非行行動のない新しいシステム（人間関係）が実現可能となるのである。

Ⅲ．具体的対応

１．リスクへの対応

①リスクの重要性

非行対応において，暴力や万引きなどの具体的な非行を示す行動を早期発見して対応することは，当然重要である。しかし，システム論では，非行行動はさまざまな要素の相互影響の結果として起こると考えるため，非行行動だけに注目することは適切でないとされる。同様のことは，いくつもの非行研究で指摘されている。非行の直接的・間接的に悪影響を及ぼすリスク（危険因子）に言及した研究では，非行に対して多様なリスクが直接的・間接的に影響していることが論じられている（藤岡，2007；小林，2008；坂野，2011）。これはシステム論の見方と一致する。したがって，非行に走る子どもだけ，保護者だけ，担任だけが原因であり責任を負うべき，ということにはならない。特定の人物だけを責めることは，全く理にかなっていない。非行の対応では，一部の人間の責任だけにすることなく，幅広い視野を持ってさまざまなリスクを考慮することが求められる。

ただし，小学校の教員がリスクの全てに対応しようとすることは現実的でない。子ども本人の性格の偏りや障害（知的障害・発達障害），保護者の不適切な養育態度（放任や無責任，虐待など），地域や社会の文化やあり方など，非常に多くのリスクが指摘されており，教員の努力だけで全てを解決できるものではない。

ここでは，教員が対応する際に重視すべきいくつかのリスクについて，社会的コントロール理論（社会的絆理論）を基に論じていきたい。

②愛着

学校に愛着を持ち，学校との情緒的結びつきが強いほど，子どもは非行には走りにくい（Hirschi, 1969)。そのため，教員（学校）と情緒的結びつきがないことは，非行へとつながる大きなリスクであると考えられる。

したがって，非行事例に対応するうえでまず重要なことは，信頼関係づくり（教育相談やカウンセリングで言われる「**ラポール形成**」）である。本人との関係が成立していなければ，あらゆる働きかけは本人の耳に入らない。その信頼関係づくりのため，傾聴・受容・共感などの，いわゆるカウンセリング・マインドを持って子どもと向き合うことが重要となる。反社会的な行動を示す子どもは，反発したり沈黙を続けたりする態度が見られることも少なくない。それでも本人に関心を向け，本人の言葉にしっかり耳を傾け，本人の心情を理解しようとする態度は，信頼関係づくりには重要である。筆者らの経験では，自分の気持ちを言語的に表現することを苦手とする子どもが少なくない。そのような場合，大人の意見を押しつけにならないように注意しながら，大人の側が積極的に子どもの心情をくみ取り，「○○君は□□と思っているのかな？　それとも，△△と思っているのかな？」というように心情の選択肢を提示しながら聞いていくことも一つの方法である。また，相談だけでなく，本人と雑談をしたり遊んだりすることも，強力な関係づくりの方法である。さまざまな手を尽くして関係づくりを進めることは，非行対応では重要となる。当然，非行予防においても同じく重要である。

ラポール：もともとはカウンセリングの用語で，カウンセラーと来談者の間の信頼関係を指す語。

また，どうしても問題行動に対する指導や叱責をしなければならず，受容や共感を同時にできないと感じる場面がある。そのような場合，生徒指導主事や学年主任が指導する役割を担い，担任が受容的に傾聴する役割を担うといった，校内での役割分担が役立つ。こうすれば，担任は傾聴に専念でき，関係づくりが進めやすくなる。もし一人の教員が指導と傾聴を両方行う場合，時間差で両方を実践することが可能である。最初，充分に傾聴を行って本人の心情を理解することが有効と考えられる。時には問題行動を示す子どもの良い面を指摘し，認められたい気持ちを満たす働きかけも有効である。こうした傾聴等によって信頼関係ができた後であれば，「そんな君がこうした行動をすることは，もったいない」と穏やかに指摘するだけでも，子どもは聞く耳を持つため，充分効果的な指導となりうる。

また，システム論的視点に立った場合，教員が子どもに直接アプローチするだけでなく，保護者へアプローチすることで間接的に子どもの改善を図ることも可能となる。社会的コントロール理論（社会的絆理論）では親との愛着が重要であると指摘されており，保護者と子どもの関係づくりを教員がサポートすることは非常に意味がある。小林（2008）は，警察による粗暴傾向の少年の相談に関する調査を行った。その結果，大きな改善が見られた事例では，相談職員が保護者の気持ちを受容しながら，子どもの理解や受容を促す傾向が見られた。また，少年の気持ちを説明したり，少年とのコミュニケーションを促したり，居場所をつくる働きかけを相談職員が多く促している傾向が見られた。さらに，相談職員が夫婦間の対話を促す傾向も示唆されている。こうした対応は，問題行動を示す子どもとその保護者に教員が対応する場合でも役立つものと考えられる。

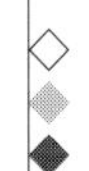

③投資・巻き込み・規範観念

反社会的行動を示す子どもは，学業やスポーツ等での実績や他者からの評価などが乏しい場合が度々見られる。つまり，投資とのつながりが薄いといえる。また，学業やスポーツなどの社会に認められた活動に費やす時間が少ない場合があり，この場合，巻き込みとのつながりが弱いと考えられる。社会のルールを認識しても意識が低くて反社会的行動を起こすこともあり，規範観念とのつながりが充分でない場合は少なくない。ケースごとに多少の違いは見られたとしても，こうしたことは全て非行のリスクとなるため，改善が必要である。

これらの改善のためには，子どもがこれからどのように良い実績や他者からの高評価を得られるかについて，教員が考えて支援する必要がある。そうした支援は，学業の面ではもちろん，スポーツや文化的活動など，さまざまな領域で可能である。そこで重要なことの一つは，本人自身が「心理的な自信」を持つことである。ハーシ（1969）の研究では，実際の成績は重要ではあるが，それ以上に成績に対する自己評価（自分は成績が良いと思っているかどうか）の方が，より強く非行と関連していることが示されている。したがって，実際の成績を上げる支援とともに，心理的に得意であると感じるような支援も非常に効果的であると考えられる。例えば学習支援の場合，テストの点数を上げるためには基礎から教えることは重要ではあるが，一部の子どもにとってはあまり心理的な自信に結びつかないこともありうる。一方，基礎的学習ではなく授業を先取りした予習を支援する方が，翌日以降の授業でついて行ったり発言したりすることが可能になり，ある子どもにとっては自信につながるかもしれない。これはあくまで一例であり，一人ひとりの子どもに応じた支援ができるかどうかが重要である。こうした支援を行うことで，次第に良い実績や他者からの高評価を得られるようになり（投資），それが熱心に活動に従事することにつながり（巻き込み），そのことで教員や級友，さらには保護者との関係づくり（愛着）にも良い影響を及ぼすことが考えられ，さらにそれが社会や学校のルールに従おうとする態度（規範観念）の形成へと至ることが期待できる。

また，投資や巻き込みに深く影響している他の項目としては，「目標や希望」が挙げられる。これについては，次項「2．解決志向の対応」の②で取り上げる。

④働きかけが行きづまる時

非行傾向にある子どものリスクを改善すべく，教員や保護者が本人に対して懸命な働きかけをしているにもかかわらず，なかなか改善が見られないことがある。そもそも，非行は多様なリスクの結果として生じたものであり，改善は時間がかかるのが通常である。例えば学校への愛着が欠けているというリスク一つを考えてみても，簡単に愛着が形成されるものではない。したがって，働きかければすぐに改善が見られることを期待せず，長い目で取り組む必要がある。

とはいえ，働きかけの成果が見られない場合，子ども，保護者，あるいは教員自身の能力不足や不適切な性格など，容易に改善が難しい何かに原因を求めてしまい，対応不能の感覚に襲われることがある。こうした場合，先に述べたシステム論の「一定の状態を保つ変化」を考慮し，関係する人々の働きかけとその反応の全体を点検し，それまでとは違った働きかけをすることが有効と考えられる。その「違った働きかけ」は，意外性があり，時に一般的ではない働きかけが有効な場合がある。（一定の状態を保つ変化を変化させる方法については，短期療法（ブリーフセラピー）のMRIアプローチ（Fisch, Weakland & Segal, 1983；若島・長谷川，2000）や家族療法の戦略派（Haley, 1981）が特に強調している。これらは全て，システム論の影響を受けている。）

一例を紹介したい。逸脱傾向が顕著なある少年が，ある施設に入った時，職員の指示に従わないことが度々あった。就寝時間になっても，当然指示に従わず，寝ないどころ

かベッドに入ろうとすらしない。強い指示，優しい指示，その他のさまざまな指示をしてもベッドに入らなかった。そんなとき，あるベテランの女性職員が，幼児に働きかけるように「背中をトントンしてあげようか？」と話しかけた。すると，その少年はすぐにベッドに入り，背中をトントンしてもらいながら眠りについた。

2．解決志向の対応

①プラス面に注目すること

非行では，非行を促進するリスク（危険因子）だけでなく，非行を防止する保護因子も重要とされる（朝比奈，2007）。これはマイナス面やマイナス方向へと作用する面だけでなく，プラス面やプラス方向へと作用する面も捉えることの重要性を意味する。こうしたプラス面への注目は，近年，心理学全般で進んでいる（堀毛，2010）。プラス面に注目した心理相談やカウンセリングについては，家族療法を中心としたシステム論的アプローチの領域で発展している。その中でも代表的な**解決志向アプローチ**（以下，SFA）を中心的に取り上げながら，非行対応を考えていきたい（DeJong & Berg, 2008；若島・長谷川，2000）。

解決志向アプローチ：本書第 11 章を参照。

②本人や関係する人々が望む目標への注目

プラス面を注目するアプローチでは，現状をより良いものにしたいという人々の希望や願いに目を向ける。多くの場合，希望や願いは漠然としているが，これをより具体的な「目標」として明確化できれば，何を目指し，どんな活動をすればよいかが明らかになり，改善のための実践に移しやすい。また，社会的コントロール理論（社会的絆理論）からみても，目標の具体化は，投資（評価や実績など）や巻き込み（活動への没頭）と子どもとのつながりを強めるうえで重要と考えられる。

では，実際にどのような目標を立てたらよいだろうか？　SFA では，解決に役立つ目標をウェルフォームド・ゴールと呼び，重視している（DeJong & Berg, 2008）。ウェルフォームド・ゴールにはいくつかの特徴がある。

1）本人にとって重要である：本人の希望に沿って目標を立てることで，目標達成が本人にとって意味のあることになる。他者から押しつけられた目標では，達成しようとする意欲が上がらないのは当然である。本人が希望を話さない，話せない場合が多いので，時間をかけて傾聴する姿勢が不可欠であり，時には教員が積極的に心情をくみながら「こういうことを望んでいるのでは？」と投げかけて確認をとることも必要となる。また，反社会的な目標を本人が語る場合，その背後にある本当の希望を読み取ることが重要である。「○○君をなぐりたい」と本人が言った場合，よくよく聞き続けると「以前は友達だったが，疎遠になった」ことが分かり，さらに聞き続けると「実は○○君と仲直りしたい」，「○○君以外の友人がいないから，もっと友人が欲しい」といった，より社会に受け入れられる希望が見えてくることが多い。

2）他者との関係の中で示される：「問題が解決したら，他者はどんな変化に気がつくか」など，他者の視点を含める。これにより，他者の希望を考慮するだけでなく，自分だけでは気がつかない変化に気がつくことができるようになる。

3）状況を限定し，本人が実行できる具体的で現実的な行動として表現される：本人が，いつ，どこで，何を，どう行動するか，を限定する。また，それが現実的かどうかについても，本人と一緒に検討する。目標は，本人自身が実行可能な行動として表現されることで，行動に移しやすくなる。

4）最終結果でなく，何かの始まりである：ここでの目標とは，最終的にどうなって

いるかではなく，最初の一歩である。「テストで 100 点を取る」といった将来の理想でなく，「今日，10 分勉強する」という直近の行動目標として表されることが必要である。ハーシ（1969）は，現在の活動をうまくやりたいという生徒の願望を捉えた指標の方が，将来の希望などよりも，強く非行に関連している，と指摘している。このことは，「今から何をするか」を目標にすることが適切であることを示している。

こうした目標を明確にする作業はかなりの努力が必要とされるが，目標が明確になった場合に得られるものは大きい。こうした特徴を備えた目標を立てることは，非行対応でも非常に重要と考えられる。目標の明確化のための工夫としては，SFA の**ミラクル・クエスチョン**と呼ばれる技法が代表的な一例である。これは，「奇跡が起きて，望んでいた解決が起きた後の変化や行動」を想像してもらう質問技法である。現状から未来に向けて考え進めることが難しい場合，解決してしまった未来を先に想像することで，目標の明確化が進むことがある。

ミラクル・クエスチョン：SFA の代表的な臨床家インスー・キム・バーグ Berg, I. S. が作った質問法。「寝ている間に奇跡が起こり，あなたの問題が全て解決したとします。そうしたらあなたはその奇跡が起こったことをどんなことから気づきますか？」

また，目標を設定する場合，子ども本人の目標を明確化することだけに囚われてはいけない。「子ども本人が何をしたいのかが分からないようでは，何も進められないし，変わらない」と言われることがあるが，システム論的アプローチではそのようには考えない。子どもと関係がある誰かが目標を明確にし，それまでと違った取り組みを開始することによっても，子どもの変化は起きうると考える。したがって，子どもと目標を話し合うことが難しい場合は，保護者や教員自身が目標をつくることから対応を始めることも効果的である。

③例外やリソースへの注目

システム論では，「変化は常に起きている」とされており，比較的好ましい変化も小さいながら起きていると考える。通常は見逃されるそのような変化を，SFA では「例外」と呼び，非常に注目する。例えば，高い攻撃性を示す子どもでも，時には他者への配慮を示すこともあれば，時には大人の意見に素直に従っていることもある。こういった問題がありそうでなかった時が，例外である。また，いつもは教員の指示に 15 分以上反抗し続ける子どもが 3 分で反抗をやめた時のように，問題の程度が軽い時も例外とされる。

こうした例外が見つかった際は，いつもと何が違ったかをよく探索することが有効である。特に，子どもや保護者，そして教員自身がどんな違う行動（反応）や工夫をしていたかを明らかにすることが重要である。いつもと，違う行動（反応）や工夫を再度行えば，改善に結びつくからである。「いつもは乱暴な子どもが，昨日は乱暴をしなかった」といった例外では，子ども本人が「10 数えてから行動すれば，大丈夫だった」などと，意図的な行動や工夫を述べることがある。また，「先生が座って僕より低い姿勢で話しかけてくれたから」など，周囲の違った行動を挙げることもある。このように例外を丹念に調べることは，改善にとって非常に役立つ。

また，「リソース」も非常に注目される。リソースとは，資源や資質のことである（黒沢，2002）。そのうち，個人の能力や得意分野などは内的リソース，個人の外にあって解決に役立つものは外的リソースとされる。

内的リソースは，例えば「実は我慢する力がある」，「人に配慮する気持ちが意外とある」のように非行の問題と関係するものが役立つことは明らかであるが，「美術が得意」，「祖父を慕っている」といった直接関係しないものも有用である。教員が絵画コンクールへの出品を勧めることで制作に没頭することは，非行の可能性を減らすかもしれない。もし入選でもしたら，なおさら非行から離れるかもしれない。祖父との思い出を話すこと

や，祖父が今いたら語ってくれるだろう言葉を想像することは，子ども自身が非行を考えなおすきっかけを与えるかもしれない。このように，内的リソースはいかなるものでも，解決の手がかりとなりうる。

外的リソースは，個人の外にあるものであり，子どもを強く心配している保護者や，問題行動を起こす子どもと仲が良い教職員（前担任，校長・教頭，養護教諭，用務員など），話を丁寧に聞いてくれる大人（相談機関から近所のおじさん・おばさんまでを含む）などが一例である。そうった外的リソースが活用できれば，事態の打開に非常に大きな意味があると考えられる。

Ⅳ．まとめ

児童期の非行は，思春期以降のそれと比べて見過ごされることがある。しかし，児童期のうちに対応することは，重大な非行への発展を予防するうえで，非常に重要である。その対応の際，本章で取り上げた社会的コントロール理論（社会的絆理論）とシステム論は，有益な視点を数多く提供してくれる。それをもとに，リスクに対応し，プラス面を発展させて解決を目指すことは，非行の予防・対応として有効だと考えられる。

ワーク（考えてみよう）

1．社会的コントロール理論（社会的絆理論）とシステム論について，それぞれのポイントを挙げてみよう。

2．「非行のリスクへの対応」のポイントは何だろう？

3．「非行に対する解決志向の対応」のポイントは何だろう？

ワーク（事例）

■事例１

小学５年生男児Ａ君。小学校入学当初から授業に集中せず，授業中の立ち歩きが目立つ。教室の，時には学校の外に行ってしまう。校外では，万引きや他人の自転車を盗むことが時々ある。人なつっこく暴力傾向はあまり見られないものの，学校や社会のルールが定着していないため，勝手な行動が目立つ。家族は父親が行方不明，母親は同居し

ているはずだが，夜はほとんど家にいない。70代の祖母と５つ年上の姉と暮らしている。

前年度までは，時には厳しく，時には優しく，学校のルールを指導してきたが，あまり効果が見られなかった。今年度の新しい担任（30代男性）は，Ａ君の置かれた状況を理解し，まずは関係づくりから始めた。廊下などでのあいさつはもちろん，事あるごとに声がけをし，できるだけ本人の心情を言葉にすることを心がけた（楽しそうだね，大変そうだね，など）。また，Ａ君が友達を助けたり，授業に少しでも集中して取り組んだりした時には，その度に「よくやっているね」と声がけをするよう心がけた。その結果，１学期前半までにはＡ君自身が積極的に担任へ寄ってくるようになり，学校の外へ飛び出すことはもちろん，教室の外へ飛び出す回数が減少していった。前年度まではルールを指導すると反発したり逃げたりすることが多かったが，担任との関係ができるに連れて，素直に従う場面が増えていった。さらなる改善が期待できそうではあったが，担任はすでにＡ君への対応と担当する学級での日常的な対応で精一杯という状況であった。

そこで，学年主任が中心となって，これまでの対応の振り返りと今後の方針を話し合った。その結果，教員との関係づくりが重要であり，関係ができた後の指導が有効であることを確認した。それと同時に，担任一人が対応するのでは負担が大きすぎることが話題となった。同時に，週１回ボランティアで来ている授業補助員は，Ａ君にうまく対応しており，関係ができていることも話題となった。そこで，授業補助員を含む他の教職員もＡ君に積極的に関わる方針を進めることとした。授業補助員には事情を説明し，来校を増やしてＡ君と関わってもらうことを打診したところ，幸いにも快諾が得られ，週３回の来校が実現した。

この結果，担任の負担は軽減され，比較的余裕を持ってＡ君への対応にあたることができるようになった。６年生になる頃には，授業場面での落ち着きのなさは見られるものの，以前のような問題行動はほとんど影を潜めた。

解説：なぜ解決したのか？

この事例では，新しい担任が関係づくりから始めたことが，重要な転換点となった。このことには，２つの意味がある。

１つ目は，社会的コントロール理論（社会的絆理論）の「愛着」を形成することになっている点である。ハーシ（1969）が重視する４つの絆（bond）の第１番目が「愛着」であり，特に重要なものと考えられる。本事例では，担任が積極的に関わっていくことで，Ａ君との情緒的な結びつきが強まった。これはまさに「愛着」の形成にあたる。これが，Ａ君が担任の言葉を受け入れることにつながり，改善につながったと考えられる。

２つ目は，システム論の「一定の状態を保つ変化」を改善したことになっている点である。前年度まで，Ａ君にはルールを指導する対応がとられていた。しかしこれにＡ君は反発したり逃げたりすることで，ルールを守らない状態が続いていた。典型的な悪循環である。しかし，新しい担任が指導よりもまずは関係づくりを優先させたことにより，この悪循環がなくなった。代わって，担任とＡ君の関係が深まる循環が起き，Ａ君のルールを守ることが増えていった。こういった事例では，「Ａ君の性格が原因」「家庭が原因」と見ることもできるが，こうした原因への対応は困難を感じることが少なくない。本事例のように，これまでの関わり方が不幸にも悪循環になっていることはよくあることであり，関わり方を思い切って見なおすことで変化が始まることは度々見られる。

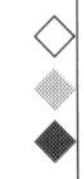

担任による関係づくりの他にも，本事例では重要な点が見られる。それは，例外に注目した，解決志向の対応を実践している点である。

まず，担任は関係づくりを進める中で，A君の良い行動を積極的に指摘している。これは先述の「例外」，つまり問題がない時，に注目して対応したことを意味している。担任は「例外」を細かく分析まではしていないようであるが，それでも「例外」をA君に指摘することで，「何が良い行動か」を意識する効果はあったと考えられる。ルールを破った時の行動について指導する場合，どうしても良くない行動を強調することになる。「良い行動」を，それも自分自身が行った「良い行動」をA君が自覚することは，その後，A君がルールを守る行動を増やすのに役立ったと考えられる。

また，学年主任が中心となった話し合いでも，「例外」の活用が見られる。担任が行っていた「関係づくりを進める」という対応が，A君の問題行動がない時（例外）を生み出した。それを的確に理解し，他の教職員も同じ対応をすることとした。これは「例外」をヒントに改善した例ともいえる。同時に，授業補助員も関係ができているという「例外」を見つけ，それも対応に活かしている点も注目に値する。

今後，A君がさらに問題行動から遠ざかるためには，A君が熱中できる活動やA君が目指すべき目標があるとより良いと考えられる。また，中学校進学の際には今の担任との関係は終わってしまうため，小中連携により中学校でも関係づくりを進める準備ができていることが望ましいと考えられる。

■事例2

小学1年生男児B君。授業中の立ち歩きや集中力のなさが目立つ。それ以上に深刻なことは，攻撃的な態度である。級友はもちろん，教職員に対しても気に入らないことがあると「うるせえババァ」等の暴言を吐く。人を叩く，蹴るといった行為も度々見られる。家族は，B君が幼い時に両親は離婚したため，父親との二人暮らしである。父親は工事関係の仕事をしており，B君に対する言葉づかいやしつけが荒く，時折，手を挙げることがあるようである。

学校では，まずは父親との関係づくりを進めることとした。家庭訪問をしても不在だったり，在宅していても面会を拒否されたりしたことが続いたが，根気強く訪問を続けた結果，少しずつ話し合うことができるようになった。最初，訪問した教員は，主に世間話や事務的な連絡を伝えながらも，父親の苦労を理解し，苦労の中でも子育てをしていることに敬意を積極的に表した。徐々に長く話ができるようになった段階で，B君の学校での活躍などを伝えながら，徐々に攻撃的な行動や，それが友人関係などの問題に発展しつつある現状を伝え，改善のための協力を要請した。その後，何度か訪問を重ねる中で，父親は「自分の態度が影響している」と自ら語り，自分自身の態度を改めようとしているが難しいと述べた。訪問した教員は，父親が実は意外と落ち着いてB君と接しているときがあることを見出し，その時のことを尋ねた。「仕事が忙しくないときほど落ち着いて接することができる」ことを答えた以外，どのように落ち着いて接することができるかはよく分からなかった。それでも，意識したことが功を奏したためか，その後，徐々に落ち着いてB君と接する時間が増えたようだった。

B君本人とは，主に担任が関係づくりを進めた。動くことが好きなB君に配慮し，道具の準備係など，動きがあって担任と多く接する仕事を任せた。接する中では，できたことをことあるごとに賞賛した。次第に関係ができてきたため，担任は「B君はもっとどんなことができたらよいと思う？」と聞いたところ，最初は戸惑って答えられなかったものの，最終的に「野球かサッカーをしたい」「もう少し勉強ができたらよい」と答えた。前者について，運動好きにもかかわらず，なかなかスポーツをする場がないため，とのことであった。後者は，「勉強ができたら，父さんやみんなに自慢する」ためとのこと

であった。

スポーツに関しては，父親とPTA役員の奔走により，地域のサッカー教室に格安で通うことができることとなった。勉強に関しては，担任とB君の話し合いの結果，「授業で分からないことをその日の内に解決すること」や，宿題を担任やボランティアの補助員とともに学校で行い，分からないところを聞きながら「宿題を学校で全部終わらせる」ことを目標にした。その後は，サッカー教室では持ち前の運動神経を発揮して大活躍している。また，勉強では学習習慣が身に付きつつあり，成績も徐々に向上している。問題行動はかなり減少している。

解説：なぜ解決したのか？

この事例では，学校側から父親へアプローチしたことが最大の特徴である。システム論から見た場合，B君本人だけでなく，関係する誰へのアプローチでも変化のきっかけとなりうる。学校は，父親へのアプローチが最も重要と考えた。かなりの時間と労力が必要であったが，粘り強い学校側の訪問により，父親との関係が築かれた。社会的コントロール理論（社会的絆理論）では，学校はもちろん，親との「愛着」の重要性が強調されているが，この事例では，学校が親子関係の愛着形成を支援した形になっている。最初は子どもの問題として話し合っていたが，後に父親自身が「自分の態度が影響している」ことを認めた（粘り強い訪問によって，その言葉を引き出した，ともいえる）。これにより，父親自身の態度の改善へとつなげることができた。このことが，親子の愛着促進に果たした役割は大きいと考えられる。これと同時に，学級担任がB君との愛着形成を進めたことも，大きな意味があったと考えられる。担任は，授業等での集中を強いるのではなく，B君の特徴にあっていて，しかも担任との接触回数が多い役割を任せた。これにより，B君はストレスが軽減し，しかも担任との関係が促進されるという一石二鳥の効果があったと考えられる。

また，この事例では，随所で解決志向の対応が実践されている。

まず，父親との対応では，父親が苦労しつつも子育てをしていることに敬意を示しているが，解決志向アプローチではこれを「コンプリメント」と呼んでいる。また，父親が自分の態度の改善に困難を感じた際には，B君と落ち着いて接した時，つまり例外，に焦点をあてて話を進めている。この例外について，どんな行動が例外に結びついたかまではあきらかにならなかった。しかし，改善が難しいと感じていた父親にとっては，自分がすでに改善できている時があることを知るだけでも，充分意味があったと考えられる。

さらに，担任はB君との関わりの中で，解決志向の対応を行っている。まずは，B君との関わりでできたことを賞賛している。また，B君の意見を尊重しながら，具体的な行動の目標を一緒に立てている。これは，ウェルフォームド・ゴールに近いものである。B君の意見が尊重された目標を立てることにより，B君の動機づけが高められたと考えられる。このことが，活躍の場が広がり，学校で結果を残すことにつながっている。別の視点から見ると，このことは社会的コントロール理論（社会的絆理論）の「投資」「巻き込み」を充実させた形になっており，非行の抑止には良い影響をもたらしたと考えられる。以上のことに加え，サッカーを始める場面では，PTA役員や地域のサッカー教室などの外的リソースを活用している。こうしたリソースの活用も，変化のためにはとても重要であったと考えられる。

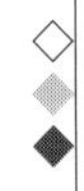

この事例では，教員が困難な中でも粘り強く対応し続けたことが改善につながったと考えられる。こういった事例では，表には表れないものの，校内・校外連携がうまくい

っていることが背景にある場合が多い。この事例でも，複数の教員が家庭訪問に出向き，担任とも充分連携を図っている。また，保護者（PTA）や地域との良い関係をつくっておくことが，こうした事例の対応の際に活きてくる。非行の対応では，こうした連携も非常に重要なポイントとなる。

参考・引用文献

朝比奈牧子 (2007). 犯罪・非行研究の基礎理論　藤岡淳子（編）犯罪・非行の心理学　有斐閣　pp.21-42.

DeJong, P. & Berg, I. K. (2008). *Interviewing for solutions: 3rd Edition.* CA: Thomson Higher Education.（桐田弘江・玉真慎子・住谷祐子（訳）(2008). 解決のための面接技法：ソリューション・フォーカスト・アプローチの手引き〈第３版〉　金剛出版）

Fisch, R., Weakland, J. H., & Segal, L. (1983). *The tactics of change: Doing therap.briefly.* San Francisco: Jossey-Bass Publishers.（鈴木浩二・鈴木和子（監修）(1986). 変化の技法―MRI 短期集中療法　金剛出版）

藤岡淳子（編）(2007). 犯罪・非行の心理学　有斐閣

Haley, J. (1981). *Problem-solving therapy: New strategies for effective family therapy.* San Francisco: Jossey-Bass Publishers.（佐藤悦子（訳）(1985). 家族療法―問題解決の戦略と実際　川島書店）

Hirschi, T. (1969). *Causes of delinquency.* Berkeley and Los Angeles: University of California Press.（森田洋司・清水新二（監訳）(1995). 非行の原因―家庭・学校・社会へのつながりを求めて　文化書房博文社）

堀毛一也（編）(2010). ポジティブ心理学の展開：「強み」とはなにか，それをどう伸ばせるか　現代のエスプリ，512 号

法務省 (2022). 令和４年版犯罪白書

小林寿一（編）(2008). 少年非行の行動科学―学際的アプローチと実践への応用　北大路書房

黒沢幸子 (2002). 指導援助に役立つスクールカウンセリング・ワークブック　金子書房

文部科学省 (2023). 令和４年度　児童生徒の問題行動・不登校等生徒指導上の諸課題に関する調査結果について

中島義明・安藤清志・子安増生・坂野雄二・繁桝算男・立花政夫・箱田裕司 (2001). 心理学辞典 CD-ROM 版　有斐閣

楢林理一郎 (2003). 家族療法とシステム論　日本家族研究・家族療法学会（編）臨床家のための家族療法リソースブック―総説と文献 105　金剛出版　pp.40-49.

新村出（編）(2008). 広辞苑　第六版，DVD-ROM 版　岩波書店

岡堂哲雄 (1990). 非行の心理臨床　福村出版

岡堂哲雄 (2004). 家族システム理論　氏原寛・亀口賢治・成田善弘・東山紘久・山中康裕（編）心理臨床大事典〔改訂版〕　培風館　pp.1257-1260.

坂野剛崇 (2011). 触法・低年齢少年の非行の特徴　生島浩・岡本吉生・廣井亮一（編）非行臨床の新潮流―リスク・アセスメントと処遇の実際　金剛出版　pp.96-113.

生島浩 (2011). 非行臨床のモデルの意義と課題　生島浩・岡本吉生・廣井亮一（編）非行臨床の新潮流―リスク・アセスメントと処遇の実際　金剛出版　pp.135-147.

若島孔文・長谷川啓三 (2000). よくわかる！　短期療法ガイドブック　金剛出版

遊佐安一郎 (2004). システムズ・アプローチ　氏原寛・亀口賢治・成田善弘・東山紘久・山中康裕（編）心理臨床大事典〔改訂版〕　培風館　pp.1260-1262.

コラム❈column

困難な状況ごとの取り組み
——小学生の貧困問題への対応

古澤雄太

ベネッセ教育総合研究所が行った「第1回子ども生活実態基本調査」（2004）によると，小学生・中学生・高校生のお金の使い道として，全ての段階で「本・雑誌・マンガ」「食べ物・飲み物・おかし」が最も多いが，学校段階が上がるにつれて増えるのが「食べ物・飲み物・おかし」「おしゃれに必要なもの（服や化粧品など）」「CD・DVD」「携帯電話（PHS）」「コンサートやお芝居」で，減るのが「貯金」「学習に必要なもの（文房具など）」「ゲームソフト」「おもちゃ・グッズ」とのことである。一方で，小学生のおこづかいの平均はおよそ1,000円であったのが，中学生になると2,500円ほどにアップしている。にもかかわらず，「親に欲しいものをねだる」という行動は小学4年生に27％程度であったのが，学年が上がるにつれて徐々に増え，中学2年生の40％でピークを迎えている。子どもたちの付き合いや趣味には，やはりお金がかかるようだ。

これらのデータからすると，欲しいおもちゃが買ってもらえないことも，着るものがお下がりばかりなのも，遊びやオシャレにかけるお金が足りないのも，たいていの子どもが抱える悩みであるから，とりたてて問題にするようなことではないように思えるが，相対的貧困という考え方から見ると，お金の問題は一括りにはできない。特に中学生くらいの，いわゆる思春期に差し掛かった子どもたちにとって，友達と一緒のことができないというのは大きな問題である。

では，小学校低学年ほどの年齢の子どもたちに問題がないかというとそうでもない。たとえ本人たちが困っていないとしても，彼らの将来のことを考えると，周りが心配になることはある。多世代にわたる貧困のために，経験不足や価値観のズレ，特に，生活習慣や身の回りのことに関する常識の欠如が一番問題と感じている。それは家庭の養育力の問題などではなく，例えば，水道代を節約するために入浴の機会が少なかったりするようなケースが思い当たる。さっぱりした体の感覚を維持したいという気持ちは育ちにくいし，そもそも子どもの頃はあわよくばお風呂に入らないでTVなんかを見ていたいと思ったりするだろうから，半分は家庭の事情であるが，半分は自分の利害と一致しているため，むしろ子どもにとっては好都合でもあり，子ども自身が問題を感じにくくなり，自発的に改善しようという意欲にはつながらない。もちろん，思春期を機に自ずと自己管理するようになる可能性も高いけれども，それまでの間に，クラスメイトから「不潔なやつ」等と思われることもあるだろうから，それがいじめの問題に発展したり，ネガティブな自己像が出来上がったりすることで，その子の人格形成や行動パターンに悪影響を及ぼすことが心配されることになる。

子どもの貧困問題といえば，最近は，学力の問題や，いわゆる貧困の連鎖の問題等，彼らの人生全体や，社会全体に影響するような大きなテーマが話題になっている。が，実際に目の前にあるのは案外に些細な事象であるように思う。それゆえ，日ごろから彼らの生活に関わる者としては，場合によっては個人や各家庭の問題として捉えられかねないテーマは，日常の中に埋もれてしまいがちである。家庭の家計に関わるため中々口の出しにくいところではあるが，これもまた子どもたちの人生に影響する大きなテーマであると考えている。

コラム※column

外国人児童の支援について——在籍学級担任の役割

張 新荷・兪 幜蘭

外国人児童は，全国各地の学校に在籍するようになり，多くの地域や学校でその対応が求められるようになっている。外国人児童教育を充実するためには，担当者がそれぞれの立場で個々に取り組むだけでは十分な効果を上げることはできず，担当者同士が協力・連携することが不可欠である（文部科学省，2011)。日本の小学校は学級担任制であり，児童との関わりが最も濃密である学級担任の役割について考えてみたい。

学校に来たばかりの外国人児童は，自己表現が難しく，常に緊張したり，時にはその結果として反抗的な態度を示すこともある。その際，学級担任として，「学級に馴染むことができるのだろうか」と心配してしまいがちであるが，そのような態度は初期にみられる正常な反応として捉えることが必要である。そして，外国人児童を学級に受け入れられるようにするには，在籍学級の児童に，多様な文化や価値観を知って理解することが，自己の成長につながるという視点をもたせることが重要になるだろう。外国人児童の受け入れの際には，言葉の問題が必然的に発生する。日本語で授業を行っている学級担任であれば，日本語指導もできると思いがちであるが，国語の指導と日本語指導は大きく異なるということをまず認識しておかなければならない（文部科学省，2011)。日本語指導については，学級担任だけではなく，日本語指導を行う教員や管理職などと協力したほうがより有効な指導ができるだろう。

ある子ども（中国出身）のつぶやきである。「日本の学校に来た初めの頃は，『遊びに行こう』とか，みんな誘いに来てくれたけど，その時は，言っていることが分からなかったの。そしたら，私は日本語が分からないんだと思われて，だんだん誘いに来なくなっちゃった。みんながもういやになった時,私,日本語がだんだん分かってきたんだけど，ひとりぼっちになっちゃった。休みの時間は，ひとりで家庭科室にいるの」

外国人児童は，学級への慣れや日本語の習得状況によって，友人関係や学習状況などにも変化が見られる。さらに，在籍学級の児童も，時間が経つにつれ，当該児童に対する態度・行動も変わってくるものである。このようなことを学級担任が認識し，その時期の特徴にあった指導をできているかどうかが，当該児童にも，学級にも大きな影響を与えるだろう（文部科学省，2011)。

保護者への対応についても，言葉の壁や文化的な違いがあるために，担任だけでは対応が難しい面が考えられる。ここで改めて強調したいのは，チームとして保護者と信頼関係をつくることが大切である，ということである。保護者に連絡する際には，いろいろな工夫が必要である。例えば，重要な通知文には「IMPORTANT」と赤で書いたり，やさしい日本語で書き直したりするなど事前にルールを決めておけば，大量の通知文から，必要なものを選び取ることができる。また，長期休みを利用して保護者に学校に来てもらう際，長期計画で決まっている行事の説明や，子どもの様子や努力を積極的に伝える機会を持つことで信頼関係が生まれる。

参考・引用文献

文部科学省 (2011). 外国人児童生徒受入れの手引き

第7章

児童期における発達障害の理解と対応

宮﨑　昭

Ⅰ．特別支援教育の義務化

障害がない普通の発達をしている「定型発達」を標準とするこれまでの教育では，平均からの遅れや逸脱は「異常」や「問題」と考えられてきた。不得意な所は克服すべきことであった。また，トラブルを起こさないことがよいと考えて，感じ方や考え方を統一することでルールを守る指導がなされることも少なくなかった。

2007（平成 19）年に**学校教育法の一部改正**が行われ，特別支援教育が義務化されて，障害による学習上または生活上の困難がある児童生徒を支援する義務が生まれた。すなわち，得意な部分と苦手な部分があったり，感じ方や考え方の違いがあって行動面や人間関係のトラブルを起こしたりする「個性的発達」への支援が普通のことと考えられるようになった。

学校教育法の一部改正（平成 19 年）：「幼稚園，小学校，中学校，高等学校及び中等教育学校においては…（中略）…障害による学習上又は生活上の困難を克服するための教育を行うものとする」と規定された。これによって，全ての教員が，発達障害のある児童生徒の特別支援教育に携わることが義務づけられた。

Ⅱ．発達障害の定義とアセスメント

発達障害者の定義は 2016（平成 28）年の発達障害者支援法改正により，「発達障害がある者であって発達障害及び社会的障壁により日常生活又は社会生活に制限を受けるもの」とされた。発達障害には，学習障害，注意欠陥・多動性障害，高機能自閉症等の他に，吃音を含む言葉面での困難，不器用を含む協調運動の困難，抑うつや不安や愛着の問題を含む情緒面での困難，チックやおもらしを含む行動面での困難など幅広い困難が含まれる。また，日常生活や社会生活の制限は「社会的障壁」によってももたらされることが明記された。これは，WHO の ICF 国際生活機能分類における「活動と参加」ならびに「環境因子」の重要性を一層認識したものと理解できる。

ここでは，学習に困難がある子ども，不注意ないし多動性・衝動性の問題がある子ども，対人関係やこだわりの問題がある子どものアセスメントについて，表 1 の，ICF 国際生活機能分類の視点に「特別な支援が必要な児童生徒の気づきのためのチェックリスト（文部科学省調査準拠）」を加えたチェックリストを参考に解説する。

1．WHO の ICF 国際生活分類によるアセスメント

WHO の ICF 国際生活機能分類の構成要素である「健康状態」，「心身機能・構造」，「活動と参加」，「環境因子」，「個人因子」の欄がチェックリストの最初にある。「健康状態」には，疾患，怪我，体質，第二次性徴などの特徴を記載する。次の「心身機能・構造」には，感覚機能，知能能力，情動機能などの身体的，生理的，心理的な機能と構造の特徴を ICF の分類用語を参考に記載する。「活動と参加」には，日課の遂行，対人関係，地域での活動など，どのような活動制限や参加制約があるのかを ICF の分類用語を参考に記載する。「環境因子」には，学校環境，家庭環境，地域の人々の態度などで障壁となっているものと支援となっているもの両方を ICF の分類用語を参考に記載する。「個人因子」には，生育歴，教育歴，病名告知と自己理解，進路希望などの個人的な情報で

表１　特別な支援が必要な児童生徒の気づきのためのチェックリスト（文部科学省調査準拠）（宮﨑作成）

学習上・生活上の困難が心配される児童生徒について次の場合に担当者が評定する。 ・全般的な知的発達の遅れがないこと（個別知能検査等で確認すること） ・他の障害や環境的な要因が直接の原因ではないこと（ICF：国際生活機能分類による生活機能と障害の多面的アセスメントが必要である）	評定年月日	
	児童・生徒名	
	学年・組	
	評定者	
・健康状態：疾患，怪我，体質，第二次性徴など		
・心身機能・構造：知能能力，情動機能，感覚機能など		
・活動と参加：学習，日課の遂行，対人関係，地域での活動など		
・環境因子：学校環境，家庭環境，地域の人々の態度など		
・個人因子：生育歴，教育歴，告知と自己理解，進路希望など		

学習障害のチェックリスト			ない	まれにある	ときどきある	よくある
		各領域 12 点以上の時は要検討	0	1	2	3
聞く	1	聞き間違いがある（「知った」を「行った」と聞き間違える）				
	2	聞きもらしがある				
	3	個別に言われると聞き取れるが，集団場面では難しい				
	4	指示の理解が難しい				
	5	話し合いが難しい（話し合いの流れが理解できず，ついていけない）				
		小計				
話す	1	適切な速さで話すことが難しい（たどたどしく話す。とても早口である）				
	2	ことばにつまったりする				
	3	単語を羅列したり，短い文で内容的に乏しい話をする				
	4	思いつくままに話すなど，筋道の通った話をするのが難しい				
	5	内容をわかりやすく伝えることが難しい				
		小計				
読む	1	初めて出てきた語や，普段あまり使わない語などを読み間違える				
	2	文中の語句や行を抜かしたり，または繰り返し読んだりする				
	3	音読が遅い				
	4	勝手読みがある（「いきました」を「いました」と読む）				
	5	文章の要点を正しく読みとることが難しい				
		小計				
書く	1	読みにくい字を書く（字の形や大きさが整っていない。まっすぐに書けない）				
	2	独特の筆順で書く				
	3	漢字の細かい部分を書き間違える				
	4	句読点が抜けたり，正しく打つことができない				
	5	限られた量の作文や，決まったパターンの文章しか書かない				
		小計				

学習障害のチェックリスト			ない	まれにある	ときどきある	よくある
		各領域 12 点以上の時は要検討	0	1	2	3
計算する	1	学年相応の数の意味や表し方についての理解が難しい（三千四十七を 300047 や 347 と書く。分母の大きい方が分数の値として大きいと思っている）				
	2	簡単な計算が暗算でできない				
	3	計算をするのにとても時間がかかる				
	4	答えを得るのにいくつかの手続きを要する問題を解くのが難しい（四則混合の計算。2つの立式を必要とする計算）				
	5	学年相応の文章題を解くのが難しい				
		小計				
推論する	1	学年相応の量を比較することや，量を表す単位を理解することが難しい（長さやかさの比較。「15 cm は 150 mm」ということ）				
	2	学年相応の図形を描くことが難しい（丸やひし形などの図形の模写。見取り図や展開図）				
	3	事物の因果関係を理解することが難しい				
	4	目的に沿って行動を計画し，必要に応じてそれを修正することが難しい				
	5	早合点や，飛躍した考えをする				
		小計				

不注意・多動・衝動性のチェックリスト		ない，ほとんどない	ときどきある	しばしばある	非常にしばしばある
	領域別に 6 項目以上の時は要検討	0	0	1	1
1	学校での勉強で，細かいところまで注意を払わなかったり，不注意な間違いをしたりする				
2	手足をそわそわ動かしたり，着席していても，もじもじしたりする				
3	課題や遊びの活動で注意を集中し続けることが難しい				
4	授業中や座っているべき時に席を離れてしまう				
5	面と向かって話しかけられているのに，聞いていないようにみえる				
6	きちんとしていなければならない時に，過度に走り回ったりよじ登ったりする				
7	指示に従えず，また仕事を最後までやり遂げない				
8	遊びや余暇活動に大人しく参加することが難しい				
9	学習課題や活動を順序立てて行うことが難しい				
10	じっとしていない。または何かに駆り立てられるように活動する				
11	集中して努力を続けなければならない課題（学校の勉強や宿題など）を避ける				
12	過度にしゃべる				
13	学習課題や活動に必要な物をなくしてしまう				
14	質問が終わらない内に出し抜けに答えてしまう				
15	気が散りやすい				
16	順番を待つのが難しい				
17	日々の活動で忘れっぽい				
18	他の人がしていることをさえぎったり，じゃましたりする				
	1 点を取った不注意項目（奇数項目）の数小計				
	1 点を取った多動・衝動性項目（偶数項目）の数小計				

対人関係やこだわり等の問題のチェックリスト		いいえ	多少	はい
	合計 22 点以上の時は要検討	0	1	2
1	大人びている。ませている			
2	みんなから，「○○博士」「○○教授」と思われている（例：カレンダー博士）			
3	他の子どもは興味を持たないようなことに興味があり，「自分だけの知識世界」を持っている			
4	特定の分野の知識を蓄えているが，丸暗記であり，意味をきちんとは理解していない			
5	含みのある言葉や嫌みを言われても分からず，言葉通りに受けとめてしまうことがある			
6	会話の仕方が形式的であり，抑揚なく話したり，間合いが取れなかったりすることがある			
7	言葉を組み合わせて，自分だけにしか分からないような造語を作る			
8	独特な声で話すことがある			
9	誰かに何かを伝える目的がなくても，場面に関係なく声を出す（例：唇を鳴らす，咳払い，喉を鳴らす，叫ぶ）			
10	とても得意なことがある一方で，極端に不得手なものがある			
11	いろいろな事を話すが，その時の場面や相手の感情や立場を理解しない			
12	共感性が乏しい			
13	周りの人が困惑するようなことも，配慮しないで言ってしまう			
14	独特な目つきをすることがある			
15	友達と仲良くしたいという気持ちはあるけれど，友達関係をうまく築けない			
16	友達のそばにはいるが，一人で遊んでいる			
17	仲の良い友人がいない			
18	常識が乏しい			
19	球技やゲームをする時，仲間と協力することに考えが及ばない			
20	動作やジェスチャーが不器用で，ぎこちないことがある			
21	意図的でなく，顔や体を動かすことがある			
22	ある行動や考えに強くこだわることによって，簡単な日常の活動ができなくなることがある			
23	自分なりの独特な日課や手順があり，変更や変化を嫌がる			
24	特定の物に執着がある			
25	他の子どもたちから，いじめられることがある			
26	独特な表情をしていることがある			
27	独特な姿勢をしていることがある			
	対人関係やこだわり等小計			

重要と思われるものを記載する。こうして，生理的な側面，心理学的な側面，社会的な側面から総合的なアセスメントをする。

2．学習面で著しい困難がある子どものアセスメント

教科学習の２学年以上の遅れ（小３までは１学年以上の遅れ）がある場合に，以下に挙げる６つの領域のいずれかに特異的な学習困難がないか，「学習障害のチェックリスト」でスクリーニングする。各領域で 12 点以上の場合には，さらに詳細な検討が必要である。他の障害や環境的な要因が直接の原因である場合は，そちらの原因に対処することが優先される。特に多くの分野で困難が大きい場合には，知的障害との鑑別をするためには，**知能検査**等の心理検査が必要となる。文部科学省初等中等教育局特別支援教育課（2022）の**調査**では，小学校中学校の児童生徒の 6.5％に学習面で著しい困難が認められた。

１）聞く：人の話を聞いて理解することが苦手。
２）話す：自分から人に話をすることが苦手。
３）読む：文章を読むことが苦手。
４）書く：文字や文章を書くことが苦手。
５）計算する：計算することが苦手。
６）推論する：量や図形，因果関係の理解が苦手。

3．不注意ないし多動性・衝動性の問題がある子どものアセスメント

不注意による困難と多動性・衝動性による困難のスクリーニングは，「不注意・多動・衝動性のチェックリスト」で行う。不注意９項目，多動・衝動性９項目について，６項目以上で「しばしばある」以上の困難があるとさらに詳細な検討が必要である。文部科学省の調査（2022）では小学校中学校の児童生徒の 4.0％にこのような困難が認められた。

医学的には，「注意欠如・多動症（DSM-5）」と診断される児童の特徴がこれにあたり，その特徴として「すぐに誉めてもらいたい」という傾向があることに注意が必要である。すなわち，不注意や衝動性のために学習の困難や人とのトラブルが起こった時に「注意される」と，過敏に反応する傾向が見られる。叱責や無視などの対応は，こうした子どもの情緒的な状態を悪化させてしまうのである。

4．対人関係やこだわりの問題がある子どものアセスメント

医学的に「**自閉スペクトラム症**（DSM-5）」と診断される児童の特徴がこれにあたる。医学的な診断基準（DSM-5）には，次の２つの特徴が挙げられている。

１）社会的コミュニケーションと多様な文脈での対人相互交渉の持続的な欠損：興味や情動を共有することが少なく，社会的な交渉を始めたり応じたりすることができないなどの社会的－情動的な対人的相互関係に欠損がある。目が合わない，身振りの理解と使い方ができない，表情での表現がないなどの社会的な相互交渉における非言語的コミュニケーションに欠損がみられる。社会的な文脈に合わせた行動がとれない，ごっこ遊びができない，仲間への関心がなく友達がつくれないなどの人間関係の開始・維持・理解に欠損がある。

２）行動，興味，および活動の限定された反復的な様式：常同的で限定された型の動

知能検査：知的障害の判断のためには，個別実施の児童用知能検査として，2023 年現在「田中ビネー知能検査Ｖ」「WISC- Ｖ」が使われることが多い。他にも，「K-ABC 心理・教育アセスメントバッテリー」が学習障害の判断に活用されている。なお，実施にあたっては，研修等によって，知能検査実施方法と結果の解釈ならびに検査結果報告を適切に実行できる力量がある検査者が実施しなければならない。

通常の学級に在籍する特別な教育的支援を必要とする児童生徒に関する調査結果について：文部科学省（2022）

自閉症の用語：「広汎性発達障害」は，アメリカの古い『精神疾患の診断・統計マニュアル』（DSM- Ⅳ）の診断名で，自閉性障害，レット障害，小児期崩壊性障害，アスペルガー障害を含む全般的な呼び名である。「高機能自閉症」は，自閉性障害の特徴があるが，知的な機能がおよそ 70（65 ～ 85）以上である者を示していた。「アスペルガー障害」は，自閉性障害の特徴があるが，言語・認知面の機能に遅れがみられない者を言う。「自閉スペクトラム症」は，自閉症のさまざまな型を一つの連続体と捉えた概念で，改訂された DSM-5 ではこれまでの自閉症関連の用語がこの表現に統一された。また，診断基準も本文にあるように主要な症状が２つに整理された。

作や物の扱い方，話し方をする。同一性へのこだわりや型にはまった行動をかたくなに守る，儀式的な言動がある。興味が極度に限定的で固定されている。感覚刺激に過敏だったり鈍感だったり通常と違う関心を示す。

教育上で問題となるのは，次のような特徴である。

自閉スペクトラム症の児童では，通常と異なる特異な心身機能を持っている場合がある。音に過敏に反応したり，味覚が鋭かったり，触れられることを極端にいやがったり，眠気や疲れに鈍感だったりすることがある。また，つま先で歩いたりくるくる回りながら歩いたりするなど，独特のボディイメージを持っている場合もある。情動面でも，感情や欲求や意図や動作の体験を他人と共有することが困難だったり，身体をそわそわさせて落ち着きがなかったりする。さらに，認知・社会性の面でも，一つのことに集中すると周りが見えなくなったり，そのために社会的な状況や他人の思惑を推測するような常識の理解が困難だったり，会話と気持ちの表現が困難だったりすることがある。音声よりも見て理解する視覚機能が優位な場合も少なくない。文部科学省の調査（2022）は「対人関係やこだわり等の問題のチェックリスト」で行われ，合計 22 点以上の評価をされた小学校中学校の児童生徒は 1.7％であった。

Ⅲ．学校教育における対応

１．就学相談

発達障害の困難が認められる子どもの小学校入学について，保護者が子どもの小学校就学にあたって困難を感じていたり，市町村が行う就学時健診で障害が疑われたりする場合は，就学相談を行う。小学校への就学にあたっては，特に配慮の必要がなければ，市町村の教育委員会から保護者に地域の小学校への就学通知が送られてくる。

就学相談では，保護者の不安や戸惑いへの配慮が必要である。身近な利用しやすい場所で安心できる相談機会を作ることが大切である。また，子ども本人ならびに保護者に十分な情報提供を行い，障害の受容や障害のある子どもの発達を促すような関わり方と親子関係の工夫，障害による困難の改善方法に関する理解，特別支援教育に関する情報提供などを実施していく。

就学相談の情報は，教育委員会の教育支援委員会に送られ，対象児童の「適正就学」について，就学基準を参考にしながら，子どもの困難に応じた総合的な教育的対応の判断が示される。具体的には，次のような教育的対応がある。

１）通常学級で個別の配慮を行う。
２）週に何時間か特別な支援を受ける通級学級に通う。
３）特別支援学級で特別な支援の時間が多い教育課程で学ぶ。
４）特別支援学校でさらに特別な支援によるきめ細かな教育を受ける。

なお，実際に就学先を決定する際には，就学基準だけでなく，障害の状態，本人の教育的ニーズ，本人・保護者の意見，教育学，医学，心理学等専門的見地からの意見，学校や地域の状況等，総合的な観点から検討することが求められている。

２．「個別の教育支援計画」ならびに「個別の指導計画」の作成と実施

特別支援教育コーディネーターが中心となって，発達障害児の担任や保護者あるいは外部の医療・福祉関係機関と連携を取って，「個別の教育支援計画」と「個別の指導計画」を作成して，発達障害のためにでてくる学習上，生活上の困難を改善する特別支援教育

特別支援教育コーディネーター：小学校の全ての教員が特別支援教育の専門的な知識や技能を持ち合わせているわけではない。そこで，組織として特別支援教育を進めることが発達障害を含む障害のある幼児児童生徒に対する教育支援体制整備ガイドライン（2017（平成 29）年３月）に示されている。

個別の教育支援計画：乳幼児期から学校卒業後までの長期的な視点から，教育だけでなく医療，福祉，就労等のさまざまな関係機関との密接な連携協力で策定するものである。

個別の指導計画：学校教育において，個別の特別な教育ニーズに応じた教育的課題を，何を目標に，いつ，どこで，誰が，どのような方法で支援するかを策定した教育計画である。

を進めることが示されている。その手順は次のようなものである。

①ニーズの把握と合意

学習上，生活上の困難は，児童本人が感じていることと保護者が感じていることが食い違う場合も少なくない。本人は友達と仲良く遊べないことに困っているが，保護者は学習の遅れや八つ当たりなどの問題行動で困っていることがある。また，学級の他の児童はすぐにちょっかいを出されるので迷惑していたり，担任は学級の子ども間のトラブルが絶えず，どう対処していいか困っていたりする。

こうした関係者の困っていることを担任，特別支援教育コーディネーター，養護教諭等から構成される校内委員会で検討して，合意できる支援目標を調整することが必要である。

②個別の指導計画の作成

特別な教育ニーズと支援目標が合意できたら，それを具体的な教育活動として展開するための「個別の指導計画」を作成する必要がある。

具体的には，週のどの時間にどのような支援目標を達成するのか，時間割に割り振ることが必要である。通常学級で配慮する場合には，「いつ」「どんな点について」「どのように」配慮するのか明記しておくことが必要である。週に何時間か通級学級で学習する場合には，治療教育的な活動である「**自立活動**」の６つの区分から，特別な教育ニーズに応じた課題を選択して，年間指導計画を作成する。その際に通常学級で参加できない授業時間をどの授業に充てるか検討が必要である。特別支援学級で学習する場合には，「自立活動」に加えて「特別な教育課程」を編成しなければならない。その場合も，必ず通常学級の児童との交流・協同学習の場を設けることが必要である。

③インフォームド・コンセントとカミングアウト

障害者の権利条約に基づくインクルーシブ教育の理念からは，「個別の指導計画」に必要な「教員，支援員等の確保」，「施設・設備の整備」，「柔軟な教育課程の編成や教材等の配慮」などの「**合理的配慮**」が提供されなければならない。必要な「合理的配慮」についての合意形成にあたっては，均衡を失せずまたは過度の負担を課さない範囲で，保護者の意向を尊重することとなっている。そこで，策定された「個別の指導計画」は，本人と保護者に示して，インフォームド・コンセントを得ることが原則となる。合意できない場合には，目標や課題ならびに内容をいつまでにどのように見直して，お互いの違いを埋めていくか合意していくことが必要である。

一方，学級の他の児童やその保護者が，特定の児童への特別な支援を不思議に感じたり，あるいはえこひいきの特別扱いと感じたりすることが考えられる。視覚障害の児童が眼鏡を使うことや席を前にすること，あるいは肢体不自由の児童が車いすやエレベーターを使ったりすることには違和感がなくても，学習障害の児童がタブレット教材で学習したり宿題を少なくする配慮などについては，理解が難しい場合もある。そこで，担任は，発達障害の児童への特別支援教育について，他の児童や保護者に理解を求めることが重要になる。そのためには，発達障害児本人と保護者と合意できた「個別の指導計画」の中から，どの部分をどのように他の児童や保護者に説明するのか話し合っておくことが必要である。こうした自分の障害の状態を周りの人々に打ち明けることを「カミングアウト」という。その際，自分の障害の状態を周りの人に打ち明けることがいつでも良い結果になるとは限らない。偏見や差別を受ける危険がある時には，隠しておくことも必要になる。カミングアウトしてもよいと思える条件として次のような点が挙げられる。

自立活動：児童及び生徒の障害による学習上又は生活上の困難を克服するための教育（学校教育法の改正一部改正：平成十九年六月二十七日法律第九十六号）である。特別支援学校学習指導要領（2017）では，児童の実態に応じて次のような区分から必要な課題を選択して，個別に指導計画を作成することになっている。「健康の保持」「心理的な安定」「人間関係の形成」「環境の把握」「身体の動き」「コミュニケーション」

合理的配慮：障害者の権利に関する条約「第二条　定義」において，「障害者が他の者と平等に全ての人権及び基本的自由を享有し，又は行使することを確保するための必要かつ適当な変更及び調整であって，特定の場合において必要とされるものであり，かつ，均衡を失した又は過度の負担を課さないものをいう」と定義されている。

- 本人の希望があり，伝える目的・内容・情報が明確である。
- 本人が，自分の特徴と対処について正しく理解している。
- 問題が起きた時や情報不足の時，支援者や情報源がある。
- 本人や家族や関係者に精神的な動揺がない。
- 伝えようと考えている相手との関係が良好である。
- 相手が理解し受け入れてくれるまで時間がかかることを知っていて，待つことができる。

Ⅳ．教育相談の視点から見た支援方法の工夫

１．学習障害のある児童への対応

学習障害のために学年相当の学習が困難な場合に，学習時間や教材を補足して学年相当の学力に追いつかせる目標を持つ場合がある。しかしながら，学習の困難の背景に，生まれつきの脳の**ワーキングメモリー**の問題などが存在している場合も少なくない。そのような場合に，「困難を無くして学年相当に追いつかせる」という目標は児童にとって過重負担となり，かえって学習意欲をそぐ場合もある。そこで，自分の学習の困難にどのような態度で向き合うのか，教育相談の立場から次のような支援が重要になる。

①自分の学習の特徴（長所・短所）を自己理解する支援

誰にでも「得意な分野」と「苦手な分野」があることを知ることが重要である。また，苦手な分野がない人あるいは苦手な分野を全て克服できた人は，世の中にほとんどいないあるいは稀だということを理解することが必要である。

医療機関で「学習障害」と告知された小学生３年生と相談した時に，「僕，学習障害だから勉強できないよ」と堂々と話した児童がいた。「どの分野の学習にも大きな困難がある人は知的障害と言われるのであり，学習障害には得意な分野がある」という自分の特徴への正しい自己理解が必要なのである。そこでは，学習の困難を知っても落ち込まないで対処できる心構えが必要とされる。心理学的には「**レジリエンス**」といわれる特性である。

②苦手な面をカバーする方法を学び，環境を整える支援

「困難を克服する」ことを「困難を無くすこと」と考えるのは間違っている。困難があってもそれを補う**支援機器**や支援方法を工夫して，苦手な面をカバーする方法を学ぶことが大切である。支援方法として次のような内容がある。

聞くことが苦手な児童への支援では，声かけに次のような工夫が必要である。

- 特定の人が継続的に同じ方法で話しかける。
- 話しかける位置は，児童の正面から，子どもの目の高さで。
- タイミングは，児童が教師に注意を向けたタイミングで。
- 話しかける話題は，児童が興味関心をもてる話題から始める。
- ことば使いは，具体的な言葉で，短く，はっきりと言う。
- 絵や写真，プリント，カード，実物などの視覚支援を同時に行う。
- 子どもには，聞いた内容を復唱したりメモしたりする活動をさせる。
- 教師の声かけに応答したら，Good サインを出すなどして一緒に喜ぶ。

話すことが苦手な児童への支援では，これまで「ことばの教室」で構音指導なども行われてきた。音声に問題がないけれども話すことが苦手な児童では，視覚的手がかり（絵や写真や文字）を使って意思表示することやタブレット型教育機器の中には手書き文字を書くと，音声で読み上げてくれる機器を活用する方法もある。

読むことが苦手な児童への支援では，文字を読み上げてくれる「文章読み上げソフト」やそうした機能を持っているタブレット機器を使用して，音声で聞きながら読むと内容

ワーキングメモリー：理解，学習，推論などの課題を行うときに，必要な情報を一時的に記憶して使えるようにしておく仕組みのことである。学習障害の児童では，この機能が低下しているために学習の困難が起こるとされる。

レジリエンス：困難な状況にあっても，困難に耐え，希望と好奇心をもって立ち直る力のことである。

学習障害の支援機器

聞くことの支援機器：長時間の講話などに際しては，講話内容を記載した文字資料やビデオや IC レコーダでの記録を活用する方法も考えられる。

話すことの支援機器：音声コミュニケーションが困難な人のために，ボタンを押すと音声を出す「ヴォカ」VOCA（Voice Output Communication Aid）という機器がある。

読むことの支援機器：盲人用に本の朗読を録音した記録媒体を貸し出すシステム（DAYSY）を利用する方法もある。

書くことの支援機器：パソコンのワープロや音声入力ソフトを利用する方法もある。

計算することの支援機器：電卓を使って計算の理解を深めて筆算による計算もできるようになった事例がある。

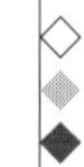

を理解することができる場合がある。

書くことが苦手な児童への支援では，形と動作の協調を図る指導としてなぞり書きや鏡文字に対して左右の動作感覚を高める支援などが行われている。また，作文が苦手な児童には，写真や絵カードなどで作文の流れを整理して写真ごとに短い文章を書き，それをつなげて作文にするなどの方法もある。

計算が苦手な児童への支援では，タイルなどの具体物を使って数えたり，計算の手順を指導者と一緒に言葉で言いながら行ったり，縦書き計算では数字をそろえやすいマス目の入ったノートを利用したりする方法がとられている。

推論することが苦手な児童には，学習や生活上の支障をきたさないように「**環境の構造化**」を図ることが大切である。

推論することの支援：「構造化」
- **物理的構造化**：場所と活動の一致。
- **視覚的構造化**：見える化する。
- **時間の構造化**：スケジュール表やタイマーの利用。
- **判断の構造化**：止まれは赤信号，進めは青信号など。
- **仕事の構造化**：手順を明示する。

③学習への参加感・達成感を体験する

学習障害の児童であっても，比較的得意な分野は持っているので，その学習を進めることで，達成感や仲間との協働学習などに参加できる体験を増やしていくことが大切である。そして，苦手な分野の学習では，教材をより小さな課題にスモールステップ化して学習していくことが重要である。

2．不注意ないし多動性・衝動性の問題がある児童への対応

不注意や衝動性の問題に「注意」や「叱責」という方法で指導すると，情緒的な状態を悪化させてしまう。そうした指導が続くと教師を恐れて避けたり不登校になったり，あるいは逆恨みをして教師にも反抗したり，成功する可能性にも努力せずあきらめてしまうなど，二次障害の状態になることもある。そして，なによりも，学級の他の児童が，教師の「注意」や「叱責」という方法で発達障害の児童に接することとなり，強者と弱者の優劣による人間関係が形成される危惧がある。そこで，次のような対応が大切になる。

①集団での問題行動だけで問題児扱いしない

このタイトルだけ見ると「問題行動を起こしても指導しなくてよいのか」と感じるかもしれない。そうではなく，「懲らしめる」とは違った指導の仕方として，次のような対応が大切になる。

まず，適切な行動に注目してそれを増やす対処をすることが重要である。「すぐに誉めてほしい」という特徴があるので，「時間になったら椅子に座っている」「授業が始まったら教科書とノートを出している」などの当たり前の行動であっても，「座って準備できたね！」「教科書，ノート，準備 OK ！」などと教師が肯定的に注目していることを示すことが大切である。授業が始まって「座りなさい！」と注意しても椅子に座らない児童に注目して「ほら，座って」「ダメでしょ」と何度も注意することは，座っている子どもたちが放っておかれて，立ち上がりはじめかねない。

次に，問題行動のうちでも危険でなく学習の妨げにならないような行動では，教師はそうした**不適切な行動に反応しないこと**が大切である。

不適切な行動に反応しないこと：応用行動分析という学習理論による指導原理である。文献によっては，これを「無視すること」と記述している場合もあるが，無視をしているのではない。例えば，教室をふらふら立ち歩いている児童に「座って」と声をかけても座らない時，教師は学級の中の他の児童に「□□さん，教科書出せたね」，「△△さん，ノートの準備ができましたね」などと適切な行動に注目して増やす努力をしながら，立ち歩いている児童がいつ座るか虎視眈々と待ち続けるのである。こうして，当該児童が座った瞬間に「○○さん，座って授業の準備ができましたね」と声をかけるのである。

なお，他の児童にちょっかいを出したり，物を壊そうとしたり，教室を飛び出すなど放っておけない危険な行動や学習の妨げになる行動には，短く「やめて」と止めなければならない。この時，体罰はもちろん「バカだね」「ダメな子ね」などの児童を懲らしめる発言は望ましくない。「ちょっかいを出す」「物を壊す」「教室を飛び出す」という行動を止めることができればよいのであって，不注意や好奇心や衝動性からうっかり問題行動をしてしまったからといってバカにしていいという訳ではない。

②不注意・多動性・衝動性の傾向を和らげる

注意欠如・多動症の原因については，遺伝的な素因が指摘されており，根本的に克服するということは難しい。けれども，学習や生活上に不都合とならない程度にやわらげることは可能である。

一つは，服薬による対策である。日本でADHDに効能・効果が承認されている薬はメチルフェニデート塩酸塩徐放錠（商品名：**コンサータ**）とアトモキセチン塩酸塩（商品名:ストラテラ）ならびに2017年３月に認可されたグアンファシン塩酸塩（商品名:インチュニブ）がある。

また，脳波異常を伴う場合には抗てんかん薬（デパゲン等）が処方される時もある。他に，かんしゃくや暴力などの攻撃的行動に対しては，気持ちの高ぶりや不安感をしずめるほか，停滞した心身の活動を改善する抗精神病薬（リスパダール）などが処方される時もある。しかし，メチルフェニデートとは反対の薬理作用があるために，多動・衝動性が悪化しやすく，薬の服用にあたっては学校での児童の行動の様子を医師に伝えることが求められる場合がある。いずれの薬についても，処方する医師との密接な連携を図る対応が必要である。

教育的な対策としては，**ストレスマネジメント教育**によって情動調整の予防学習を行うことが重要である。学習指導要領でいえば，特別活動の健康教育あるいは自立活動の心理的安定の指導に位置づけられる。ストレスマネジメント教育は，ストレスに対する自己管理を効果的に行うことで，次の内容を含んでいる。

- ストレスの本質を知る。
- 自己の特性・ストレス耐性を知る。
- ストレス成立を未然に防ぐ手段を習得する。
- よりよく対処できるようにする。

ストレスの本質を知り，自己の特性・ストレス耐性を知るという点では，「ストレスなんてありません」という児童もいる。「暑い」「お腹がすいた」「宿題が出た」などは全てストレスを与えるストレッサーで，誰もが経験することである。ストレスがないのではなく，ストレス状況に向き合いたくないのであって，そういう児童には特に注意が必要である。教師や他の児童が，どんな時にストレスがあって身体や気持ちがどんなふうになるのか紹介することで，誰にでもストレスとストレス反応はあるものだということを理解し，自分のストレスと自分の身体の反応に向き合えることが大切である。

ストレス成立を未然に防ぐには，リラクセーションや深呼吸の練習などにより体をくつろがせて落ち着くスキルを事前に練習しておくことが必要である。また，対人関係を含むさまざまな不快な場面によりよく対処するには，社会性と情動の学習（SEL; Social-Emotional Learning）を行って，落ち着いてどのように行動したらよいかを予防的に練習しておくことが効果的である。

③不注意を和らげる生活環境と用具の工夫

日々の活動で忘れっぽいことや学習課題や活動を順序立てて行うことが難しいなどの不注意に対しては，週時間割や一日の日程表を個別に作成したり，授業時間45分を第１ステージ，第２ステージ，第３ステージと３つに分けて課題を示したりする工夫が効果的である。

注意を集中し続けることが難しいことや，集中して努力を続けなければならない課題を避けるなどの問題に対しては，小分けにした解答できる教材を用意して，こまめにできたことを一緒に喜ぶ支援を繰り返して成功体験を重ね，段階的に集中度の必要な課題へと展開していくことが必要である。

コンサータの使用上の注意：副作用の主なものは，食欲不振，初期不眠，体重減少，食欲減退，頭痛，不眠症，腹痛，悪心，チック，発熱などがある。過度の不安，緊張，興奮性がある児童やチックのある児童，てんかんがある児童では，症状を悪化または誘発させることがあるとされており，医師の診断と指示に従って服用することが重要である。

ストレスマネジメント教育：ストレスマネジメントについては，第11章参照。この教育は，１回実施しただけでは効果は不十分である。年間10～20時間程度カリキュラムを組み，日常生活の中でも使っていって１年～２年経つと効果が見られるようになる。

3．対人関係やこだわりの問題がある児童への対応

自閉スペクトラム症の児童への支援では，イギリス自閉症協会（NAS）が，自閉症スペクトラム障害のある人への支援で欠かせない５つの原則を挙げ，その頭文字をとって"SPELL"による支援を挙げている（注参照）。自閉症の特徴に照らせば，次の３つの特徴への対応が重要である。

①特異な心身機能への気づきと相互理解

指導者と児童とがお互いの感じ方が大きく異なっていることを理解し合うことが何よりも重要である。指導者は自閉スペクトラム症児童のような身体感覚を経験したことがない。自閉スペクトラム症児童も指導者のような身体感覚を経験したことがない。それがお互いの理解を妨げる。ジェットコースターが苦手でめまいを起こす人に，ジェットコースターを好きな人が立てた遠足の計画で，「集団行動を乱すから」と言って無理矢理のせたとしたらパニックになっても不思議ではない。お互いの感じ方の違いを理解し合い，環境を整え無理なく参加できる活動を工夫することが必要である。

②情動機能の困難への気づきと対処法の学習

自閉スペクトラム症の児童は，特異な心身機能のために，音がうるさい，味が耐えられない，触らないでほしい，暑い，喉が渇いた，眠い，疲れたなどの感覚過敏があって，混乱して飛び出したり固まったり，それを妨げる人に攻撃していったりすることがある。大切なことは，自分の身体の状態に気づいて，身体をリラックスさせたり深呼吸をしたりしてくつろがせ，気持ちを落ち着ける方法を学ぶことである。また，絵カードなどの視覚的な表現方法を使って自分の欲求を人に伝えることを学ぶ絵カード交換式コミュニケーションシステム（PECS）を実施することなどが大切である。情動が混乱するのが悪いのではなく，混乱したことに気づかなかったり，対処方法を学んでいないために，パニック等になるのである。

③認知・社会性の困難に対する体験共有と社会的スキル学習

情動への気づきが弱い特徴は，お腹がすいても泣かなかったり，抱っこを求めなかったりなど，乳幼児期に欲求の表現が弱い現象としても現れる。そのため，親と身体感覚を共有する経験が少なくなり，人が指差した対象物を見て一緒にその体験を分かち合う共同注意の発達が遅れたりする。また，人の立場や気持ちを推測する能力（こころの理論）は通常は４～５歳で達成するが，それが 10 歳前後にまで遅れて，社会的な場面で人の気持ちが分からなかったり，友だちと一緒に楽しむことが苦手だったりする。そこで，対人関係発達指導法 RDI や動作法や SCERTS モデルなどの方法で，児童が大人に注意を向けて，児童と指導者とが情動や身体感覚を体験共有する活動を学ぶことが重要である。それが社会性の基盤となる。そのうえで，どのような社会的場面ではどのように振る舞ったら良いかを**社会性と情動の学習**（SEL）や**ソーシャルストーリー**などの方法で学習していくことが必要である。

"SPELL" による支援
Structure（構造化）：場所や作業内容，スケジュールなどの見通しをもって安全に自立的に行動できるように，環境を分かりやすく構成するものである。
Positive approach（肯定的な対応）：「ダメ」な否定的な部分を取り上げるより，一人ひとりが自然にできている肯定的な言動を取り上げて，自信と自尊心を高める対応。
Empathy（共感）：特異な身体機能に基づく自閉スペクトラム症児の体験を，指導者が理解しその体験を共有すること。
Low arousal（興奮を低く）：不安を減らし集中力を高めるようなより穏やかな環境づくりをすること。
Links（連携）：家庭や地域社会の医療や福祉などの分野で，支えてくれる人々とのつながりを維持すること。

社会性と情動の学習（SEL; Social-Emotional Learning）：「情動」の認知と扱い方ならびに他人との共感的な思いやりのある「対人関係」を学ぶことである。SEL は，子どもたちが，社会性を学ぶとともに学習面で成果を上げるうえでも重要であることが明らかになっている。

ソーシャルストーリー：自閉スペクトラム症の子ども達専用の SST の一種。基本的に一つの絵とその絵が表す出来事が短い文章で書かれ，その文章を子どもが読んでソーシャルスキルを学べるようになっている。

ワーク（考えてみよう）

1．鏡文字を書く児童がいる。その原因や対策を次の問題を読んで考えてみよう。また次の実験をしてみて，身体動作との関連を考えてみよう。

問題：「鏡が上下でなく左右を逆転させるのはなぜでしょう？」
実験：①白い紙にひらがなの「の」を書いて，鏡に映してみてください。

②透明の紙にひらがなの「の」を書いて，自分の方を向けたまま鏡に映してみてください。それから紙を回して鏡に映してみてください。
③白い紙に書いた「の」を上下に回す動作で鏡に映してみてください。

※左右の世界に興味がある方は，次の文献をお勧めします。
マーティン・ガードナー著，坪井忠二・藤井昭彦・小島弘訳　1992　新版 自然界における左と右　紀伊国屋書店

2．小学校3年のA君，嫌な活動を強いられたり，やらないでいるのを注意されると，大きな声を出してかんしゃくをおこす。先生が説得しても「やだ」と言って聞き入れない。授業中に，集中力が続かず，頻繁に声かけが必要。嫌なことがあると教室から出て行き，廊下で遊んだり，理科室の水槽の魚を見ていたりする。一方，好きな活動では，終了の時間になってもなかなかやめられず，次の活動に移れない。A君が教室から飛び出してしまうのを許していると，他の子どもから「先生，A君だけ叱らないのは，ずるい」と言われ，他の子どもの指導も難しくなってしまう。
どのような「個別の指導計画」を作成したらよいか考えてみよう。

3．自閉スペクトラム症に関する次の用語について，調べてみよう。
「感覚過敏」「共同注意」「広汎性発達障害日本自閉症協会評定尺度（PARS）」「こころの理論」「絵カード交換式コミュニケーションシステム（PECS）」「対人関係発達指導法（Relationship Development Intervention; RDI）」「動作法」「SCERTS モデル」「ソーシャルストーリー」

ワーク（事例）

■事例1

宮﨑（2005）は，大学の心理教育相談室に相談に来た発達障害児8名で，心理教育プログラムを学ぶグループ活動を行った。対象児は，小4男子1名，小5男子3名，小5女子3名，中1男子1名の合計8名である。全員が，通常の学級で学習している。障害名は，zzzzzzzz 障害が4名，高機能自閉症が3名，広汎性発達障害が1名で，5名が医師から服薬を指示されている。知的な特徴は，1名にだけ軽度の知的障害が認められた。

参加者の問題行動としては，不登校傾向が2名，自傷行為の傾向が3名いた。また，自分の気持ちや相手の気持ちが分からず，あるいは状況が読めないために，トラブルに巻き込まれてしまうことが全員に認められた。グループ指導への期待として，友達関係と社会性を高めることが希望された。

実施した心理教育プログラムの概要は次の通りである。

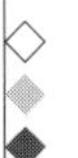

○期間：X年4月～7月：1回1時間半×全8回
○内容：「はじめの会」10分（健康チェック，出欠と今日の予定の確認）
「イライラ虫ワクチン」20分（情動の自己調整プログラム）
「友達と仲良くするには」20分（社会性と情動の学習（SEL）：セカンドステッププログラム）
「集団活動・おやつ」30分（一緒に集団ゲームとおやつを楽しむ）
「おわりの会」10分（振り返りと次回までのチャレンジ課題を決める）
○保護者グループ：子どもグループと並行して，子どもとの関わり方について学び合う保護者グループを実施した。その内容は，自己紹介，親自身の感情のコントロール，興奮を落ちつけて集中する方法，反抗期への対応と親子関係の持ち方，片付け・捜し物・気持ちの切り替え方（構造化），きょうだい関係，友人関係と人とのコミュニケーションの援助，子どもグループの1回目～7回目までを編集したビデオ視聴であった。

結果は，親が評定した子どもの行動チェックリスト（CBCL）で，「ひきこもり」，「思考の問題」，「注意の問題」，「攻撃的傾向」において，対象児8名中4名以上に改善傾向が認められた。一方，1名は「社会性の問題」と「注意の問題」で事前，開始時，終了時と評定が次第に悪化した。なお，生活行動上の改善点が，保護者全員から報告された。

解説：なぜ解決したのか？

環境設定と教材の準備は「構造化」と呼ばれ，発達障害児に対する小グループ活動を行う場合にきわめて重要である。必要な用具以外は全て片づけて，一目見て何をするのかが分かる環境設定が大切である。心理教育相談室のグループ指導では，最初の「はじめの会」は椅子に座って東側黒板の方を向いて行い，終わったら椅子を片付けた。「イライラ虫ワクチン」では窓のある北側のホワイトボードに向かってカーペットに座って行った。さらに，「友達と仲良くするには」では，反対の南側壁の前にホワイトボードを移動し，そこに「学習の約束ポスター」や教材の「セカンドステップの写真」を貼って見せた。そうして，「集団活動」は西側の壁の前でルールを説明し，プレイルーム全体で活動した。また，「おやつ」は中央にブルーシートを敷いて食べ，終わる時にはブルーシートを片付けた。そうして「おわりの会」では，再び東側黒板の前に椅子を並べて座って行った。こうして言語指示がなくても，場面の展開だけで次は何をするのか分かるようにしたのである。

指導者の関わり方でなによりも大切なことは，参加児童が「安全だ」と感じる関わり方である。そのため，少しでも課題に取り組めた時にみんなで拍手をしたり，指導者が取り組めたことに関心を示してグッドサインやハイタッチをしたりした。一方，「はじめの会」で椅子に座ろうとしない，「イライラ虫ワクチン」の時に部屋の隅で固まっている，「友達と仲良くするには」で意見を言わずロールプレイにも参加しないなどの行動があっても，基本的に注意や叱責はしない。ただし，みんなに見せた教材を取ってしまう，ホワイトボードに落書きを始める，友達にくってかかるなどのグループ進行が妨げられたり危険がある場合には，短く「ヤメテ」と言って教材を取り返したり，落書きを止めたり，友達との間に割って入ったりして妨害や危険な行動を止めた。そして，いつ課題に取り組むのか注意深く観察し続けて，指導者が拍手やグッドサインやハイタッチできる瞬間を虎視眈々と待った。

プログラムの内容としては，「イライラ虫ワクチン」で情動調整の予防学習を行った。そこでは，まずイライラした時の自分の身体の気持ちに気づく練習をした。指導者が自分の情動と身体の感じをモデルとして示し，子どもにもやってみるように勧めた。続いて，気持ちを落ち着ける方法として，動作法を使った身体のリラックス方法，腹式深呼吸の練習を行った。「友達と仲良くするには」では，社会性と情動の学習（SEL）として，人の気持ちを理解するために，いろいろな気持ちを指導者が表現してモデルを示し，子どもにその気持ちを推測してもらったり，子ども自身にも表現してもらったりした。そのうえで，自分と他人の気持ちが違うときの対処や自分の欲求をアサーティブに表現する方法を学んだ。「集団活動・おやつ」ではほかの人と一緒に楽しむ体験を分かち合うことを大切にした。

また，保護者グループでは，毎回の子どもグループの学習テーマと学習状況が報告され，学んだことを家庭でも活用するための話し合いがされた。

発達障害児に対する心理教育プログラムを学ぶグループ活動では，以上のような「構造化（環境設定と教材）」,「指導者の関わり方」,「プログラムの内容」,「保護者との連携」が効果をあげたものと考えられる。なお，悪化した1名は，保護者との面接から，背景に地域と家族の問題が示唆された。そうした場合には，グループではなく，関係機関と連携した地域や家族の環境調整を含め，個別の相談を行うことが必要と考えられる。

■事例2

心理教育相談室に来談した小学校4年生男子の事例である。コミュニケーションをとるのが難しく，よく友達とトラブルになる。注意されると先生に対しても暴言をはくことがある。その度に親が学校に呼び出される。親は毎回厳しく叱って注意するのだけれども何度言っても変わらない。医療機関では「アスペルガー傾向」と言われた。最近は，「死」とか「自殺」という言葉をよく使うので，心配になって大学の相談室に来談した。

何回目かの面談の時に，直前にトラブルがあり親子で一緒に相談をした。

母親が言うには，子どもが学校で算数の時間に，教室の後ろで寝転がってしまい，次の時間も席に戻れなかったという。それで，学校に呼び出された。家に帰ってから子どもに，「どうして暴れたの」と聞いたら，子どもは「だって，お母さんが悪い！」と口答えをしたというのだ。母親は，「暴れておいて人のせいにするなんて許せない」という気持ちになり，さらに怒ってしまったという。

そこで，子ども自身にセラピストから〈何があったのか，話してくれる〉と尋ねた。子どもはうなずいて，セラピストと会話しながら次のように話してくれた。「その日は朝から体調が悪くて眠かった。でも，2時間目の社会の時間は頑張った。3時間目の算数はテストだった。算数は得意な教科でいつも90点以上は取っている。先生が『90点以上は合格。不合格の人は居残り学習』と言った。結果は80点。失敗してショック，失敗したと感じたら『お母さんに怒られる』と考えてしまった」という。セラピストが話の道筋をホワイトボードに書き，〈そのお母さんはこんな顔？〉と怒った顔を描くと「そう」と答えた。〈そのお母さんが君を，寝ころがらせたんだ。それは，今ここにいるお母さんではなくて，○○君の頭の中のお母さんなのね〉と聞くとうなずいた。〈一日中寝ころがっていたの？〉と聞くと「給食になったので起きて食べた」とのことであった。そこで,〈食べるのは好きなんだ。何が好き？〉と聞くと,「カレー,チョコ」と答え，母は「アイス」，セラピストが〈ポテチも？〉と聞くとうなずく。そこで，セラピストから，〈また，嫌なことがあって，怒った顔のお母さんが出て来た時のおまじないがあるんだけど，やってみない？〉と誘うとうなずいた。セラピストがおまじないを〈チョコ，チョコ，アイス，アイス，ポテチ〉と言うと親子で笑った。その後，みんなで〈チョコ，チョコ，アイス，アイス，ポテチ〉を2回繰り返して言った。なお，以後は，そうした寝ころがるようなことはなくなったという。

解説：なぜ解決したのか？

この事例の場合，子どもが学校でトラブルを起こす度に母親が呼び出され，母親はどう対処したら良いか分からず混乱し，それを子どもにぶつけて厳しく叱るという悪循環に陥っている。しかし，トラブルは「アスペルガー傾向」という特異な身体感覚と対人関係の苦手という特徴によるもので，叱って改善するものではない。子ども自身は，人の気持ちを推測する「こころの理論」が分かり始める10歳に差し掛かっており，トラブルの際の先生の困惑ぶりや母親の混乱あるいは友達の気持ちにも気づき始めた時期である。そのために，自分の身体や気持ちを人に合わせて調整しにくく，周りを混乱させてしまう自分に気落ちしているとも考えられる。「死」とか「自殺」という言葉を使うのは，その表れではないか。

親子関係は，毎日繰り返されるやりとりであり，週や月に1回の教育相談よりもずっと濃厚な関わりである。母親の混乱を「怒り」という形で繰り返し子どもが受けることは，子どもに「失敗したらお母さんに叱られる」というイメージを植え付けたとしても不思議ではない。子どもが「だって，お母さんが悪い！」と言ったのは，「僕の頭の中に怒ったお母さんが出て来て，僕を混乱させたんだ！」と言いたかったのである。子どももそこまで表現できず，母親もそこまで推測することができず，「自分を棚に上げて人を非難した」と誤解してしまったのである。

また，その日は朝から体調が悪くて眠かった。加えて，２時間目の社会の時間は頑張ってしまった。自閉スペクトラム症の児童は，睡眠や体調を整えにくいなどの特異な心身機能があることに注意する必要がある。おそらく，体調が悪い中で頑張って，身体的に相当消耗していた可能性がある。そうした状況によって，得意だったはずの算数テストが80点で不合格となり，より動揺しやすい状態でもあったと思われる。大切なことは，そうした自分の身体の状態に気づいて，身体をリラックスさせたり深呼吸をしたりして休憩を取ることである。しかし，学校の教師も保護者も，子どもよりもずっと強い身体を持っているために，子どもの身体消耗感に思いを寄せることが難しかったものと思われる。

相談の中で，子どもの身体と気持ちに起こった変化を，ホワイトボードに書き表して見える化し，子どもと母親がお互いに理解しあったことが解決への第一歩だった。また，興味深いことは，給食の時間になると席に戻ったことである。「食べること」が身体と情動を落ち着ける作用をもたらしたと考えられる。ならば，再び嫌なことがあった時に，「怒ったお母さん」ではなく「好きな食べ物」を思い浮かべることで身体と気持ちを落ち着けることができるのではないか。そんな発想から，おまじない〈チョコ，チョコ，アイス，アイス，ポテチ〉を作り出したのである。母親も子どもも笑っていた反応は，まんざらでもなく受入れられそうだと感じた。

これは，理論的にはストレスマネジメントである。その後の相談においても，「イライラ虫ワクチン」として，セラピストも母親も子どもも「イライラしたこと」を紹介し合い，その時の身体の感じを一緒に確かめ，深呼吸とおまじない〈チョコ，チョコ，アイス，アイス，ポテチ〉で落ち着く練習を続けた。その結果，別のトラブルがあった時に，練習した深呼吸とおまじないをして1時間で気持ちを切り替えることができたとのことであった。

参考・引用文献

Alberto, P. A., & Troutman, A. C. (1998). *Applied behavior analysis for teachers* (5th ed.). Pearson.（佐久間徹・谷晋二・大野裕史（訳）(2004). はじめての応用行動分析日本語版第２版　二瓶社）

American Psychiatric Association (2013). *Diagnostic and statistical manual of mental disorders* (5th ed.). Washington, DC: APA.

Gutstein, S. E. (2000). *Autism/Aspergers: Solving the relationship puzzle*. Future Horizons.（杉山登志郎・小野次郎（監修）(2006). 自閉症／アスペルガー症候　RDI「対人関係発達指導法」―対人関係のパズルを解く発達支援プログラム　クリエイツかもがわ）

市川宣伸・齊藤万比古・宮島祐・山下裕史郎 (2007). コンサータ錠を服用される方と関わる学校関係者の方へ　ヤンセンファーマ

今野義孝 (1990). 障害児の発達を促す動作法　学苑社

宮﨑昭 (2005). アスペルガー障害に対する心理教育プログラムの検討　日本特殊教育学会第 43 回大会論文集，205.

文部科学省 (2017). 特別支援学校小学部・中学部学習指導要領　https://www.mext.go.jp/a_menu/shotou/new-cs/youryou/tokushi/1284525.htm（2024 年 1 月 23 日閲覧）

文部科学省初等中等教育局特別支援教育課 (2022). 通常の学級に在籍する発達障害の可能性のある特別な教育的支援を必要とする児童生徒に関する調査結果について　https://www.mext.go.jp/content/20230524-mext-tokubetu01-000026255_01.pdf（2024 年 1 月 23 日閲覧）

尾崎洋一郎・草野和子・中村敦・池田英俊 (2000). 学習障害（LD）及びその周辺の子どもたち　同成社

The National Autistic Society (2023). The SPELL. framework: https://www.autism.org.uk/what-we-do/autism-training-and-best-practice/training/the-spell-framework（2024 年 2 月 5 日閲覧）

竹田契一・里見恵子・西岡有香 (1997). 図説 LD 児の言語・コミュニケーション障害の理解と指導　日本文化科学社

TEACCH (1996). *Visually structured tasks, independent activities for students with autism and other visual learners*. TEACCH.（今本繁（訳）(2004). 見える形でわかりやすく TEACCH における視覚的構造化と自立課題　エンパワメント研究所）

Whitham, C. (1991). *Win the whining war & other skirmishes*. Barry Wetmore.（上林靖子・中田洋二郎・藤井和子・井潤知美・北道子（訳）(2002). 読んで学べる ADHD のペアレントトレーニング―むずかしい子にやさしい子育て　明石書店）

World Health Organization (1993a). *International classification of functioning, disability and health: ICF*. Geneva: WHO.（障害者福祉研究会（訳）(2002). ICF 国際生活機能分類―国際障害分類改訂版　中央法規出版）

World Health Organization (2018). *The ICD-11 International Classification of Diseases 11th Revision The global standard for diagnostic health information*. Geneva: WHO. https://icd.who.int/（2024 年 1 月 23 日閲覧）

コラム❈column

小学校の被害防止・保護――社会的養護の充実：里親委託・里親支援の推進

竹田里佳・花田里欧子

現在さまざまな事情により養育者のもとで生活できない子どもは増え続け，その数は全国で約42,000人にも及んでいる（こども家庭庁支援局家庭福祉課，2023)。従来はこうした児童は主に施設保護を受けていたが，職員との関係形成に限界があることなどから，近年は特定の他者との長期的で個別的な関係形成が可能となる里親養育に注目が集まっている。しかし里親制度の普及に関して世界的にみると，特に欧米諸国では里親養育が一般的である一方，日本では里親委託率はまだまだ普及しているとは言い難い現状である。

里親養育にはさまざまな困難が伴うと考えられるが，里親子の双方にとって負担が大きい「措置変更」の課題からは，里親子の関係形成が決して容易ではないことが示唆される。そして，その一因として中途からの養育であるため，個々の抱える複雑な背景に加えて，思春期特有の難しさなど発達段階に応じた高度な関わりが求められることが考えられる。そのため，里親委託の推進には里親・里子双方に対する支援が必要であるが，里子が度重なる別れを避けるためにも，より里親に対して安心して継続的な養育が行えるような十全な支援が求められるといえる。

そこで筆者は里親に対するインタビュー調査を行い，里親子の関係形成の過程における葛藤体験への取り組み方に対する語りを抽出することで，その対処プロセスを明らかにするとともに，里親にとっての支援ニーズを把握し，支援のあり方を探索的に探った。その結果，里親養育の葛藤体験の対処プロセスは，【葛藤体験前】の段階である「葛藤への備え」,【葛藤体験時】の段階である「里子の受け入れ」,【葛藤体験後】の段階である「自己の受け入れ」の過程をたどることが明らかとなった。3つのそれぞれの段階で求められる里親支援について以下に述べたい。

里親支援は【葛藤体験時】の段階で最も求められると考えられ，特に2つの時期が挙げられる。1つ目は，「養育に対する迷いが生じている時期」である。この時期では里親は養育に対する自信の喪失から，悩みを一人で抱え込んでしまう可能性が高い。そのためスムーズにソーシャル・サポートを得やすくするシステム作りが求められる。また，里親は自分たちが利用できる援助資源について十分に把握できていない可能性があるため，里親支援機関などが中心となり個別的に適切な支援につなぐサポートも必要であると考えられる。2つ目として，「支援の求めにくさを感じている時期」が挙げられる。満足な支援が得られず，養育家庭で葛藤を抱え込む事態を避けるためにも，きめ細かな対応のできる里親支援機関の早急なシステム作りが求められる。最後に【葛藤体験後】においては，里親自身が冷静に自己を見つめ直せるようなサポートや将来的に自身の根源的なもの（価値観など）が揺らぐ危険性がある里親養育において，専門家から継続的な精神的サポートを必要に応じて受けられるようなシステム作りが今後求められていくと考えられる（三好，2012)。

以上より，里親養育のニーズは今後ますます高まっていくと考えられるが，里親養育にはさまざまな困難が伴うため，養育の段階や状況に応じた個々の里親に対する柔軟な支援が不可欠であるといえる。そして里親の負担が少しでも軽減され，必要に応じて安心して適切な支援が得られるシステムを充実させることが，里親委託の推進にも大きくつながっていくと考える。

参考・引用文献

こども家庭庁支援局家庭福祉課 (2023).（資料集）社会的養育の推進に向けて（令和5年4月5日）

三好里佳 (2012). 里親養育における里親の支援ニーズに関する一考察―里子への関わりをめぐって　京都教育大学大学院修士論文（未公刊）

コラム※column

解決志向短期療法と子どもの問題解決

高木　源

解決志向短期療法（Solution-Focused Brief Therapy：以下 SFBT と略す）は de Shazer と Berg が中心的な役割を担って発展してきた心理療法である。SFBT については，本書にてすでに多くの説明がなされているが，本コラムでは子どもの問題解決という観点から SFBT の中心的な活動と質問技法について具体例を交えながら紹介する。

SFBT の特徴は大きく２つのステップにまとめられる。１つは，ウェルフォームド・ゴール（十分に練り上げられた現実性のある目標）を作りだすことである。例えば，旅行の計画では最初のステップとして目的地を決める。目的地が不明確な状態では，東西南北のどの方向に進むべきか分からない。これと同様に，問題の解決が難しい時は目標の状態が分からず解決への筋道が立たない状態である。明確で現実的な目標の設定により，目標までの距離や解決への道筋を知ることが可能となる。

目的地が決まったら，そこまでの到達方法を検討するように，第２のステップでは，ウェルフォームド・ゴールを達成する方法を検討する。目標の達成方法についてヒントを得るために，SFBT では例外に焦点をあてる。例外とは，目標が少しでも実現しているときや目標達成のために役立つことである。例えば，アメリカに行くためには飛行機や船，隣町のスーパーに行くためには車やバスが役立つ。これと同様に，目標に応じて役立つことは変わってくる。一見すると役に立たないような特徴や能力であっても，目標によって役に立つ可能性がある。このように，目標の明確化と例外への気づきの拡大を促すことで，未来の生活に対して希望を抱き，多様な問題の解決を構築することが可能となる（De Jong & Berg, 2013）。

２つのステップを促すために SFBT はさまざまな技法を開発している。目標を明確にする技法として，ミラクル・クエスチョンが挙げられる。ミラクル・クエスチョンとは「問題が全くなくなったとき，今の生活と何が変わるか」と尋ねることで子どもの目標を具体化する技法である。この技法の注意点は次の２点である。第１に，「楽しく過ごせる」という気持ちや「友達が嫌なことをしなくなる」という他人の変化を答えた場合は，「楽しく過ごせたら（友達が嫌なことをしなくなったら），きっと今までとは何か違うことをするようになるよね？　どんなことをするようになるかな？」と子ども自身の行動的な変化を尋ねる。第２に，「授業で寝なくなる」と否定形（～しない）で答えた場合は，「それをしなくなる代わりに，何をするようになるかな？」と肯定系（～する）での表現を尋ねる必要がある。最後に，「大金持ちになる」と現実とはかけ離れた回答をした場合には，「少しでもその生活に近づいたと感じるとしたら，今の生活と何が変わるかな？」とより現実的な生活を尋ねる必要がある。このようにして，子どものウェルフォームド・ゴールを設定できる。

次に，例外に焦点をあてる技法として例外探しの質問が挙げられる。例外探しの質問とは「望む生活が少しでも実現している時と，その時に役立ったこと」を尋ねるものである。この技法では「例外を起こすために，あなたは何をしましたか？」と例外において子どもが果たした役割や強みを探り，その点を褒めることで解決への自信を高めることができる。

このように SFBT は子どもの目標の実現を支援するアプローチであるため，成長促進的・予防的な支援が可能であり，教育現場での活用の幅は広い。なお，SFBT の実践に活用可能なものとして，子ども用のワークシート（黒沢，2012）や WOWW プログラム（Berg & Shilts, 2004）などが用意されている。

参考・引用文献

Berg, I. K., & Shilts, I. (2004). *Classroom solution WOWW approach.* BFTC Press.

De Jong, P., & Berg, I. K. (2013). *Interviewing for Solutions (4th ed.).* Cole.（桐田弘江・住谷裕子・玉真慎子（監訳）(2016). 解決のための面接技法　金剛出版）

黒沢幸子 (2012). ワークシートでブリーフセラピー――学校ですぐ使える解決志向＆外在化の発想と技法　ほんの森出版

第8章

児童期における精神医学的問題

山中　亮・田上恭子

Ⅰ．児童期の精神医学的問題の特徴

1．精神医学からみた児童期

児童期は，一般に6，7歳から12歳までの小学校在学の時期を指している。この時期はその前の幼児期やその後の思春期・青年期に比べて，心理面は比較的安定していると考えられている。フロイト Freud, S.（1905）はこの時期を**潜伏期**と呼び，リビドーによる自我への脅威が治まった安定した時期であり，その後の危機を乗り越えるのに必要な多くの知識や技能を身に付ける時期であるとしている。

一方で，児童期の特に10歳前後というのは人生の中でも大きな転換点の一つとされ，この時期の体験がさまざまな精神医学的な問題と深く関わっているのではないかという指摘もある（小倉，2006）。

このように児童期は精神的に比較的安定している時期だと言われながらも，一方で大きな変化を体験する時期でもあり，精神医学的な問題に直面することも決して少なくないのではないかと考えられる。

潜伏期：フロイトによって提唱された，性的活動が鳴りを潜めて興味関心の対象を外界に求めるようになる，約6～12歳の時期のこと。

リビドー：フロイトが仮定した，心的エネルギーのこと。

2．児童期における心理的問題の現れ方の特徴

児童期において心理的問題の現れ方にはいくつかの特徴があり，その点を留意して関わっていく必要がある。そうした心理的問題の現れ方の特徴として，以下のような点が挙げられる（岡村，1998；本間，2009；山登，2011）。

①心理的問題を言葉ではなく身体的反応や行動によって示すことが多い

児童期は，さまざまなことを言葉で語ることができるようになってきてはいるが，まだ自らの内面について，大人ほど言葉による表現が得意ではない。その結果，心理的問題を抱えていてもそれを整理したり表現したりする能力が十分ではなく，さまざまな身体的反応や行動によって表現することが少なくない。例えば腹痛を訴えたり，吐き気を訴えたりといった身体的症状の背景に心理的問題が潜んでいたりすることが多い。また不登校や非行といった問題行動が見られた場合にも，深刻な心理的問題や精神障害を抱えていることはよく見られることである。

そのため，身体症状や問題行動が出たときには，それらが心理的問題を示すサインの可能性があることを常に考えておく必要がある。

②子ども自身に心理的問題を抱えているという自覚がないことが多い

心理的問題があったとしても，それを子ども自身自覚していなくて，むしろ周囲の大人である，親や教師などによって気づかれるということが多い。特に低年齢であればあるほどその傾向が強い。そのため，専門機関へ相談に訪れる場合も子ども自身が自発的に訪れることは少なく，むしろ養育者などに伴われてくる場合が多い。またたとえ心理的に「つらい」と感じていたとしても，具体的にどのような問題があってつらいのか整理できないということも珍しくない。

養育者や教師など周囲の大人がいかに子どもたちの心理的問題のサインに気づき，子ども自身の主体性を尊重しながら関わっていくことができるかが重要となるといえる。

③反社会的行動，非社会的行動と異なる問題行動を呈していても，同じような心理的問題を有していることがある。逆に同じ問題行動でも異なる心理的問題を有していることも少なくない

例えば，暴力的な行動を繰り返す子どもと不登校の子どもでは表出している行動が全く異なるが，場合によっては同じような悩みを抱えていることも珍しくない。周囲の大人はとかく表出した行動に目がいきがちでそれで評価してしまうことも多い。反社会的な行動を繰り返す子どもに対しては指導的に，また不登校のような非社会的行動を示す子には腫れ物に触るようになどとなってしまう。しかしそのような表出するサインは違っても同じ心理的問題が基底に存在するという例は多くみられる。

また不登校という行動が現れていたとしても，ある子どもは背景に**統合失調症**などの精神病があったり，別の子どもは両親の関係不和が背景にあったりなど，同じ問題行動を有していても基底にある問題が異なることも珍しくない。

統合失調症：青年期に発症することが多い原因が特定されていない精神病の一つ。幻聴，妄想，思考障害，社会活動の低下などの症状が見られる。

このようなことから支援する者は，表面にみられる問題行動に囚われすぎないよう心掛ける必要があろう。

④心理的問題の出現は環境からの影響を受けやすい

子どもの心理的問題は周囲の環境への反応として現れることが珍しくない。例えば学校では暴力などの問題行動を繰り返している子どもが，家庭内ではとてもおとなしく，親からは聞き分けのよい子とみられているといったことがある。つまり環境に対する反応の仕方が，場面によってかなり変わることがある。

この例のように，親が見る子どもの様子と教師が見る子どもの様子が全く異なってしまうということは決して珍しくないが，そこで齟齬が生じてしまい，援助者となりうる学校の教師と親との間に大きな軋轢が生じてしまうことがある。また環境の影響を受けやすいということから，例えば学校が始まると症状が悪化するが長期休暇に入ると症状が治まるというように，環境の変化が症状の好悪に直接結びつくことがある。

以上4点ほど児童期における心理的問題の現れ方の特徴について挙げた。もちろんこれら以外にいくつも考えられるが，基本的な観点としてこの4点をまず念頭において，支援する立場にある者は，子どもたちと関わっていくことが有用であろう。

Ⅱ．ストレスと精神的健康

1．現代社会とストレス

「現代はストレス社会」という言葉に象徴されるように，現在老若男女あらゆる人々が何らかのストレスを感じながら生活しているといえる。

学研教育総合研究所の調査（2022）によると，小学生で今「悩み事は特にない」と答えた者が57.4％であり，何等かの悩みや心配なことを抱えている者は全体の約43％であることが示されている。このような統計からも現在強いストレスフルな状況に置かれている児童は，かなりの数に上るのではないかと考えられる。

こうしたストレスフルな状況は，身体的健康だけでなく精神的健康にも大きな影響を及ぼし，さまざまな身体疾患や精神疾患を引き起こすことが知られている。そのため児童の精神医学的問題を考えるうえでも，ストレスについて理解を深めておくことは重要である。

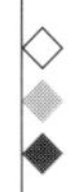

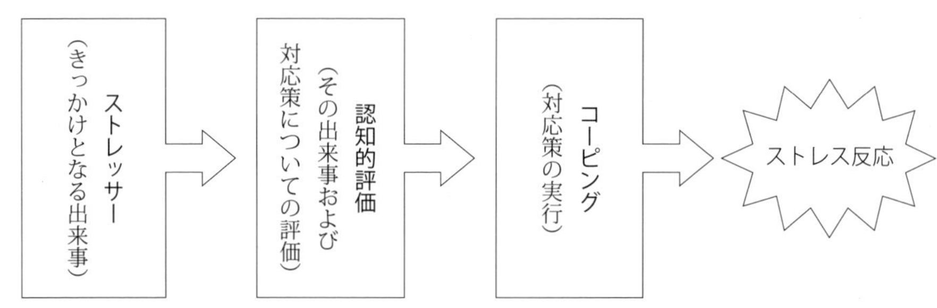

図1 ラザルスらによるストレスの捉え方（Lazarus & Folkman, 1984 をもとに作成）

2．ストレスとは

ストレスを説明するモデルとして現在もっとも有力なものの一つが，Lazarus と Folkman（1984）によるものである。彼らは，“心理的ストレスとは，人間と環境との間の特定な関係であり，その関係とは，その人の原動力（resources）に負担をかけたり，資源を超えたり，幸福を脅かしたりすると評価されるもの”としている。そして，人間と環境との間を媒介する２つのプロセスとして，認知的評価とコーピングの２つを挙げている。これらの考えをまとめたものを図１に示した。

図１に示したように，Lazarus らの考えに従えば，ストレスとは，ストレッサー，認知的評価，コーピング（対応策の実行），そしてストレス反応という一連のプロセスを指すといえる。

ストレッサーとは，ストレスを引き起こすきっかけとなるような刺激や出来事のことを指す。そして認知的評価には一次評価と二次評価の２つがあり，一次評価ではストレッサーとなりうる出来事が自分にとってどれだけ脅威を与えるものであるのかについて評価される。当然ここで，非常に脅威を与える出来事だと評価されれば，その出来事はとても大きなストレッサーになる。続いて二次評価では，ストレッサーに対してどのような対処が可能かということについて評価される。すなわち，そのストレッサーの悪影響を最小限にするための方策が検討される段階である。そしてそこで選択された対処が実行に移される段階がコーピングということになる。このコーピングには，その後のストレス反応を低減するための認知や行動が含まれている。そして最終的にストレス反応の発生ということとなる。ストレス反応はもちろん対処がうまくできていれば小さなものとなり，対処がうまくいかなければ大きなものとなり，深刻な場合は身体疾患や精神疾患という形で現れる。

例えば，ある学生が心理学の講義で突然「来週試験をやります」と言われたとする。その学生はその時「大変だ，どうしよう」と感じるかもしれない。このように「大変だ，どうしよう」と認知することが一次評価であり，「来週試験がある」という出来事がストレッサーとなる。さらに，その後「まずは友達に分からないところを教えてもらおう」などと考えるのが二次評価であり，実際に「友達に連絡を取って教えてもらった」という行動はコーピングとなる。それでも試験の当日は不安で，朝から腹痛があるといった場合，それはストレス反応とみなされる。

3．ストレッサーとなりうる出来事

それでは，いったいどのような出来事が深刻なストレス反応を引き起こすストレッサーとなりうるのだろうか。

ストレッサーとなりうる出来事は大きく２つに大別される。まず一つめは，家族との死別，離婚などといったライフイベントである。これらは人生の中で，ごくまれにしか

表１　精神障害の親をもつ子どものレジリエンスを強める要因
（Foster, O'Brien, & McAllister（2004）をもとに作成）

	要因
子ども	自立能力の高さ 内的統制能力の高さ 効果的コミュニケーションや問題解決を行う能力の高さ 知的能力の高さ リスクの低い気質 特別な関心事や趣味があること 肯定的な自己概念 感情調節能力の高さ
家族	子どもが一方の親とよい関係を築いていること 支持的で病気のない親の存在 肯定的で支持的な兄弟関係 家庭内の対人関係が安定していること
社会	家族以外のモデルとなる大人の存在 良好な仲間関係 さまざまなサポートシステム さまざまな社会活動への参入

経験することはないが，多くの人に共通して大きな衝撃を与える出来事である。もう一つは，仕事・勉強の負担，日常的な人間関係，通勤・通学時の人混みなどといった，いらだちごとである。これらは，日常生活の中で頻繁に経験する煩わしい出来事である（鈴木，2004）。

このように，たった一度経験するだけで大きなストレッサーとなる出来事もあれば，日々の生活の中で繰り返し経験することで，ストレッサーとなっていく出来事もあるといえる。

ただし，先述したように，Lazarus らによれば，ある出来事が深刻なストレス反応を引き起こすには，認知的評価とコーピングが非常に大きな役割を果たしている。すなわち，上記のような出来事をどのように捉えるか，またそうした出来事を経験したときにどのような対処を行ったかによって，ストレス反応の深刻さは異なってくることがある。

4．レジリエンスとストレス

近年，ひどい貧困状況，親からの虐待，重篤な精神障害の発症など，過酷でストレスフルな状況に置かれていても精神的健康を回復して，適応的に生活することができているような人たちの存在に注目が向けられるようになってきた。そして，特にこうした人たちには，困難な状況に打ち勝ち，回復する柔軟な力であるレジリエンス（resilience）が備わっているのではないかと考えられるようになった（Rutter, 1987）。特に学齢期を中心とした子どもを対象とした研究が多く行われ，子どものレジリエンスを高める構成要因が明らかとなってきた。

表１に，Foster，O'Brien と McAllister（2004）が挙げた，重篤な精神障害を抱えている親を持つ子どものレジリエンスを高めると考えられる構成要因をまとめた。親に重篤な精神障害があるにもかかわらず適切な支援を受けていなかったりすると，症状の悪化に伴い養育がままならなくなり，子どもにとってさまざまな問題が生じうることが従来から指摘されている。にもかかわらず，こうした状況の中で健康に成長していく子どもはレジリエンスが高いと考えられる。

表１にあるように，まず子どもの個人内因子としては，自立していたり，**内的統制能**

内的統制能力：自らの力で問題を解決することができるという信念を持って行動をとれる能力のこと。

力・社会的スキル・知的能力・**感情調節能力**などが高かったり，また比較的リスクの低い気質，例えばのんびりした気質であることなどが要因として挙げられている。

次に家族因子としては，安定した関係を維持することができる者が家族内にいることが重要な要因として挙げられている。

最後に社会因子としては，モデルとなる家族以外の大人や良い仲間の存在，さらには有効なサポートシステムや，子ども自身が参加できるさまざまな社会活動があることなどが重要な要因として挙げられている。

以上のように，もちろん子ども自身がもつさまざまな特徴がレジリエンスを高める要因として指摘されているものの，それだけではなく家族に限らず安定した関係を築くことのできる身近な大人の存在などの外的資源も，レジリエンスを高める重要な要因として挙げられている。そういう点では，子どもに関わる保育士や教師などのあり様も，子どもたちのレジリエンスを高めることに大いに貢献するといえよう。

社会的スキル：さまざまな対人場面で他者との相互作用を円滑にするために必要なスキルのこと。

感情調節能力：自分自身に生じる感情を適切にコントロールできる能力のこと。

Ⅲ．児童期に見られる代表的な精神障害とその対応

ここでは，児童期にみられる代表的な精神障害として，場面緘黙（かんもく），チック症，そして児童期のうつを取り上げて，その特徴について述べる。

1．場面緘黙

①緘黙とは

緘黙とは，言語能力に大きな問題がないにもかかわらず，言葉を発することができない状態が長期間続くことを指す。あらゆる場面で言葉を発しない場合を全緘黙，特定の場面で言葉を発しない場合を場面緘黙と呼ぶ。例えば家では問題なく会話することができているのに，学校では全く発話しないというのは，学校という特定の場面で言葉を発しないということで，場面緘黙とされる。なお場面緘黙は，選択性緘黙と呼ばれる場合もある。

②場面緘黙の診断基準とタイプ

DSM-5TR では，場面緘黙は不安症群に含まれており，他の場面では話すことができるが，ある特定の社会状況において話すことが一貫してできなくなるなど，５つの項目を満たしていることで場面緘黙と診断される。

DSM（Diagnostic and Statistical Manual of Mental Disorders）：アメリカ精神医学会が作成した精神障害の診断基準であり，世界中で広く用いられている。2022 年に第５版テキスト改訂版の DSM-5-TR が発表された。

大井（2008）はさらに，コミュニケーションを取ろうとする意欲の程度によって，場面緘黙を３タイプに分けて論じている。

タイプⅠの社会欲求型は，家族以外にコミュニケーションを自ら求めるものである。家庭内では多弁であるが，家庭外では沈黙するタイプである。ただし家庭外では沈黙しながらも，目や表情など非言語的な手段によってコミュニケーションを取ろうとする試みがなされる。

タイプⅡの社会化意欲薄弱型は，家族以外にコミュニケーションを求めようとする意欲に乏しいが，受動的には求めるタイプである。家庭外で沈黙するだけでなく，家庭内でもとかく無口で，主体性に欠ける状態にある。このタイプは，緘黙によって自分をさらけ出さないよう防衛し，周囲とのコミュニケーションを求めるでもなく，かといって拒否するわけでもなく，周囲の流れに身を委ねている。

タイプⅢの社会化拒否型は，家族以外にコミュニケーションを拒絶するかのごとく求めないものである。家庭外での沈黙はもちろんのこと，家庭内でも選択的に沈黙があり，家庭内外というよりも人によって緘黙が出たり出なかったりする。

以上３つのタイプでは，タイプⅠは比較的軽症で，タイプⅢは重症であると考えられ，

重症になるほど持続期間が長いと考えられている。

なお大井（2008）によれば，発症年齢は３歳から６歳が最も多いが，受診する年齢は平均 9.0 歳で，小学校入学後に多い。また一般に男児よりも女児の発症が多い。

③関わる際の留意点

場面緘黙はどのようなタイプであっても，緘黙という状態が自らを守るための防衛反応として働いているといえる。そのため，周囲が「何とかしゃべらせよう」という関わりをすることはかえって，子どもに大きな苦痛を負わせることになってしまう。むしろ，表情，目配せ，指さし，絵画などの非言語的なコミュニケーション手段を柔軟に活用できるよう認めながら，少しずつ対人関係での緊張をほぐして，安心してやり取りできるように発達を促進するような関わりがまずは必要であろう。

２．チック症

①チックとは

チックは，突発的で急速，さらにリズミカルではないが繰り返し生じる運動や発声のことを指す。チックには運動チックと音声チックがあり，さらにそれぞれ単純性と複雑性とに分けられる（表２）。こうしたチックは自覚されず，コントロールすることも難しい。また，持続期間が１年以内であると，暫定的チック症とされる。

チック症は，子どもの 10 ～ 20％で見られ，６歳～７歳において最も多く認められるが，思春期後半になるとその頻度は減少する（金生，2002）。また一般に女児よりも男児に多くみられる。

②トゥレット症

チックの中でも複数の運動チックと１つ以上の音声チックがあり，１年以上繰り返す場合はトゥレット症と診断される。概して次のような経過をたどることが多い（猪子，2008）。就学前頃に一過性の単純運動チックが始まり，その後チックは断続的に生じ，ある時点から絶え間なく生じるようになる。運動チックはさまざまな身体部位にみられるようになり，音声チックも運動チックの後に生じてくる。このようなトゥレット症もチック症同様に男児に多く，およそ１万人に４，５人の割合で発症する（猪子，2008）。

③関わる際の留意点

チックは，不随意で自ら止めることの難しいものであり，チックを無理に止めさせようと注意したりすると，子どもにとってストレスフルなものとなってしまい，かえってチックが悪化することもある。チックは生物学的な要因も深く関わっていることが指摘されており，安易な精神論で止めさせようとすることは難しいということを，まずは周囲の人たちが理解することが大切である。多くの場合一過性であり，自然と消失することも少なくない。過度にチックを問題視しすぎず，むしろ子どもが罪悪感を抱かないような配慮をしていくことが重要である。

表２　チック症状の分類（猪子（2008）をもとに作成）

	単純チック	複雑チック
運動チック	まばたき，首の急激な動き，肩すくめ，顔しかめ	顔の表情をつくる，身なりをただす動作，飛び上がる，物に触る，足を踏みならす，物のにおいをかぐ
音声チック	せきばらい，うなる，鼻をクンクンさせる，鼻をならす	単語や句の繰り返し，汚言症，反響言語，反復言語

汚言症：わいせつな言葉や罵り言葉を不随意的で頻繁に声に出す症状のこと。

反響言語：他者の発した言葉を同じように繰り返すこと。

反復言語：自分自身で発した言葉を繰り返し発語すること。

表３　子どものうつ病の特徴（傳田，2010 をもとに作成）

1．児童・青年期のうつ病は決してまれな病態ではなく，児童期では０．５～２．５%，青年期では２．０～８．０%の有病率である。
2．基本的には成人のうつ病と同じ症状（興味･喜びの喪失，気力低下，集中力減退，睡眠障害，食欲障害，易疲労感など）が出現する。
3．大人と比較すると，社会的ひきこもり（不登校など），身体的愁訴（頭痛，腹痛など），いらいら感などが特徴的である。
4．児童・青年期では抑うつ気分は表現しにくい。
5．不安症群（社交不安症，パニック症），強迫症，摂食症群，素行症，注意欠如多動症などに合併して出現することが多い。
6．成人と同じように，うつ病，**重篤気分変調症**，**持続性抑うつ症**，**双極症**などが出現する。
7．児童・青年期のうつ病の経過は，１年以内に軽快する症例が多いが，数年後あるいは成人になって再発する可能性が高い
8．薬物療法は SSRI（選択的セロトニン再取り込み阻害薬）が有効であるが，副作用に十分な注意が必要である。

3．児童期のうつ

①うつ状態とうつ病

憂うつな気分になることは誰でもありうることで，そうした気分が長く続くことなく，状況が変化することで速やかに改善するのであれば，病気とされることはない。しかし，うつ気分がかなり強く長期間持続し，さらに意欲や活動の低下，不眠，食欲不振などのために日常生活に大きな支障がみられることがある。そういう状態をうつ状態と呼び，病的な状態と考える（氏家，2007）。さらに DSM-5TR では，抑うつエピソードに関する３つの基準を満たし，他の精神障害が除外された場合，うつ病と診断される。児童においてもこの基準が用いられることが多い。

②児童期のうつ

子どものうつ病は，発症してから１，２年でよくなるが，その後再発する例が多いと考えられている（傳田，2010）。特に，表３に示したような特徴が子どものうつ病ではみられる。なお児童期のうつ病は，青年期に比べて発症頻度は低く，男児に多い。また他の精神障害を併存することも多く，虐待などの家族機能上の問題と強く関連するが，成人のうつ病に移行する可能性は低いとされている（傳田，2010）。

③関わる際の留意点

児童期のうつ病では，抑うつ気分を直接言葉で表現することが少なく，逆にいらいら感を表出する場合があるため，一見うつ病であることに気づかないことも多い。まずは，そうしたうつ病とは結び付きにくい状態像が児童期には現れることを知識として持っておく必要があろう。それを踏まえてその子どもがゆったり休むことができるような環境を整えていくことが重要である。

重篤気分調節症：かんしゃく発作と重度で持続的ないらいら気分を呈する抑うつ症群の１つのこと

持続性抑うつ症：抑うつ気分または易怒性が２年（児童・青年の場合は１年）以上持続する抑うつ症群の１つのこと

双極症：高揚感の強い躁状態と抑うつ感の強いうつ状態の両極を繰り返す疾患のこと

Ⅳ．児童虐待が被虐待児に与える影響

1．児童虐待と精神医学的問題

児童虐待は，現在日本において深刻な社会問題の一つである。従来から児童虐待の被害にあった子どもたちには，さまざまな負の影響が現れることが指摘されており，あらゆる精神疾患に結びつくと言われている（日本臨床心理士会，2013）。そうしたことからも，児童期における精神医学的問題を考えるにあたって，児童虐待についての理解を深めておく必要があるといえる。

2．社会問題としての児童虐待

アメリカにおける児童虐待防止活動は，あるひとりの少女の事件に始まるとされている（庄司，2007）。実母から見放されていたメアリー・エレンという少女がニューヨー

クに住む夫婦に引き取られた。しかしその夫婦のもとで約8年もの間，日々折檻され，鍵をかけた部屋に閉じ込められたりしていた。その事実を知った宣教師が何とかメアリーを救えないかとさまざまなところに働きかけた。しかしどこも十分な対応をしてくれず，最終的に知人である動物虐待防止協会のヘンリー・バーグのもとに助けを求めた。その結果，当時ほとんど利用されることのなかった古い人身保護法をもとに，メアリーを保護することができた。この事件をきっかけとして，1875年ニューヨークに児童虐待防止協会が設立された。この事件は大きく取り上げられたものの，当時はあくまでも特殊な事例だという認識に留まっていた。その後80年以上を経て，1961年に小児科医のケンプ Kempe, C. H. らが，親によって身体的な傷を負わされた子どもに見られるさまざまな特徴をまとめて，被殴打児症候群と命名して報告した。この報告の中で，親による子どもへの暴力は決して例外的なものではなく非常に多く見られる問題であることが示され，この報告以降アメリカで児童虐待防止のための専門機関が全国に配置されるようになった。

一方日本では，1980年代までは児童虐待は特殊な問題であり，ごく少数しか存在しないという認識が強かった（花田・永江・山崎・大石，2007）。1990年代以降になってようやく，誰にでも起こりうる問題で実際に多くの子どもたちが被害にあっていることが認識されるようになってきた。

3．児童虐待の定義

児童虐待の防止等に関する法律の第2条において，児童虐待とは，「保護者（親権を行う者，未成年後見人その他の者で，児童を現に監護するものをいう。以下同じ。）がその監護する児童（18歳に満たない者をいう。以下同じ）について行う次に掲げる行為をいう」とされている。そこで掲げられた行為として，以下の4つがある。

①身体的虐待

児童の身体に外傷が生じたり，または生じるおそれのある暴行を加えることを指す。例えば，殴る，蹴るなどの素手による暴力，バットなどの器具を用いた殴打，煙草やアイロンを押し付けたり，熱湯をかけて火傷を負わせることなどが含まれる。

②性的虐待

児童にわいせつな行為をしたり，またはさせたりすることを指す。例えば，性交や性的行為などの強要をしたり，性器や性交を見せたり，ポルノグラフィーの被写体に強要するなどが含まれる。

③ネグレクト

児童の心身の正常な発達を妨げるような養育の放棄や怠慢のことを指す。例えば，食事の世話をしない，体や衣服の汚れをそのままにしておく，病気であっても病院に連れて行かないなどが含まれる。

④心理的虐待

子どもの情緒や行動，あるいは発達にとってきわめて有害な影響を与える言動や態度を指す。例えば，「お前さえいなければ全てがうまくいく」などと繰り返し言ったり，きょうだい間で明らかな差別をしたり，**配偶者間暴力**が絶えずある環境の中で子どもが暮らしていたり，などが含まれる。

4．日本の児童虐待の現状

①児童虐待の相談件数の推移

全国の**児童相談所**が対応した児童虐待の件数は，統計が取られ始めた1990年度の

児童虐待の防止等に関する法律：

配偶者間暴力：配偶者，恋人といった特定の親密関係にある者，また過去にそのような関係にあった者との間で生じる身体的，心理的，社会的，性的な暴力のこと。

児童相談所：2023年2月1日現在全国に230カ所設置されている，児童福祉上のさまざまな問題に対応するために設置された行政機関のこと。

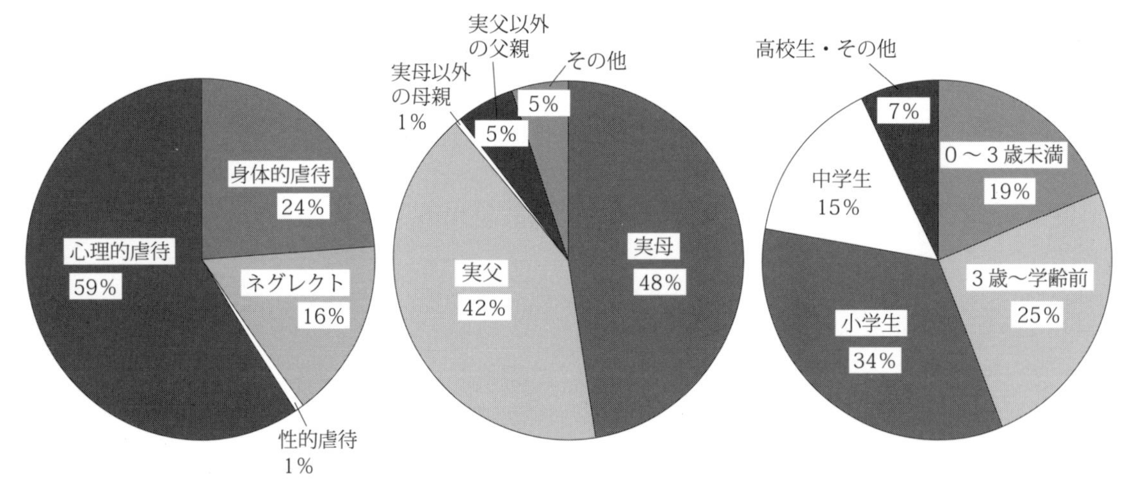

図2　児童虐待の相談種別の割合　／図3　児童虐待相談の主な虐待者の割合　／図4　年齢別にみた被虐待者の割合
（厚生労働省，2023をもとに作成）

表6　児童虐待が子どもに及ぼす影響（日本臨床心理士会，2013をもとに作成）

身体的影響	・身体的外傷の後遺症（脳の障害，運動機能の障害など） ・身体的発育への影響（低身長・低体重など）
心的発達への影響	・安心感，信頼感の欠如 ・基本的な生活習慣の拙さと衝動コントロールの難しさ ・初期発達課題のみ獲得によるその後の発達の積み上げの阻害 ・認知発達の阻害
心的外傷体験と喪失体験の後遺症	・心的外傷体験の後遺症（不眠，パニック，悪夢など） ・喪失体験（養育者との繰り返しの分離体験などによる）
不適切な刺激への暴露	・暴力や力への親和性 ・性的刺激への親和性（性的虐待の場合に顕著） ・生き抜くための盗みなどの逸脱行動

1, 101件から年々増加し続けており，2022年度は219, 170件（速報値）であった。この32年間で実に約200倍も増加したことになる。こうした数値の増加は，児童虐待そのものが増えていることも考えられるが，それとともに児童虐待の認識が日本社会に浸透してきている証ともいえる。ただしこれはあくまでも児童相談所が対応した件数であるため，この数ですら氷山の一角を示しているに過ぎないと考えられる。

②児童虐待の傾向

児童相談所で対応した虐待事例に関して，相談種別で比較すると，心理的虐待が最も多く，全体の約59%を占める（図2参照）。性的虐待は表面に出にくいタイプということもあり1%程度であるが，それでも実数にすれば実に1年間で2, 451件もの相談があったことになる。

また虐待者としては，実母の割合が最も高く，その次に実父となる（図3参照）。よく継母・継父による虐待が多いのではないかと思われていることがあるが，日本では血の繋がった親からの虐待が非常に多い。

次に児童相談所の対応した被虐待児の年齢をみると，小学生相当の7歳～12歳が最も多い（図4参照）。小学生も含めて年齢が比較的低い子どもの割合が高いのが特徴として挙げられる。このことからも，児童期を中心とした低年齢の子どもに対する虐待への対応の必要性の高さがうかがわれる。

５．被虐待児に与える影響

児童虐待は表６のように，子どもの身体，認知，行動，情緒などさまざまな側面に影響を及ぼし，子どもによってさまざまな様態を示す（日本臨床心理士会，2013)。さらに児童虐待はさまざまな精神疾患と深く関わっており，精神医学的問題を抱えている子どもの中には，背後に虐待による被害が潜んでいる場合がある。

６．児童虐待への対応

児童虐待に対応するには，まずは児童虐待が生じないような予防的働きかけをしていくことが求められる。啓発活動，子育て支援などもその一つであろう。さらに被害にあっている子どもをいち早く発見し，子どもに安全な環境を提供できるよう的確な介入を行っていくことが重要である。児童虐待の防止等に関する法律の第６条では，「児童虐待を受けたと思われる児童を発見した者は速やかに，これを市町村，都道府県の設置する福祉事務所もしくは児童相談所に通告しなければならない」とされており，事実確認などに手間取って手遅れになるよりも，疑いの段階でもまずは専門機関に通報することが国民に義務づけられている。こうした意識を持つことが早期発見につながるといえる。また迅速な介入をするためには，学校，児童相談所，病院などさまざまな機関が円滑に連絡を取り合うことのできる体制を整えていくことも重要である。こうした虐待にさらされている子どもについては，まず子どもの生命の安全を保障することが第一であり，そのうえで初めて子どもの精神医学的問題への対応が可能となるといえる。

ワーク（考えてみよう）

１．精神医学的問題のある児童へ関わる際の留意点を３つ以上挙げて，説明しなさい。

２．レジリエンスを育むために，周りの大人が児童にどのように関わることが重要だと考えられるか，述べなさい。

３．日本において児童虐待を防止するために，今後必要となる制度や対策としてどのようなものが考えられるか？　現状を踏まえて述べなさい。

ワーク（事例）

■事例１

小学校１年生，男児Ａ君のケース。

小学校に入学してしばらくしたころ，学校でＡ君が全く言葉を発せず，体を硬直させて，まばたきがとても激しくなる様子もあって，心配である，と担任の先生から両親に連絡がある。両親としては，家ではむしろおしゃべりで声も大きいという印象であったため，学校からの連絡を聞いて驚いてしまった。

早速母親は学校から帰ってきたＡ君を問い詰めて，「学校から連絡があったけれど，まったくしゃべっていないとはどういうことなの？」と聞くが，Ａ君は黙ってしまった。「それから先生が，まばたきが多くて気になると言っていたから，明日からまばたきは普通にしなさい！」と少し強い口調で言った。しかし学校での状況は変わらない状態が続いていた。さらに，家庭内でも，父母が学校のことをいろいろと聞こうとすると，まばたきが頻繁になる様子が見られ，それが気になって父母が注意すると，その場では我慢をしているようで，一時的には治まるが，肩をすぼめるという行動が目立つようになってしまった。

ついに，両親はＡ君を連れて大学病院の児童精神科に行った。そこでは，医師の診察とともに，継続的に臨床心理士による心理面接が行われることになった。面接はプレイルームで週に１回50分というペースで行われた。面接においても当初，Ａ君は全く話ができず，いつもプレイルームの入り口付近で体をこわばらせてずっと立っていることが続いた。担当の心理士は，発話によるやりとりではなく，描画や粘土，ゲームなど非言語的な手段もいくつか使って，いろいろと働きかけるがほとんど反応がない状態であった。しかしこうした面接をしばらく続けていたところ，少しずつ視線をあわせてくれるということが出てきた。さらにしばらくして，面接中にうなずいたり，首を横に振るなどという形で意思表示をしてくれるようになった。Ａ君との面接と並行して，両親とも面接が行われ，まず家の中はＡ君にとって安心感のもてる場になるよう，学校の様子を問い詰めたり，まばたきなどを無理に制止しないよう関わってもらうこととした。その後，しばらくして面接ではとても小さい声であったが，「うん」という発話が見られるようになった。それを契機に面接では徐々に激しい遊びを展開するようになった。そして約10カ月して，決して多弁ではないものの学校でも担任の先生と言葉でやり取りすることができるようになった。

解説：なぜ解決したのか？

Ａ君は，小学校という多くの人たちと一緒の時を過ごす社会的場面に参入し，そうした状況で自らを守るために，緘黙という形をとったと考えられる。なおＡ君のように，緘黙にまばたきなどのチック症が併存することも珍しくはない。

児童精神科の心理士の関わりで示されたように，こうした緘黙状態にある時に無理に言葉を使ったコミュニケーションを強要するのではなく，それ以外のさまざまな非言語的チャンネルを開いた形で接することが，Ａ君に安心感を与えることとなり，結果的に解決へとつながったと考えらえる。

また家庭内はＡ君にとっては唯一緊張しないリラックスできる場であったが，学校からの連絡で心配のあまり両親がかなり干渉的な関わりをもってしまい，Ａ君にとっては緊張する場になってしまっていた。そのために，チック症などが家庭内でも見られるようになったといえる。まずはその家庭という場で両親には干渉的な関わりにならないよう配慮してもらうことで，A君は再び家庭に安心感を取り戻したといえる。このことも解決に大きく寄与したといえる。

■事例２

小学校４年生，女児Bさんのケース。

警察からノートの万引きをした件で児童相談所に連絡のあったBさんは，小学校４年生の女の子であった。Bさんとその家族に会うために電話をするが，全くつながらなかった。そこで担当の児童相談所職員は家庭訪問を行った。しかし，何度行っても不在であることが続いた。

そこで小学校に児童相談所からBさんの様子について聞きに行ったところ，学校ではおとなしい子ではあるが，最近いらいらした様子があり，授業中も集中できていないようでぼーっとしていることが目立ち，かねてから心配な児童だということだった。Bさんが幼いころに，父母は離婚をして，今は母と二人暮らしだということだった。また母親は飲食店で働いており，いつも夕方から出勤していて夜はBさん一人で過ごしているようだ，とのことだった。

その後，ようやく小学校でBさんと会うことができた。最初口数は少なかったものの，何回か会ううちに少しずつではあるが語り始めた。その中で，実は母親が最近交際をしている男性がいて，２か月ほど前からBさん宅に居つくようになっていることが分かった。Bさんはその話の中で「おじさんが夜に体を触ってくるようになって，もう嫌だ。嫌がるとすごく怖い顔で何度も叩かれた」と語った。どうも母親が仕事に行ってしまって，Bさんとその男性が二人きりになっている時に繰り返しそういう行為があったようである。家に帰すわけにはいかないと判断され，Bさんは児童相談所の一時保護所に入所することとなった。母親にも連絡がつき，後日母親が児童相談所に迎えに来た。母親に状況を説明したところ，交際中の男性がBさんにしている行為についてなかなか認められず，Bさんがうそをついているのではないかとまで言うほどだった。Bさんに「嫌だったらなんでちゃんと断らなかったの？」と言い，同席していたBさんは涙を流しながら「あのおじさんを追い出してくれないなら絶対帰らない，ずっとここにいる」と言う。このBさんの姿を見て少しずつ事の重大さを認識しはじめて，ようやく母親はBさんが自分にとってとても大事な娘であり，その男性とは別れて引っ越しもすると覚悟を決めてくれた。きちんと引っ越し先が決まるまでは，一時保護所でBさんを預かるということで，母親も渋々ながら同意する。数週間して，母は引っ越し先を決め，男性とはきちんと別れたということだった。ようやくBさんは母との２人の生活に戻った。

その後も児童相談所職員はBさんとの定期的な面接を続けていた。Bさんは決して口数は多くないものの，万引きなどの触法行為がみられることはなかった。また表情もとても穏やかになり，小学校ではいらいらした様子もあまり見られず，とても活発になったということだった。

解説：なぜ解決したのか？

Bさんは，万引きなどの非行とともに，小学校ではいらいら感やぼーっとした状態がみられ，精神症状がいくつかみられていた。その理由は当初は分からなかったものの，実は背景に同居していた男性からの性的虐待および身体的虐待があったことが明らかとなった。この虐待に対してまずBさんの安全を第一に考え，Bさんが安心感を持てるよう配慮して関わっていったことで，そうした精神症状や問題行動は徐々に消失していったと考えられる。

以上のことからも，児童に問題行動や精神症状が見られたときには，背景に児童虐待の問題が横たわっている可能性もあることを念頭に置いておくことが必要である。児童が示す問題行動や精神症状は，時に自分の身を守るための SOS 信号である場合があるといえる。もし児童虐待の被害にあっていることが疑われた場合には，まず何よりもその児童の安全を確保する介入を第一に考えて対応し，安全な環境がある程度確保されて児童が安心感を持てるようになってきたところで，児童の心の問題にも対応していくことが重要である。

一方で全ての問題行動・精神症状が虐待によって起こるわけではないので，むやみに虐待と決めつけて対応するのは，親との関係を悪化することもあるので，気を付ける必要がある。

参考・引用文献

American Psychiatric Association (2013). *Diagnostic and statistical manual of mental disorders 5th edition text revision*. APA.（日本精神神経学会（日本語版用語監修） 高橋三郎・大野裕（監訳）(2014). DSM-5 精神疾患の診断・統計マニュアル 医学書院）
傳田健三 (2010). 大うつ病性障害 松本英夫・傳田健三（編）子どもの心と診療シリーズ 4 子どもの不安障害と抑うつ 中山書店 pp.142-154.
Foster, K., O'Brien, L., & McAllister, M. (2004). Addressing the needs of children of parents with a mental illness: Current approaches. *Contemporary Nurse*, 18, 67-80.
Freud, S (1905). *Drei Abhandlungen zur Sexual Theorie*. Lipzig und Wien: Deuticke.（渡邉俊之（訳）(2009). フロイト全集 6 性理論のための三篇 岩波書店 pp.163-310.）
学研教育総合研究所 (2022). 小学生白書 Web 版 https://www.gakken.co.jp/kyouikusouken/whitepaper/202209/index.html（2024 年 1 月 23 日閲覧）
花田裕子・永江誠治・山崎真紀子・大石和代 (2007). 児童虐待の歴史的背景と定義 保健学研究, 19, 1-6.
本間博彰 (2009). 学童期の心身の問題—子供が病気になる理由と回復する環境 現代のエスプリ, 503, 132-140.
猪子香代 (2008). トゥレット障害 中根晃・牛島定信・村瀬嘉代子（編）詳解 子どもと思春期の精神医学 金剛出版 pp.583-589.
金生由紀子 (2002). チック障害，トゥレット障害 山崎晃資・牛島定信・栗田広・青木省三（編）現代児童青年精神医学 永井書店 pp.187-196.
こども家庭庁 (2023). 令和 4 年度児童相談所での児童虐待相談対応件数（速報値）
厚生労働省 (2023). 令和 3 年度福祉行政報告例
Lazarus, R. S. & Folkman, S. (1984). *Stress, appraisal, and coping*. Springer（本明寛・春木豊・織田正美（監訳）(1991). ストレスの心理学 実務教育出版）
日本臨床心理士会 (2013). 臨床心理士のための子ども虐待対応ガイドブック
小倉清 (2006). ライフサイクル上の 10 歳前後—生物・心理・社会的意味 臨床心理学, 6, 448-452.
岡村達也 (1998). 児童期・思春期の心理障害と臨床援助 下山晴彦（編）教育心理学II 発達と臨床援助の心理学 東京大学出版会 pp.127-154.
大井正己 (2008). 選択緘黙 中根晃・牛島定信・村瀬嘉代子（編）詳解 子どもと思春期の精神医学 金剛出版 pp.520-525.
Rutter, M. (1987). Psychosocial resilience and protective mechanisms. *American Journal of Orthopsychiatry*, 57, 316-331.
Rutter, M. & Quinton, D. (1984). Parental psychiatric disorder: Effects on children. *Psychological Medicine*, 14, 853-880.
鈴木伸一 (2004). ストレス研究の発展と臨床応用の可能性 坂野雄二（監修）学校，職場，地域におけるストレスマネジメント実践マニュアル 北大路書房 pp.3-11.
庄司順一 (2007). メアリー・エレン再び 子どもの虐待とネグレクト，9, 273-276.
氏家武 (2007). “うつ”とは何でしょう？ 奥山眞紀子・氏家武・原田謙・山崎透（編）こどものうつハンドブック—適切に見立て，援助していくために 診断と治療社 pp.1-20.
山登敬之 (2011). どこまで健康？ どこから病気？ 山登敬之・斎藤環（編）こころの科学 増刊 入門 子どもの精神疾患—悩みと病気の境界線 日本評論社 pp.2-7.

コラム❈column

子どものトラウマ
——PTSDとPTG

千葉柊作

昨今，子どもを取り巻く状況は刻々と変化しつつある。悲惨な虐待の報道が増え，痛ましい交通事故によって小さな命が奪われ，大規模な災害は毎年のように発生している。このような，命に関わるような甚大な出来事のことをトラウマと呼ぶ。トラウマは心的外傷後ストレス障害（Posttraumatic Stress Disorder; PTSD）をはじめとしたさまざまな精神障害を引き起こすが，子どものトラウマに対する反応は大人のものとは異なるということが知られている（小西，2012）。子どもは一見して，事故や災害などのトラウマ的な出来事に遭遇しても何も感じていないように見えたり，むしろ積極的な授業への参加など「いい子」のように振る舞って見えることがある。しかし，次第に学校への行き渋りが起こったり，急に攻撃的になったり，出口のないような反復された遊び（津波ごっこなど）を繰り返すということが起こってくる。このように学齢期の場合，自分の抱く感情をうまく言葉にできずに，行動となって抱えているトラウマに対する不安が表出されるため，トラウマ症状が表面的には典型的なトラウマ反応でないような形となって表れてくる。そのため，子どもたちがトラウマに直面した時，一見してPTSDのように見えなくとも，その裏ではトラウマがその子どもに影響している可能性がある。子どもがトラウマの影響下にあると考えられる際には，いわゆる問題行動は一つのトラウマの表現として機能しているかもしれない。そのような場合には，行き渋りなどの問題行動のように見えることをいきなり叱責するのではなく，その子どもの抱えている，感じている気持ちや感情を少しずつ表出できるようなお手伝いが大切となってくる。

一方で，トラウマの経験が必ずしもPTSDにつながるわけではない。むしろ，トラウマを経験したことによってより強く成長する子どもたちもいる。このような現象は心的外傷後成長（Posttraumatic Growth; PTG）と呼ばれ，近年になって国内でも注目が集まりつつある概念である。PTGは「危機的な出来事や困難な経験との精神的なもがき・闘いの結果生ずるポジティブな心理的変容の体験」（宅，2010）とされており，トラウマといった危機的な出来事から何らかの今までなかったようなポジティブな変化を体験することを示す。いじめられることを通して誰かにやさしくなれたり，被災体験を通じて今までには見られなかったような新しい考え方や価値観が生まれてくるといったことが一つの例として考えられる。ただし，PTGはトラウマを「賞賛」するものではない。トラウマはあくまでも，その当人にとってつらく厳しい体験である。PTGの概念を知っておくことで，そんな体験の中にも前向きな姿勢を持つことがありうるという知見につながり，子どもが悲惨な体験をした中でもより強く成長していこうとする姿を見逃さないようにできる。子どもが大変な状況の中でも，自分の言葉でポジティブなことを表現できるようになった時には，その言葉を大切にして，成長の途上を見守っていくことが重要になってくるだろう。

参考・引用文献

小西聖子 (2012).［新版］トラウマの心理学—心の傷と向き合う方法　NHK出版
宅香菜子 (2010). 外傷後成長に関する研究　風間書房

コラム❖column

インターネットにおける コミュニケーションの特徴

三上貴宏

警察庁生活安全局少年課による，平成24年中における少年の補導および保護の概況によれば，福祉犯の送致件数の中で，子どもが被害者となりうるものでは，青少年保護育成条例違反が最も高い割合を占め，ついで児童買春・児童ポルノ法違反が高い割合を占めている。件数は減少傾向にあるものの，近年の子どもの犯罪被害の特徴を表したものといえよう。

このような状況の中で，平成24年には「第3回**児童ポルノ排除対策推進協議会**」が開催され，平成25年には「**第二次児童ポルノ排除総合対策**」が策定されるなど，児童ポルノの排除が喫緊の課題となっていることがうかがえる。さらに，特徴的なこととして児童買春・児童ポルノ法違反の中で，出会い系サイトやインターネットの利用に関わるものが約57％と高い割合を示していることが挙げられる。小中学校の新学習指導要領では，「情報モラルを身に付けること」や「情報モラルに関する指導に留意すること」が新たに規定され，教員のための「情報モラル教育実践ガイダンス」を配布するなど，情報モラル教育の推進がなされており，また**メディア・リテラシー**の向上のための取り組みも行われている。

昨今のインターネットの急速な普及，さらには，ここ最近の「スマホ」の登場によって，今やインターネットは生活の一部となりつつある。そのような状況の中で，インターネット上での見えない相手との付き合い方，情報メディアとの向き合い方は「学校裏サイト」などに代表される，いわゆる「ネットいじめ」からの保護の観点から見ても重要な課題であるといえよう。

インターネットにおけるコミュニケーションの特徴として，身振り，顔の表情，声の抑制などの非言語のメッセージの欠落が指摘されることが多いが，そのことが指し示しているのは，独特の「文脈」と「関係性」の存在ではないかと思われる。

若島（2001）は，通常のコミュニケーションではメタメッセージを読み取り，文脈の助けを借りてコミュニケーション・モードを振り分けていると述べている。

非対面の文字中心のコミュニケーションおいては，非言語のメッセージは伝わりにくいため，相手が自分の発言をどのように感じているのかを把握する材料が乏しく，相手の反応の断片化や過剰な解釈に陥りやすい。そこに対面のコミュニケーションとは違った，独特の文脈が生まれやすいのではないだろうか。つまり，非言語のメッセージの伝わりにくさや独特の文脈によって，自他のメッセージにコミュニケーション・モードを振り分けることが非常に困難になることが考えられる。

また，Bateson（1972）によれば，ノンバーバルなコミュニケーションにおいて伝えられるのは，相手と自分との関係にかかわる事柄――愛情，尊敬，不安，依存――であり，これは「関係性」を規定するものであるといえる。

この，「関係性」を規定するものの乏しさとコミュニケーション・モードの振り分けの難しさによって，インターネットでのコミュニケーションは独特なものとなりうるのであろう。

ただ闇雲に「ネットは危ない」と言うのではなく，上手にインターネットと付き合っていけるために，特にアイデンティティが確立されていない時期の子どもたちに対しては，大人がこの独特さを教えていくことが一つの課題となりえるのではないだろうか。

児童ポルノ排除対策推進協議会：児童ポルノ排除総合対策に基づき，児童ポルノの排除に向けた国民運動を官民一体となって推進するため，平成22年11月22日，関係府省庁，教育関係団体，医療関係団体，事業者団体，NPO等により設立された。

第二次児童ポルノ排除総合対策：平成25年5月28日策定。概要は，「児童ポルノの排除に向けた国民運動の推進」「被害防止対策の推進」「インターネット上の児童ポルノ画像等の流通・閲覧防止対策の推進」「被害児童の早期発見及び支援活動の推進」「児童ポルノ事犯取締りの強化」「諸外国との協力体制の構築と国際連携の強化」等。

メディア・リテラシー：情報メディアを主体的に読み解いて必要な情報を引き出し，その真偽を見抜き，活用する能力のこと。「情報を評価・識別する能力」ともいえる。

参考・引用文献

Bateson, G. (1972). *Steps to an Ecology of Mind.*（ベイトソン, G.（著）佐藤良明（訳）(2000). 精神の生態学 改訂第2版 新思索社）

若島孔文 (2001). コミュニケーションの臨床心理学 北樹出版

第９章

学校における緊急支援

若島孔文・森川夏乃

もし突然の災害により家や親しい人を亡くしたら，もし突然事故に巻き込まれ大怪我を負ったら……。これまで当然だった生活が突如崩れ去り，“危機”状態に陥ることがある。キャプラン Caplan（1961）によると，危機とは，ある事態に直面した際，その人が持つ習慣的な解決方法では克服できず，その結果心身に不調や変調が生じている状態であるといわれている。先に挙げた例に限らず，進学や転校，結婚などのライフイベントも１つの危機となりえるものであり，人は発達の中でさまざまな危機を体験している。

だが多くの場合には，危機に直面してもその状況が長期にわたって続くわけではなく，本人の行動や，家族，友人，学校の先生からのサポートを得ることで適応していき落ち着いた状態に戻ることができる。つまり，危機に直面すること自体が問題なのではない。最も避けねばならないのは，混乱や動揺により適切な行動をとることができず，状況が悪化・慢性化していくことである。このような事態に陥ることを避けるためにも，生じうる危機や危機において生じる反応を正しく理解し，それらについて事前に備えておくことが求められる。

本章では，学校で生じうる危機や危機が生じた場合の反応について解説を行い，危機に直面した人や組織が元の状態に復帰できるようにするための「緊急支援」について述べる。加えて，小学校においても生じる可能性があり，我が国の喫緊の課題である自殺について解説する。本章を通して，危機に対する理解と緊急支援の必要について理解が深まれば幸いである。

Ⅰ．学校に生じる危機

１．学校システムの危機とは

学校にはどのような危機が生じる恐れがあるのだろうか。窪田（2005a）は，構成員に強い恐怖や喪失感をもたらす出来事として，１）児童・生徒の自殺，２）学校の管理責任下で生じた事件・事故による児童の死傷，３）校外で生じた事故による死傷，４）地域での衝撃的な事件の発生や自然災害による大きな被害，５）児童による死傷事件の発生，６）教師の不祥事の発覚，７）教師の突然の死，の７つを挙げている。小中学校の教師 3, 509 名に対しこれらの危機の遭遇経験を調査した樋渡ら（2016）によると，これらの危機・支援経験がある教師は 501 名，危機のみ経験がある教師は 426 名であった。経験数としては，学校の管理外の事件・事故による児童・生徒の死傷，次いで児童・生徒の自殺・自殺未遂が多かった（図１）。

これらの出来事はそれぞれ，発生状況や関係者の数によって，個人へ影響を及ぼす個人レベルのものから，学校の構成員の多くに影響を及ぼす学校レベル，地域全体に影響を及ぼす地域レベルの３段階に分類できる（表１）。例えば，体育の時間内に生じた児童の負傷であれば，学校の構成員に衝撃や悲しみを与える学校レベルの危機となる。だが，外部侵入者によって児童が傷つけられた場合であれば，学校のある地域全体に衝撃

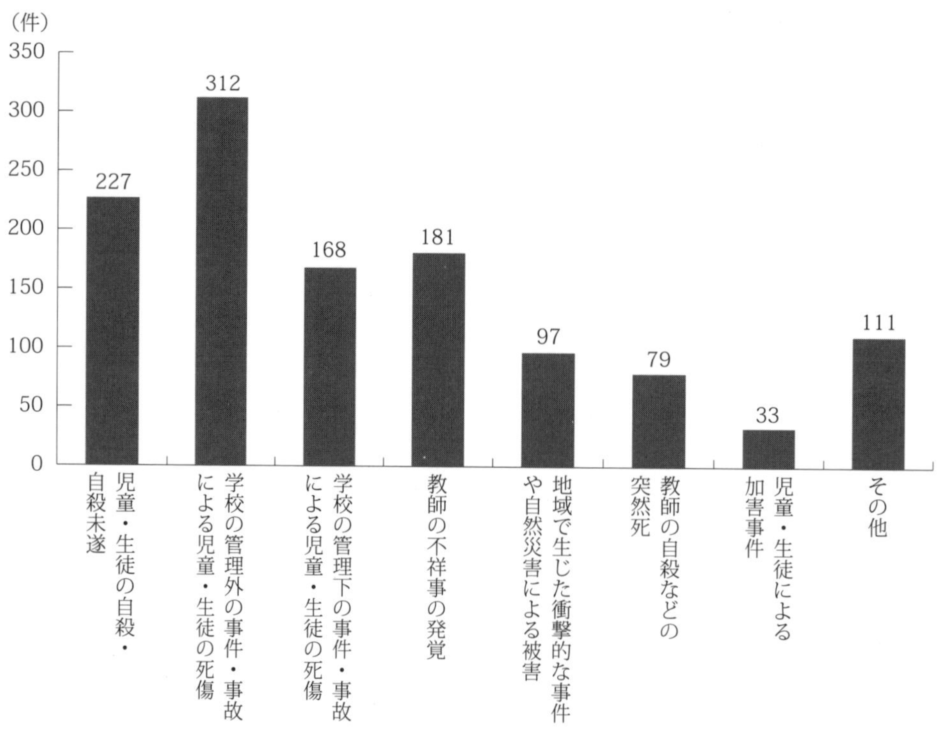

図1　小中学校の教師が遭遇した危機の延べ件数（樋渡ら（2016）を改変）
注）それぞれ複数回答可

表1　危機となる事件・事故のレベル（窪田，2005a）

	個人レベル	学校レベル	地域レベル
1）児童の自殺		児童の自殺	いじめ自殺
2）学校管理下の事件・事故		校内事故	* 外部侵入者による事件 * 被害者，目撃者の多い事件
3）校外事故	校外事故	* 目撃者の多い事故	
4）自然災害，地域の衝撃的事件			自然災害，地域の事件 * 児童の直接被害
5）児童による殺傷事件			児童による殺傷 * 児童の被害者被害
6）教師の不祥事			教師の不祥事の発覚 * 児童の被害者被害
7）教師の突然死		教師の突然死	* 教師の自殺

注）同じ事故であっても，大きな動揺が予想されるものについて冒頭に * 印を記した。

や不安，恐怖を与え，また多くの報道陣が学校に押し寄せて地域レベルの危機となる。

さらに，事件･事故の背景や詳細によって構成員にもたらされる影響の質が異なる（表2）。例えば，教師の不祥事が発覚した場合，それが学校関係者以外へのわいせつ行為であったのか，児童に対するわいせつ行為であったのかによって，在籍する児童の心理状態は異なってくるだろう。前者の場合よりも，後者の場合の方が，構成員に恐怖や不安をもたらす。窪田（2005a）は，事件・事故が発生・発覚した段階で，個々の事件・事故にどのような要因が含まれているかを明らかにすることで，その後の混乱の度合いが予測でき，事後対応の的確な判断を下すことにつながると述べている。

表２　学校コミュニティに混乱をもたらす要因と関連する事件・事故（窪田，2005a）

事件・事故 ＼ 学校コミュニティに混乱をもたらす要因		構成員の死・喪失	構成員の強い恐怖感	構成員の自責感	外部からの責任追及
1．児童・生徒の自殺	自殺現場の目撃	○	○	△	
	原因が明確ないじめ	○		○	○
	原因が明確な学校外の要因	○		△	
	原因が不明	○		△	△
2．学校の管理責任下の事故	授業中，部活動中	○		○	○
	校外学習中の事件・事故	○	△	○	○
	外部からの侵入者による事件	○	○	○	○
3．校外で生じた事故による死	事故現場の目撃	○	○		
	行動を共にした構成員	○	○	○	
4．地域の衝撃的な事件，自然災害による被害	児童・生徒が衝撃的な事件で被害	○	△	△	
	児童・生徒が自然災害の被害	○	○		
	学校全体が自然災害の被害	○	○		
5．児童・生徒による殺傷事件	被害者が学校関係者	○	○	○	○
	被害者が学校関係者以外		△	○	○
6．教師の不祥事の発覚	体罰・わいせつ行為	○		○	○
	被害者が児童・生徒	○	○	○	○
7．教師の突然死	教師の突然死	○			
	教師の自殺	○		○	
	自殺現場の目撃	○	○	○	

注）○＝関連する　△＝状況によっては関連する

2．危機反応

危機にさらされた場合，児童や教師，保護者などの個人，学校にはどのような反応が生じるのであろうか。

①個人レベルの危機反応

人は危機に直面すると，心理面･認知面･身体面･行動面に反応が生じる（表３）。しかし，これは非常時における正常な反応である。一般的には，危機発生から時間経過に伴い，次第に落ち着きを取り戻していくとされる。さまざまな反応の中でも，小学生は大人に比べて体も小さく精神的成熟も未熟であるため，危機を理解する以前に身体面の反応として生じやすい（金子，2000）。そのため，危機発生後，身体不調を訴える児童が増えることが考えられる。

図２は，2010（平成 22）年 10 月 20 日に発生した奄美豪雨災害後の保健室の利用状況の調査結果である（関山，2010）。災害発生から１カ月後の 11 月には例年よりも保健室の利用件数がかなり増加していることが分かる。このときの保健室の利用理由としては，頭痛，腹痛，発熱，気分不良等が多く見られている。しかし，保健室利用者は 11 月に急増したものの，12 月以降は例年通りの件数に落ち着いている（平成 21 年２月は利用者が多いが，インフルエンザ等の流行があったと思われる）。この調査からも，危機のストレスによる身体不調は長期にわたって持続するものではなく，一時的に急増するものであることが分かるだろう。危機発生後には，周囲の大人がこうした子どものストレス反応を理解して落ち着き，子どもたちが安全・安心感を取り戻せるよう環境を

表3 危機後に生じやすい心身の反応

心理面の反応	不安・悲しみ・イライラ・焦り・高揚感・恐怖・落ち込み・緊張・怒り・罪悪感・感情鈍麻・孤独感・疎外感・無気力など
認知面の反応	集中力や記憶力，思考力，判断力の低下・混乱・フラッシュバック
身体面の反応	動悸・微熱・頭痛・腹痛・疲労感・食欲の急激な減退あるいは亢進・嘔吐や下痢・めまい・睡眠障害・過敏になる
行動面の反応	怒りっぽくなる・涙もろくなる・攻撃的になる・過活動・引きこもり・拒食や過食・幼児返り・回避行動・薬物乱用

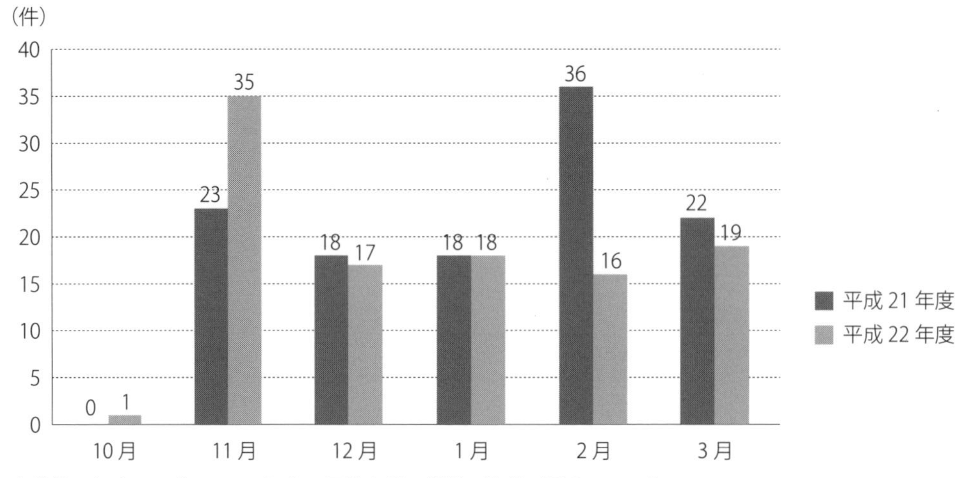

図2 小学校における平成21，22年度の保健室利用件数の比較（関山，2010）

整えることが重要である。

また最近では，PTSD（心的外傷後ストレス障害；Posttraumatic stress disorder）という言葉が世間でもかなり聞かれるようになってきた。だが危機の後，誰もがPTSDを発症するわけではないことに留意が必要である。PTSDとは，a）危うく死ぬ，重症を負う，性的暴力を受ける出来事を直接・間接的に経験した，あるいはこれら不快感を抱く細部に繰り返し暴露される体験をすることで，b）侵入症状，c）関連する刺激の回避，d）出来事に関連した認知と気分の陰性変化，e）過覚醒の症状が1カ月以上持続している場合に診断される（American Psychiatric Association, 2013）。これらの症状が1カ月未満の場合にはASD（急性ストレス障害：Acute Stress Disorder）と診断される。こうした症状を呈する子ども達のケアにおいては，周囲の情緒的なサポートや理解が不可欠である。教師とスクールカウンセラー，家庭等が連携しながら留意して子どものケアに当たっていくことが求められる。

②学校レベルの危機の場合

危機に直面し構成員に混乱や不安，恐怖などが生じると，学校全体にも混乱が生じてくる。具体的には，自分と異なった反応を示している他者が受け入れられなくなったり，事件・事故の責任を他者に転嫁したりしてしまい，人間関係の対立が生じるおそれがある。また，皆が混乱し集中力が低下したり，いつも通りの連絡系統を保つことが難しくなっているために必要な情報が伝わらなかったりすることで，誤った情報が流れミスや誤解が生じやすくなる。さらに，上述したようにストレス反応として身体不調を訴える児童が増加するために，平時よりも多くの児童が短期間に保健室を利用しパンク状態となる。そして，普段であればすぐに処理される問題でも，こうした混乱の中ではいつまでも処理されず，問題が蓄積されていく。窪田（2005a）は，個人レベルの反応が相まって学校レベルの反応となり，平時のように学校が問題を処理する機能が低下することで，学校全体が機能不全となり，さらに個人や学校の危機に対して適切な対処が行なえなくなり，学校システムの機能不全が助長されるという負の連鎖が生じることを指摘している。このような負の連鎖が起こらないよう，危機発生後，迅速な緊急支援が必要となる。

Ⅱ．緊急支援とは

1．緊急支援の目的

ここまで述べたように，学校システムが機能不全状態に陥るのを防ぐために緊急時の支援，すなわち緊急支援が必要となる。緊急支援では，危機の解消を図り少なくとも個人（組織）が危機に陥る以前に保持していた機能遂行の水準まで回復させることが目的となる（小澤，2012）。小澤（2012）によると，この目的を達成するために，①個人のダメージの回復，ストレスやトラウマ反応の低減，PTSDの予防，②二次的な被害・事件・事故の発生を防ぐ，③日常性を取り戻すこと，に重点を置く。緊急支援は的を絞った迅速かつ学校システム全体への対応が求められる。そのため，教職員が児童へのケアを行い，その教職員を配置されているスクールカウンセラーやスクールソーシャルワーカー等の専門職が支え，さらに外部から派遣された支援チームが教職員・専門職を支えるという構図となる（窪田，2005b）。

2．緊急時の対応

危機においては，冷静な理解力や判断力が失われ，感情的になりやすい。そのため，何をすればよいのか分からなくなったり，普段ならしないような見落としや失敗，または突飛な行動をとってしまいやすい。そこで事前に，危機が発生したら，必要最低限何をすべきであるのかを押さえておくとよい。

上地（2003），窪田（2005c），文部科学省（2010）を参考に緊急支援の対応について簡単に述べる。具体的には，1）アセスメント，2）態勢づくり（人数の確保，リーダーシップ，役割分担等），3）心のケアが必要となる。

①アセスメント

表1，表2にあるように，危機の要因やどのような状況で発生したのかによって，危機が与える影響は異なる。そのため，できる限り危機のアセスメントを行う。被害者の数，どのような要因か，目撃者は何人か，現在も被害は進行中なのか等の状況を把握し，危機レベルの判断を行う必要がある。アセスメントをすることで，危機の後に続いて生じる反応を予測し，対応策を練ることができる。また混乱のうちに被害が拡大し負の連鎖が派生するのを最小限にとどめることにつながる。

②態勢づくり

1）**人数の確保**：危機発生により，本来の日常活動に危機対応という新たな業務が加わり，仕事量が増加する。一方で，学校はダメージにより処理能力が落ちてしまうため，十分な対応ができない。多くの業務を普段より落ちている処理能力で対処しようとしても，不十分な対応となり処理されない業務が積み重なっていく。そしてそれによって二次的な問題が生じるという負の連鎖が起きる。

そのため，教育委員会や外部の支援者の力を積極的に借り，不足分のエネルギーを一時的に補うことが必要である。学校のみの力で解決するよりも，危機への迅速な対応と学校の機能の回復を優先し，積極的に他機関の力を借りることが求められる。

2）**リーダーシップ**：危機対応は，校長などのリーダーシップのありようでかなりの

表4 危機時の校内役割分担の例（文部科学省，2010）

保護者担当	保護者会の開催や PTA 役員との連携を担当
個別担当	遺族など個別の窓口になる
報道担当	報道への窓口になる
学校安全担当	校長や教頭の補佐，学校安全対策，警察との連携などを担当
庶務担当	事務を統括する（事務長など）
情報担当	情報を集約する
総務担当	学校再開を統括する（教務主任）
学年担当	各学年を統括する（学年主任など）
ケア担当	ケアを統括する（養護教諭，教育相談担当者など）

部分が決まる。しかし，この時リーダーは，a）不十分な情報，b）次に何が起こるか分からない，c）このような状況下で考える時間すらない，といった中での意思決定を強いられ，リーダー自身が大きな危機にさらされることとなる。

そのため，まず学校の方針は何かを確固として中心に据える必要がある。しっかりとした方針を持つことで，自分を保つことができ，また他の教職員も方針があることで判断がしやすくなる。初期の方針としては，例えば，ご遺族の気持ちに寄り添うこと（死亡事案の場合），学校の日常活動の回復，安心と安全の回復（事件解決を含む）などが明確で分かりやすい。

3）**役割分担**：的確なリーダーシップとともに適切な役割分担をすることで，混乱時においても業務の漏れや重複を避けることができ，迅速な対応につながる。

平時の日常活動は校内分掌で対応するが，危機時には記者会見，緊急保護者会，遺族・保護者対応，心のケアといった非常時の対応が求められる。また，当該児童の担任一人が多くの対応に追われる事態が生じやすい。そのため，各教職員で役割分担し一つのチームとして危機への対応にあたることが重要である。

緊急時の役割分担には，①平時の分掌のまま対応しない，②他の業務を軽減する，③校長直属とする（間に人を入れない），と良い。役割分担の例を表4に示す。

③心のケア

小学生の心のケアでは，何か特別なことをするというよりも，大人が子どもに寄り添い，さまざまなストレス反応は非常時における正常な反応であることと，ストレスへの対処法を穏やかに伝えていくことが重要となる。教育相談の際や，学級集団に対してホームルームの時間を利用して伝えたり，お便りを通して学校全体の児童に伝える方法がある。危機に関することを無理に話させようとすることはかえって子どもを傷つける恐れもあるため，大人は子どもたちが話したくなった時に受容的に話を聴くという姿勢を持っておく。また学校レベルや地域レベルの危機の場合には，ストレスチェックのアンケートを一斉実施し，ストレスが高い児童を把握し留意して見守っていくことも必要となる。ストレスが高い児童には，必要に応じてカウンセリングを実施したり，医療機関につなげるなど，児童の状態に応じて重みづけをしたケアを実施していくこととなる。なお，心のケアはスクールカウンセラーなどの専門職と教師が連携しながら行っていくことが非常に大事である。

外部の専門職も含め，危機状況を乗り切るための一つのチームとして活動していくことが重要となる。専門職と学校教職員の間に壁を作らず，情報交換をしながら緊急支援にあたる。

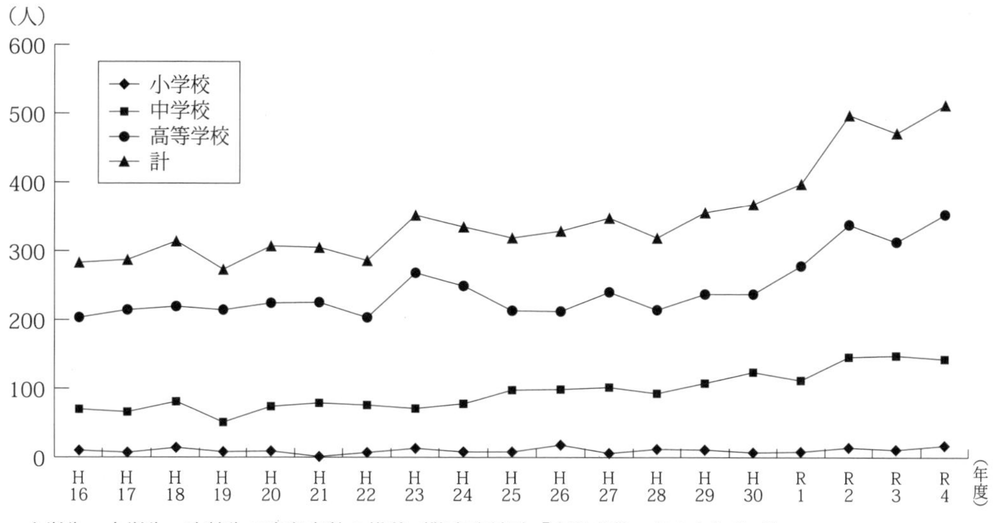

図３　小学生・中学生・高校生の自殺者数の推移（警察庁統計「自殺者数」をもとに作成）

Ⅲ．小学生の自殺

１．小学生の自殺の実態

最後に，我が国でも課題の一つである自殺について述べる。小学生の自殺は中学生や高校生に比べると多くはないものの，わずかに増加傾向にある（図３）。また図１に示したように，少なくない教職員が児童・生徒の自殺や自殺未遂を経験している。

２．小学生の自殺の特徴

自殺の危険因子としては，①性差，②過去の自殺企図歴，③精神疾患，④自殺の致死的手段へのアクセスのしやすさ，⑤虐待や家族内不和などの家族背景，⑥いじめや喪失体験などのライフイベント，⑦群発自殺，メディアの影響が挙げられている（渡辺・尾崎・松本，2015）。これらが複合的に重なり合うことで自殺へとつながる恐れがある。

特に児童期の特徴として，「死んでも生き返ることができる」と考えている児童も存在する。長崎県の公立小学校第４学年と第６学年に在籍する児童 2, 437 人に対して行った調査では，「死んだ人が生き返ると思いますか」という質問に対して，死んでも生き返ることができると信じている小学生が１割程度見られた（小４で 14. 7%，小６で 13. 1%）（長崎県教育委員会，2005）。小学生においては，親に叱責され，家に帰るのが嫌だったため飛び降りたという例も見られる（高橋，1992）。このように，嫌なことからの回避手段として，簡単に自殺という手段が取られることもあると考えられる。名島（2007）は小学生の自殺の特徴として，青年期のように長いためらいや逡巡がなく，自殺を感じてから決行するまでの時間がごく短いことを指摘している。

また，うつ病は大人の病気と考えられがちであるが，子どもの 0. 5 ～ 2. 5%はかかることが指摘されている（傳田，2002）。子どもの場合，精神と身体が未分化であり，言葉を使って表現する力が不十分であるため，身体症状や不登校などの行動面の問題として出やすい（傳田，2002；金子，2000）。「悲しい」というよりも「いらいら」として感じやすく，怒りっぽくなったりするなどの変調としてみられることも多い（猪子，2006）。つまり，小学生の自殺の危険要因としてうつがあるが，大人と異なり身体症状や行動面の変化がサインとして現れる。このような変調に周囲が気付き，本人の苦しみを理解しようとすることが必要だろう。

表5 日本ならびにスウェーデンの子どもにおいて，「わたしは，よく死にたいと思う」に影響を与える心理社会的因子（程度の強い順に列記）（田中ら，2002）

心理社会的因子	日本	スウェーデン
わたしのことで両親がよくけんかをする	1位	7位
いじめられたことがある	2位	6位
わたしは，とりえがないので悲しくなる	3位	4位
わたしは，家でストレスを感じる	4位	3位
わたしは先生との間で気まずい思いをした	5位	-位
わたしの家族は，話をよくきいてくれる	6位	5位
学校の先生がきらい	7位	2位
わたしはだれかをいじめたことがある	8位	-位
わたしは自分に満足している（逆転項目）	9位	1位
わたしの両親は別々にはなれてくらしている	10位	-位

また，環境にも影響を受けやすく，学校環境の変化（入学，進級，転校）や家族関係の問題（両親の不和，別居，離婚，再婚，失業）などから受ける影響も少なくない（高橋，1992)。スウェーデンと日本の公立小中学生に対して健康調査を実施し，自殺願望について比較した田中ら（2002）の研究によると，「わたしは，よく死にたいと思う」という質問に対して，「はい」と回答した小学生の割合は，日本では3.3%であったのに対し，スウェーデンの小学生は1.9%であった。また，関連する心理社会的因子の第1位は日本では「自分のことで両親がよくけんかをする」であり，一方スウェーデンでは「自分に満足していない」であった（表5）。このことから，日本とスウェーデンでは異なる心理社会的因子があることが明らかにされ，特に日本では子どもの自殺の原因に家庭不和が大きく関与していることが示されている。児童の自殺問題の背景には，家庭環境をみる必要性があるだろう。

③自殺への対応

実際に自殺が起きてしまった場合には，以下のような対応にあたる（福岡県臨床心理士会緊急支援の手引き作成委員会，2005)。

1）現段階で最優先すべきことは群発自殺の防止であることを明確に位置づけ，共有する。
2）保護者，地域から原因追究，学校批判が起こることを予測し，対処する。
3）自殺を発見した者，現場を目撃した者，亡くなった児童・生徒と関わりが深かった者，いじめの加害者とされる者，自殺未遂をしたことのある者，以前から精神疾患を抱えている者については特に激しい衝撃を受けているため，早期に心理士によるカウンセリングを行う。
4）保護者の意向を尊重し，かつ，死の詳細や具体的方法についての言及は控えて事実報告を行う。

特に，1）にあるように最優先事項は群発自殺の防止である。名島（2007）は，群発自殺の機制は，基本的には無意識的な感染と意識的な模倣によるが，その時，児童個々人の持つ死への感受性やストレス量が大きな役割を果たすため，3）に挙げた児童については留意する必要があると述べている。また，4）にあるように，マスコミの報道の仕方によっては死が美化され，学校外の児童・生徒へと群発自殺を引き起こす可能性があるため，簡潔かつ事実に即したことだけを伝えるよう，発言は慎重に行わなくてはならない。

起きてしまった自殺への対応を行い問題の終息を図ると同時に，それに続いて生じる群発自殺などの二次被害を予防することが求められる。残された児童の安全・安心を守ることをしっかりと念頭において対応にあたる必要がある。

Ⅳ．まとめ

緊急時においては，学校現場は混乱し通常のような仕事ぶりは困難となる。しかし，そのような時だからこそ，一度落ち着いて，必要とされていることと今すべきことを考えてほしい。また備えておくことで，必要最小限の被害に留めることができるだろう。直面した危機に対しチーム全体で解決に向かっていくことで，学校システムはさらに成長していくことができるのではないかと考える。

ワーク（考えてみよう）

1．あなたが監督している水泳の時間中，プールサイドでふざけていたＡ君とＢ君は，足を滑らせて頭から水中に転落した。あなたがＡ君とＢ君のけがの確認を行ったところ，Ｂ君は幸い軽いかすり傷程度だったものの，Ａ君は頭を打ち声をかけても返事がない状態であった。このとき，あなたがＡ君とＢ君のクラス担任であった場合，どのような対応を行うだろうか。

2．あなたが担任をしているクラスの児童が遺書を残して家で自殺を図った。遺書には家族内の不和が辛く自殺をすることが書かれていた。保護者から学校に電話が入り，あなたが児童宅を訪問したところ，保護者は大変混乱しており，子どもが自殺を図ったということは公表しないでほしいと言われた。あなたがこの児童生徒の担任であったとき，保護者に対してどのように対応するのがよいだろうか。

ワーク（事例）

■事例１

ある小学校で，６年生のＡがクラス担任の男性教師Ｂから継続的なハラスメントを受けていたことが発覚した。Ｂは指導熱心であるとして保護者からの信頼も厚かった。しばらくＡはハラスメントを受けていることを誰にも言えなかったが，耐えられなくなり友人Ｃに相談した。Ｃも程度の差はあるものの同じような体験があることが分かり，２人は日ごろから信頼している養護教諭Ｄに相談した。Ｄは看過できない問題と判断し，Ａ，Ｃを絶対に守ると約束したうえで学校として対応することについて了解を取った。その後，Ｄは校長，教頭に報告し，学校として対応するように要請した。事の重大性を認識した校長は，教頭とともにBから事情を聴取した後，自宅待機の措置を取り，緊急教職員会議を開き，全教職員で共有した。

その2日後，依頼を受けた臨床心理士が学校に出向きA，Cから話を聞いた。特にAは自分のせいで事が大きくなってしまったことに自責感を抱いていた。臨床心理士は緊急支援チームに加わり，被害を受けたA，Cのみならず，当該教師を尊敬していた児童も突然信頼と尊敬の対象を失いショックを受けること，被害を告発した児童が他の児童から非難や冷やかしを受ける可能性があることを教職員で共有し，児童への対応を考えた。

その翌日，再度予測される児童の反応，その日の支援の流れを確認したうえで，全校集会が開かれ校長から事件の報告がなされた。その後各クラスでクラス担任から児童に再度事件について報告がされ，「心の健康調査票」が施行された。調査票の施行後，担任と副担任が調査票をもとに児童と個別面談を行い，思いや考えを受け止めた。また，その中で特にショックや混乱が大きく気になる児童は，臨床心理士のカウンセリングにつないだ。

そして，放課後に緊急保護者会が開かれ，校長から謝罪と今回の事件の経過が報告された。また，子どもが示す反応と家庭での対応についても説明が行われた。校長は一貫して学校の責任を認めたうえで，児童の人権尊重を訴え，このような時だからこそ，学校と家庭が信頼関係を深めて児童を支えていくことが重要であるとコメントした。

その後は，1カ月後に教職員の間で今回の事件の振り返りを行い，フォローが必要な児童の確認や今後の方向性について話し合いが行われた。こうして学校全体で今回の事件への態勢が作られたことで事態は収束していった。（窪田（2005c）を一部改編して引用）

解説：なぜ解決したのか？

この事例は，校長のしっかりとしたリーダーシップと一貫した緊急支援チームの対応によって，学校システムで危機に対して迅速な対処を行うことができ，児童の安心・安全が守られた例である。

まず，AとCから相談を受けた養護教諭が確認を取ったうえで，校長，教頭に伝え，すぐに対応に乗り出したことで，これ以上児童が被害を受けることはなくなった。

そして，外部の専門家の力も借りながらすぐに緊急支援チームが作られ，学校として問題に取り組む態勢がしっかりと作られることとなった。チームが作られることで，教職員の情報共有がしやすくなり，一貫した対応を取ることができる。特に，このような突然の事態で生じる児童の反応を皆で共有したうえで対応にあたることで，教職員が混乱することなく落ち着いた対応ができるため，混乱が混乱を生んでいく負の連鎖を防ぐことができる。

また，対応方法を確認したうえで，担任が児童に面談をすることで，教職員も安心して面談し，また教職員が落ち着いていることで児童も自分の心情を伝えておくことができたのではないかと考えられる。

加えて，このような事件の場合には保護者の心配や非難が想定される。しかし，保護者会の場では，学校の責任を認めつつ，保護者に対して協力を依頼するという姿勢をとった。これによって，保護者と学校が対立することなく一緒に問題解決に向かっていく態勢を作ることができたことも非常に大きいといえる。保護者が学校に対して不信感を抱いていると，子どもも学校に対して不信感を抱き不安を感じるようになってしまうが，保護者と学校とが共に協力し合う関係となることで，子どもは学校でも家庭でも安心して学校でのことを話すことができ，迅速な対応につながると考えらえる。

このように，一貫して事件の解決と児童の安全を守るというリーダーシップのもとに緊急支援チームが作られたことで，情報系統や判断系統が乱れるなどの混乱が生じることなく問題解決に取り組むことができたといえる。また，子どもの重要な理解者である保護者を協力者とすることは，学校にとって非常に大きな力となるのではないかと考えられる。

■事例2

東日本大震災では，被災により転居を余儀なくされた家族も多い。そのため，学校現場では，転居していく児童そして，転居してきた児童に対してどのように対応したらよいのか，という不安を抱えている学校は多く見られた。

A君もまた，津波被害で自宅を失い転居を余儀なくされたため，新しくB小学校に転校してきた児童の一人であった。B小学校の教師たちは，津波被害で父親を亡くし仮設住宅で生活を送っているA君に，下手な対応をして傷付けてしまうのではないか，あるいはクラスの児童との関わりの中でA君が辛い思いをするのではないか，新しい友人を作っていくことができるのだろうかと心配した。また，B小学校ではようやく震災後の片付けも少し落ち着き，教職員も児童も落ち着きを取り戻しつつあるところであった。その中にA君が転入してくることで，B小学校の児童にも何か影響があるのではないかと不安があった。

そこで，A君の担任となるC先生はスクールカウンセラーに震災後の反応について教えてもらい，A君がどのような状態でB小学校に転入してくるのか理解に努めた。このような非常時において見られる正常な反応があることについても理解した。そして，A君がクラスに加わると，A君に細やかに働きかけ，最近の生活の大変さや新しい土地での不安，地元から離れる心境について丁寧に聴いた。そうしていく中で，A君はC先生を信頼するようになった。

また，C先生は他の児童や先生方に，「A君は今自分のペースで頑張っている」ことや，時々落ち込むこともあるものの，自分なりに頑張っているところなので応援してほしいことを伝えて，A君と周囲の人との橋渡しを行なった。次第に他の先生もA君を応援し，ことあるごとに話しかけ，何かあればすぐにどの教職員にも相談できる関係が作られていった。

そうすることで，学校全体でA君のように被災地域から転入してくる児童に対する理解やその受け入れ態勢が形作られていき，A君が安心して過ごすことのできる学校が作られていった。（板倉・高野（2012）を一部改編して引用）

解説：なぜ解決したのか？

この事例は，個人レベルの危機が学校レベルの危機へと発展する前に，学校全体の取り組みによって危機への対応が上手くいった事例である。

被災地から来る転入生というだけで，その児童に対する過剰な詮索や配慮をしてしまいやすい。しかし，この事例における担任の先生のように，児童の問題を探るのではなく，児童が安心・安全でいることのできる環境を作っていくことが重要であろう。C先生も対応に不安があったであろうが，事前に惨事ストレスへの理解を深めたうえで対応することで，A君の今の状態を問題と見なすことなく，A君がそのような状態にならざるを得なかった背景を理解しようとすることができ，それによって，児童と先生との信頼関係が築かれていったといえる。

また，他の教職員やクラスの児童がA君を問題視することのないよう，橋渡しをしたことで学校としてA君を支える態勢が作られたといえる。C先生以外の他の先生がA君を問題視することや，それによってクラスの児童がA君に対して関わりにくさを感じたり，深刻な場合にはいじめとなってしまう恐れもある。しかし，C先生の口からA君の肯定的な側面（「自分なりに頑張っている」など）が伝えられることで，A君に対する周囲の見方も，“被災してかわいそうな児童”から“頑張っている前向きな児童”へと変わる。周囲がそのような見方を持ってA君に対応することで，A君も学校で安心を感じ，頑張っていくことができると考えられる。

このように，個人レベルの危機であってもその対応の仕方によって危機が拡大することもあれば，この事例のように上手く対処し，むしろ学校全体での危機対応の態勢がよりしっかりと形作られていく場合もある。

参考・引用文献

American Psychiatric Association (2013). *Desk Reference to the Diagnostic Criteria from DSM-5.* APA.（高橋三郎・大野裕（監訳）染谷俊幸・神庭重信・尾崎紀夫・三村將・村井俊哉（訳）(2014). DSM-5　精神疾患の分類と診断の手引き　医学書院）
Caplan, G. (1961). An appro ach to community mental health. Grune & Stratton.（山本和郎（訳）加藤正明（監修）(1968). 地域精神衛生の理論と実際　医学書院）
傳田建三 (2002). 子どものうつ病―見逃されてきた重大な疾患　金剛出版
福岡県臨床心理士会緊急支援の手引き作成委員会 (2005). 付録　学校における緊急支援の手引き〈改訂版〉 福岡県臨床心理士会（編）学校コミュニティへの緊急支援の手引き　金剛出版 pp.241-242.
樋渡孝徳・窪田由紀・山田幸代・向笠章子・林幹男 (2016). 学校危機時における教師の反応と臨床心理士による緊急支援　心理臨床学研究，34, 316-328.
猪子香代 (2006). 子どものうつ　こころの科学，125, 19-23.
板倉憲政・高野仁美 (2012). 学校・震災ソリューション・バンク―震災時にみられた学校システムの力　子どもの心と学校臨床（特集：大震災・子どもたちへの中長期的支援：皆の知恵を集めるソリューション・バンク），6, 38-46.
金子美音 (2000). 子どもの精神病　安香宏・村瀬孝雄・東山紘久（編）臨床心理学体系 20　子どもの心理臨床　金子書房　pp.273-288.
警察庁　自殺者数　https://www.npa.go.jp/publications/statistics/safetylife/jisatsu.html（2024 年 1 月 23 日閲覧）
窪田由紀 (2005a). 第 1 章　学校コミュニティの危機　福岡県臨床心理士会（編）学校コミュニティへの緊急支援の手引き　金剛出版　pp.22-44.
窪田由紀 (2005b). 第 2 章　緊急支援とは　福岡県臨床心理士会（編）学校コミュニティへの緊急支援の手引き　金剛出版　pp.45-76.
窪田由紀 (2005c). 教師の不祥事発覚後の支援　福岡県臨床心理士会（編）学校コミュニティへの緊急支援の手引き　金剛出版　pp.101-108.
長崎県教育委員会 (2005). 児童生徒の「生と死」のイメージに関する意識調査を生かした指導 https://www.pref.nagasaki.jp/shared/uploads/2013/07/1374546818.pdf（2024 年 1 月 23 日閲覧）
文部科学省 (2010). 子どもの自殺が起きたときの緊急対応の手引き　https://www.mext.go.jp/a_menu/shotou/seitoshidou/__icsFiles/afieldfile/2018/08/13/1408018_001.pdf（2024 年 1 月 23 日閲覧）
名島潤慈 (2007). 小学生・中学生・高校生の自殺問題と対応　山口大学教育学部付属教育実践総合センター研究紀要，23, 151-165.
小澤康司 (2012). 学校における緊急支援の経験から―準備・初期・中長期の支援概要　子どもの心と学校臨床（特集：大震災・子どもたちへの中長期的支援：皆の知恵を集めるソリューション・バンク），6, 12-19.
関山徹 (2010). 学校コミュニティにおける災害心理 「2010 年奄美豪雨災害の総合的調査研究」報告書
高橋祥友 (1992). 自殺の危険―臨床的評価と危機介入　金剛出版
田中英高・寺島繁典・竹中義人・永井章 (2002). 日本の子どもの自殺願望の背景に関する一考察―日本 - スウェーデンのアンケート調査から　心身医，42, 293-300.

上地安昭（編）(2003). 教師のための学校危機対応実践マニュアル　金子書房
渡辺由香・尾崎仁・松本英夫 (2015). 子どもの自殺　児童青年精神医学とその近接領域，56, 137-147.

コラム※column

家庭，小学校および地域の相互の関係の再構築——外部の力も活用した「開かれた学校」

松田喜弘

近年，児童・生徒数の減少により，地方の小中学校の統廃合が進んでいる。私の勤務する町も例外ではなく，町内に３校あった中学校が１つに統廃合された。今年になって，小学校についても近い将来の統廃合を目指して各地区で説明会が開かれている。統廃合が進めば，学校という存在が遠くに感じられてしまうこともあり，地域と学校との結びつきが弱くなってしまうことが危惧されている。しかし，東日本大震災をきっかけに人と人との「絆」が見直され，学校と地域間の交流の大切さが再び注目を浴びるようになっている。

私の勤務する学校は，全校児童が約 70 名。各学級が 10 名～ 15 名で構成されている。子ども達どうしの結びつきが強く，学年の枠を超えてさまざまな活動を行っている。また，本校区は，町の中でも特に稲作が盛んなところであり，「米」を中心とした農作物の栽培活動を通して，学校と地域が強い結びつきを構築している。

本校の稲作学習は，４月に種籾を蒔くところから始まる。そして５月になると，田んぼへの肥料まき，しろかきの見学を行ってから，田植えを行っている。夏には稲の生育調査を行い，秋の収穫を迎える。稲刈りの後は天日乾燥するための杭がけを行う。乾燥が終わったら今度は脱穀，もみすり，精米を行い，自分たちで計量したうえで袋に詰め，11 月に行われる地区のお祭りで販売する。これら一連の作業には，必ず地区の農家の方が指導に訪れ，子ども達に丁寧に指導してくださる。この稲作体験学習を核として，サトイモ・サツマイモの栽培などでも地区の農協青年部の方々に積極的に支援していただいている。

また，本校では，毎年１月から２月にかけてスキー場に出かけてのスキー教室を実施している。多くの学校がスキー場のインストラクターに指導を依頼している中，本校は現在も保護者や地域の方に指導者をお願いしている。農村地域の本地区は，冬期間スキー場で指導員として働いている方もおり，指導力は高い。農協青年部の方々の中には，本校にお子さんを預けている方もおり，そのつながりからスキー教室の指導者を引き受けてくださることもある。保護者や地域の方の指導者というとなかなか人数が集まらないのではないかと思うかもしれないが，本地区の場合はそうではない。地域住民の縦のつながりが強いため，仮に指導者が抜けてしまうことがあっても，その方が後任者を見つけてくださることが多いので，指導者に困ることはほとんどないのである。

このように，本校は年間を通して地域の方々にご支援をいただき，地域の特色を生かした教育活動を行っている。その他には，子ども達が安全に登下校できるように，地域住民が多数参加しての「見守り隊」が結成されており，子ども達の様子に変化があるとすぐに学校に知らせていただけるようになっている。

近い将来行われる予定の町内小学校の統廃合には，本校区も関わってくるだろう。その時に，本地区のこのような「よさ」をいかに統合校に引き継いでいくかが鍵となる。他地区も同様に地域との結びつきが強いわけであるので，それぞれの地区の特色をうまく融合していくことが求められる。それと同時に，本校区から通学する子ども達と地域とのつながりも，これまで以上に密にしていくことが必要になってくるであろう。そこに学校がどこまで関われるか未知の部分があるが，「統合したら地区との結びつきがなくなってしまった」ということがないようにしていかなければならない。それについては，今後の重要な課題となるだろう。

コラム❈column

第三者委員会

長谷川啓三

1．第三者委員会の設置と構成

表題について架空の事例で考えてみる。ある学校で，子ども間のいじめがあり，その結果，長く被害側にいた男子が「自死」を選ばざるを得なかったとする。この時，管理者である学校長はどのような対応をすることになるだろうか？

まずは校内に緊急のプロジェクトチームを作って，いじめが実際にあったのかどうか，その際，加害側で主になった生徒は誰か，などを子どもへのアンケートと教員間の情報交換などから確認していくことになる。

その結果，校内にいじめは確認できない，もしくは，いじめとは無関係である，と結論を出した場合に，遺族側が，その結論に疑問を呈し弁護士を通じて再調査を依頼する。その場合に調査の客観性を保証するためにとられる方法の一つが第三者委員会の設置である。

委員会の構成は，例えば教委側から３人，遺族側から同数が望まれ，委員長が互選される。同数でない委員会もあり，それが遺族側から問題視された事例がある。ある事例では，遺族側から第三者委員会の委員長の交代や公開のあり方に要求があり一部が遂行された。

2．委員会による調査と目標

第三者委員会の作業の目標はまず大きく２つが考えられる。１つ目は，自死に至る事実関係，因果関係の確定。２つ目は，そこから考えられる再発防止への何らかの提案である。後者については遺族の祈念でもある。

そのために，学校に対して，第三者委員会からは，いじめの実際状況の確認の他に，以下のことが問われることになる。１つは，日頃の，この問題への予防対策。いま１つは，当該事件発生後の対応が適切であったかどうかである。

その場合の事の是非は，学校が属する教育委員会が決めている対策マニュアルが判断基準になる。また，このマニュアルを作成した教育委員会自体も問われることがありうる。マニュアルに準拠した当該校への支援が十分であったか，またマニュアルが国のいじめ対策推進法に準拠するものであるかどうか等である。

3．報道への対応

第三者委員会は遺族側からの申し立てで設置されることが多いため，その進捗状況を，ご遺族と市民に知らせる必要がある。ゆえに，報道への対応は，慎重な配慮の下に可能な限り行なうべきであるが，公開の範囲や形式は事例ごとに考えることになる。

報道については「報道を巡る二次的な問題」と呼ぶべきことが生じることがある。例えば，いじめ被害の渦中にある子どもが，自死の報道を見て自分も自死を選んでしまうという場合である。

このようなときに，教育側が，報道の自粛を申し入れる事で，解決することは難しい。むしろ，そのことで報道と教育側で対立が生じることが少なくない。いわばこれは，両者共に問題を解決したいという「善意の対立」である。問題解決を巡る「悪循環」もしくは「パラドクス」と概念化されている。

同様の構造を持つ問題の解決について，本書は折に触れて解説している。

第10章

学校組織と関係機関・家庭との連携

奥野雅子・三谷聖也・生田倫子

Ⅰ．学校が関係機関と連携する上でのポイント

小学校児童を指導・援助するにあたり外部の関係機関や家庭と**連携**することは不可欠である。本章では，学校組織と関係機関および家庭との連携について取り上げ，各外部機関や家庭との連携のあり方の特徴や機能，実際にどのように連携を行っていくかについて述べていく。

連携：連絡を密に取り合って，一つの目的のために一緒に物事をすること。

小学校児童が抱える問題に対して教員としてできる指導や支援はたいへん多くあり，それらを実践していくことが重要である。しかし，教員は学校という組織の一員であるため，できることには限界があることを認識しなければならない。つまり，教員はあくまでも小学校という場所で児童に関わるのであり，帰宅後の家庭生活における行動に至るまでの指導は難しい。また，小学校で児童は６年間で卒業するため，担任として直接的に児童に関わる期間はさらに限られてくる。このような空間や時間の限界をふまえ，学校が外部関係機関や家庭との連携を図ることは，児童に対する最大限の指導援助を提供することになりえる。

外部機関との連携を実際に行っていくと，学校だけでは対処できなかった問題に対応できるようになり，問題解決が導けることが多くなる。それは，他の専門家との連携によって問題解決に関する複数の視点や資源を活用できるからである。児童の問題を教師だけでなんとか対応しようとすると，焦って視野が狭まってしまうリスクがある。即時に解決できない複雑な問題の場合では，教師自身が疲弊してしまうこともあるかもしれない。外部機関との連携はそれらを予防し，より柔軟で適切な対応を可能にする。

児童への指導援助について関係機関と連携を進めるにあたり，さまざま問題に対応できる外部機関に関する知識をもつことが教員には求められる。最初に，代表的な関係機関について紹介する。まず，小児科，精神科，心療内科，神経科などの医療機関が挙げられる。小学校児童は自分のこころの問題を言語化することが難しい場合が多いため，その問題がしばしば身体症状として発現する。パニック障害，強迫性障害，心的外傷後ストレス障害などの**神経症的症状**は早い段階で治療を行うことが必要である。また，不眠や神経性胃炎，過敏性腸症候群などの症状も見過ごさずに医療機関につなげることが重要である。次に，警察や児童相談所がある。子どもの非行や犯罪予防，児童虐待の問題では連携は必須である。児童養護施設をはじめとする児童福祉のための関係機関では，理由があって家族と一緒に生活できない子どもたちに生活環境を提供することになる。さらに，保護観察所や少年院をはじめとする矯正機関の存在を知っておかなければならない。非行少年の更生や矯正教育について，教員としてはこれらの機関のもつ役割を十分理解し，児童やその保護者に適切な情報提供を行う必要がある。最後に，児童の問題解決を支援する際に，家庭との連携は欠かすことができない。家族の接し方は子どもに大きな影響を与えるため，家族の協力を得て児童の指導援助を進めていくことが必然である。各関係機関との具体的な連携のあり方については後述する。

神経症的症状：原因が器質的なものではなく，心の病気から生じる問題行動のこと。

では，ここで小学校が外部の関係機関と連携を行う上でのポイントについて概説する。第 1 に，外部関係機関と連携を取る際には，そのメリットについて児童とその保護者に丁寧に説明し，合意を得た上で実際に行動を起こすことが原則になる。家庭と連携する場合でも，できる限り児童本人にきちんとわかりやすく説明することが望ましい。このようなインフォームド・コンセントは，トラブルや誤解を予防し，スムーズな支援を行うために必要である。ただし，児童虐待などで緊急支援が必要であると学校側が判断した場合はこの限りではない。また，外部機関を保護者に紹介する際に最も重要な点は，「先生方が対応しきれなくて見捨てられた」という誤った認識を，児童やその保護者が抱かない伝え方をするということである。そのためには，「学校側がさらにできる支援について専門家の見解を知りたいこと」を伝え，引き続き教師も関わっていく姿勢を示すべきである。

インフォームド・コンセント：専門家が自身の専門的見解について相手に状況を説明した上で，今後の方針について合意を得ること。

第 2 に，外部機関と連携が必要であると教師が感じた場合，教師一人の判断で相手先に連絡を取るのではなく，管理職の教員およびスクールカウンセラーと相談したうえで行うことが重要である。連携を選択するか否かはあくまでも学校組織の判断であり，学校組織と関係機関との協働体制であることを意識する必要がある。なお，児童の問題があって家庭と連携する場合には，最初は担任教師の判断で始めることが多いが，その経過を管理職の教員やスクールカウンセラー，養護教諭や特別支援コーディネーターの役割を担う教員と情報共有することが重要になる。特に，スクールカウンセラーに心理学的立場からコンサルテーションをしてもらうことで指導援助の効果が上がる。また，家庭訪問に行く必要がある場合は事前に管理職の教員に伝えるべきである。その際には複数の教員で訪問する選択肢もあるため，管理職の教員に相談し，他の教員にも同行を依頼することができる。

第 3 に，外部の関係機関と連携を始める際に，学校側で窓口になる教員をあらかじめ一人決めておくことが望ましい。家庭と連携する場合はおのずと担任教師が窓口になるが，外部機関の場合は小学校によって異なり，副校長や教育相談担当の教員が窓口になることも多い。問題を抱える児童を指導援助している教師や学校スタッフは複数存在し役割分担をしている状況であっても，その情報は窓口になる教員が集約し外部機関に伝えるシステムをつくることが，連携をスムーズに機能させるポイントである。外部機関にとっても，その機関が持つ情報を学校側に伝える際に窓口となる一人の教員に伝達することになる。逆に，情報の内容によって伝える教員を変更するといった対応を依頼することは外部機関の負担になる。

最後に，学校側と関係機関との見解や方針が異なった場合にどのように対応したらよいかという点がある。児童の問題を解決する目的で関係機関と連携を行う際に，意見の相違という新たな問題が浮上することも少なくない。しかし，このように考え方が異なるということが，最も大切なところである。学校という場で教育の専門家のみで解決できる問題であるならば外部機関と連携する必要がない。また，児童を指導援助するという目的は同じであり，異なる専門家によるそれぞれの立場から提示された方針について，合意を得るというプロセスが，学校と関係機関とが連携する意義である。したがって，教師も自分の専門的立場を表現でき，他の専門家の視点も活用できることが，教師としての資質や能力を研鑽することになり，結果として児童を最大限に指導援助できることにつながる。

以上のように，学校組織が関係機関と連携する意味やポイントについて概説してきた。次に各専門機関に分けて具体的に解説する。

Ⅱ．各関係機関との連携について

1．医療機関

児童が何らかの病気や障害を抱えている，あるいはそれらの可能性がある場合，小学校は医療機関と連携を図る必要が生じる。医療機関としては病院やクリニック，**精神保健福祉センター**などがある。すでに児童が医療機関を受診し診断名があって現在治療中の場合と，医療機関への受診を勧め紹介する場合に分けて解説する。

精神保健福祉センター：各県，政令市には，ほぼ一箇所ずつ設置され，精神保健福祉に関する相談の窓口を持つ公の相談機関。

①病院やクリニックとの連携

児童がすでに病院やクリニックを受診しており，病気や障害があることを保護者から伝えられている場合，その児童を学校で指導する際に配慮しなければならない。教師は学校における配慮のあり方や具体的な対応について，専門家である医師の意見を訊く必要が生じることもある。これは喘息をはじめとする重度なアレルギー症状などの身体疾患と，心の問題などを含む精神疾患，また，てんかんや**発達障害**の要因とされる脳機能疾患のいずれの場合でもありうる。

発達障害：生徒指導提要（改訂版）p.268 発達障害

病気や障害を抱える児童への配慮や対応について，まずは保護者と相談することが優先である。しかし，その対応がうまくいかず困難であると見立てた場合，教師が適切な関わり方について主治医に意見を求めるために連絡を取る必要性が生じる。一方，医療機関では守秘義務があるため患者の情報を他者に開示できない立場にある。そこで，児童とその保護者の了承を得ておくことが必須になる。そして，医療機関に学校教員から連絡が入ることを，事前に保護者から伝えてもらっておくといいだろう。もし，教師が病院を直接訪問して医師に相談する場合には，担任のみではなく複数の教員で行くことが望ましい。養護教諭，教育相談や特別支援コーディネーターの役割を担う教員，症状が深刻である場合は管理職の教員にも同行を依頼することができる。医師の見解を聞いた後，保護者と再度情報共有を行い，学校側ができる配慮や環境づくりを学校全体で行っていくことが大切である。

筆者がスクールカウンセラーとして関わっていた小学校において，不登校児童本人への対応に担任が困難を感じ，医療機関と連携したケースがある。成績もよく活発だった小学校４年生のＡ君が運動会をさかいに突然学校を休み始めた。保護者や教師がいくら学校に来るように励ましてもＡ君は断固として学校に行かなかったため，保護者は小学校に行かせようとＡ君を病院に受診させた。そこで医師からはＡ君はかなり疲れているので学校をしばらく休ませるほうがいいと言われてしまった。Ａ君の母親からそのことについて報告を受けたが，母親は納得がいかない様子であった。学校でも対応に困り，保護者の了承を得て，担任，養護教諭，学年主任の３名で医師のもとに意見を聞きに行ったところ，Ａ君はうつ状態にあるためしばらく登校刺激を避けたほうがいいと医師からアドバイスされた。そこで，教師と保護者が相談のうえしばらくはＡ君をゆっくり休ませることにして，担任は定期的に保護者と連絡を取りＡ君の様子を聞くことにした。Ａ君の表情も良くなり回復の兆しが見え始めた頃に友人にプリントを届けてもらった。その後，担任が家庭訪問した時にＡ君に会えるようになり，スクールカウンセラーも紹介することができた。Ａ君は学校を休み始めた頃からほぼ３カ月たった頃には学校に行けるようになった。

このように，医療機関との連携によって適切な初期対応をすることができ，スムーズな問題解決が導かれたことになる。つまり，うつ状態にある児童に登校刺激を与えず，親も納得して十分休養させたことで結果として登校に至ったのである。

②病院の受診につなげる

紹介状

○年○月○日
○○病院　○○○○先生

児童氏名（○○小学校○年・性別）につきまして，ご診察いただけますようお願いいたします。
本児童は，○年○月頃より……………………という状態です。
本児について は以下のような点が気になっております。
1）……………………………
2）……………………………
付記と致しまして，……………………………（他の病院の来歴などがあれば記入）

どうぞよろしくお願いいたします。

○○小学校　校長○○　　署名　（印）

図1　紹介状（花田，2003；福島，2008；久保，2009 参照）

教員が児童の病気や障害に気づき，それらのために児童が小学校生活を送るうえで困難を来していると見立てた場合，病院の受診を提案する必要がある。このとき，保護者は児童の症状に気づいていないか，あるいは気づいていても治療を受けるほどでもないと判断しているときがあるため，教員はこの事実を保護者に伝えなければならない。このとき，「教員の手に負えないので病院に行って欲しい」というニュアンスを本人や保護者が誤って受け取ることがあるので，伝え方には充分配慮すべきである。「小学校でさらにできる支援を知るために専門家の見解が欲しい」ことを丁寧に話すべきである。しかし，決して無理強いせず，タイミングをみて病院についての情報提供を行うとよいだろう。また，養護教諭やスクールカウンセラーの立場から病院を勧めてもらうこともできるので，誰が勧めるのかについて学校内で検討することが求められる。

小学校から医療機関への「紹介状」があったほうが病院の受診がスムーズになる場合もあるので，書き方の例を図1に示す。小学校名が入る紹介状は公的文書であり，校長の許可を得て校長名で作成することになる。また，児童や保護者の目に触れることも考慮して書くべきであり，封をする前に内容を保護者に確認してもらうという選択もできる。

2．警察・児童相談所

①警察

小学生に関する問題で警察と学校が連携するケースには，**児童虐待**などの生命に関わる事態が筆頭にあげられる。児童虐待は，そのまま生死に直結する問題であることから，迅速かつ適切な対応が求められる。虐待はそれが一次的な問題となって現れることはほとんどまれである。家出や夜間徘徊などのぐ犯行為や万引きなどの触法行為を一次的な問題として警察が関与し，その後二次的問題として家庭内の虐待の事実が判明することがある。その理由は，虐待への子どもなりの対処として，家に帰ることを拒否したり，家族に頼らず生き延びるべく犯罪に手を染めてしまうということを選ぶことがしばしばあるからである。ほとんど機を同じくして，学校もまた児童の異変に気付くことがあり，うちに帰りたくないという児童の訴えから，学校が一時的に**シェルター**のような機能を担う場合もある。深刻なレベルではないと判断した場合には，学校としては児童を家に帰さないわけにはいかないので，家庭での安全な生活の保障を調整してから帰宅させる

児童虐待：児童虐待とは，保護者がその監護する児童に対して不適切な関わりを行うことであり，身体的虐待，ネグレクト，性的虐待，心理的虐待の4種に分類される。児童福祉法によって被虐待児の養護や支援，児童虐待防止法によって虐待予防や早期発見等の対策が講じられている。

シェルター：緊急避難場所として一時的な安全が提供される場のこと。

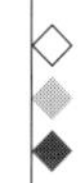

ことになる。しかし，この時点で学校は警察とも連携して，虐待の可能性があり家出や深夜徘徊のおそれのある児童がいるという情報共有をし，児童の生命の安全を守ることが大切となる。児童には，困ったことがあったら交番に逃げ込む方法があるなどの「お守り」を与えておくことも命を守るための有効な方法である。

警察では，万引きなどの比較的軽微とされる犯罪でかつ初犯の場合，警察署で身柄の引取人として主に保護者が呼ばれて厳重注意がなされ自宅に帰される場合がほとんどであるが，警察では思春期以前の低年齢の児童の触法行為の背景に，家庭内の「虐待」を疑うこともある。ふたたび犯行が繰り返されるような場合には，児童相談所への児童通告がなされるという道筋もあり，深刻で緊急を要するケースの場合，早急に児童相談所に虐待通告がなされることがある。

次に学校内でのトラブルに警察が介入する場合について考えてみたい。すなわち学校管理下で起こった事件・事故の場合には，警察が学校へ入ることも少なくない。注意すべきは生徒が事情聴取の対象となる場合があり，可能な限り生徒が慣れ親しんだ場所や安心できる関係者の立ち合いのもとに実施できるような配慮を要請することが求められる（窪田ら，2005）。

学校側から警察の積極的な関与を依頼するような場合には，ときに警察の対応にもどかしさを覚えることもある。適切に動いてもらうためには警察が必要とする情報を警察に伝わる言葉で伝えることが大切である。具体的には，事件性があるという前提で，いつ，どこで，誰が，どのような行為をして，それを誰がどのような状況で目撃し，その事柄を放置すると周囲にどのような危険性が及ぶかなどの正確な情報が何より必要となってくる。教員が日頃つけている日誌などに客観的な情報を書き込む習慣をつけていくことも，いざと言うときの助けとなるだろう。

また既存のつながりとして，**学校警察連絡制度**の利用や，学校と警察署の橋渡しをする役割を有する**スクールサポーター**などの社会資源の活用も期待される。

学校警察連絡制度：児童生徒の健全育成に関する学校と警察の相互連絡制度のこと。

スクールサポーター：学校と警察をつなぐ役割を担う警察職員で，非行防止や非行からの立ち直り支援に携わる。

②児童相談所

児童相談所は養護相談（虐待）のイメージがあるが，そのほかに，非行相談，保健相談，障害相談，育成相談など多様な問題について，多様な専門性を持つ職員が対応している。一部は一般の行政職が対応している場合もある。自治体によっては，児童相談所には行政教員という立場で「教員」が勤務していることもある。このことは学校との連携においては強みとなるだろう。彼らは一時保護所入所児童への教育のほか，学校との橋渡しのケースワーク的な機能を担うことがある。

ここでは生命に関わる虐待対応について学校と児童相談所の連携はいかにあるべきかを考えてみたい。学校で生徒の教育相談に携わっていると，ときに児童の悩みの背景に虐待の問題が絡んでいることに行きつく場合がある。身体的外傷の有無，身長体重の著しい伸び悩み，虫歯が異常に多い，不衛生な服装などは，いずれも虐待のサインである可能性が高い。虐待の疑いに気づいたら，まずは学内での情報共有をするということが第一ステップである。市民には通報の義務があり匿名による通報も認められているが，学校から通報する場合にはその後の連携を視野に入れると匿名の通報では情報不足である。校内での情報共有は簡単なように見えて意外と難しい。それは虐待であるかどうかの判断について教員間での認識に違いがあるからである。重要なのは共有可能な客観的な事実を積み重ねるということである。主観的に感情的に訴えかけるのは得策とは言えない。たとえば児童相談所のパンフレットを用いて虐待が疑われるサインと生徒の様子が合致している事実を示すことによって，通報につながったケースもある。また通報したことによって家族と学校との関係が悪化してしまうのではないかと恐れてしまうあまり通報を躊躇する場合もあるが，そのようなときには通報に伴う不安をも含めて通報するとよい。そのように通報することで児童相談所が慎重な介入を実行するうえでのヒントとなる場合がある。このように考えると，虐待の早期発見がなされる場所は学校である場合が多く，教員としては「学校は虐待対応の最前線である」という認識をもって臨みたい。

3．児童福祉――児童養護施設

児童養護施設とは，保護者のない児童，虐待されている児童，その他環境上養護を要する児童を入所させて養護し，あわせてその自立を支援することを目的とする施設であると定義されている（児童福祉法第 41 条)。年齢上限は原則 18 歳（最長 22 歳）までとなっていたが，ケアリーバー（保護を離れた人）への支援を手厚くする目的で，2022 年 6 月の改正児童福祉法により撤廃された（児童福祉法等の一部を改正する法律)。

児童養護施設は基本的には社会的な「家庭」であり，施設職員は子ども達の生活関係・社会関係の形成に努めながら，年齢に応じた「生活の自立」を目指していく。また，子ども達の情緒的安定を図りながら，あわせて「家族関係の改善・修復等」に向けて支援していくことが要請されている。

近年の傾向としては被虐待児の増加があげられる。また児童養護施設には子どもと家族をつなぐ機能である「家族調整機能」が求められるようになり，「**家庭支援専門相談員**(ファミリーコーディネーター)」が配置され，いわゆる“親代わり”役割のみならず“家庭に戻す”役割も期待されるようになっている。

家庭支援専門相談員：保護者等への施設内または保護者宅訪問による養育相談・養育指導等，保護者等への家庭復帰における相談・養育指導などを行う。親子関係の再構築を図る業務もある。

被虐待経験がある子どもは，小学生であれば，暴力傾向や，落ち着きのなさを含む不安定さ，愛着障害，また中学校では，メンタルヘルスに関する諸問題や非行行動がみられることがある。児童養護施設を学区内に置く小学校もまた，同様に難易度の高い対応スキルを求められることから，学校と施設との連携が重要となる。

小学校であれば，施設の子どもが学校内で問題となるトピックとしては，“担任にベタベタつきまとい過度に独占するふるまい”があげられることが多い。これは，愛着障害の傾向とされるが，中には，「親に甘えられなかった子だから応じてあげなければ」と教員が要求に応じ続け，その結果さらにエスカレーションしていく悪循環が見られることもある。しかし，優しかった先生が最後に「ごめん。無理」となるよりは，最初から「ここまではOK，でもこれ以上はできない」というキッパリとした対応が望ましい。

〇学校と施設の連携に関する注意点

1 点目として，「児童養護施設の子＝かわいそうな子」とステレオタイプに当てはめないことを切にお願いしたい。施設の子どもは確かに複雑な境遇かもしれないが，一緒に暮らす他の子ども達も同様であるため，施設の中では自らの境遇を意識しないことが多い。逆に，学校などで気を遣われることによって，「かわいそうな境遇と同情されること」に傷ついたり，「心に闇を持つキャラ」が確立してしまう。叱らなければならない時には，特別視せず通常の枠組みの中で対応することが望ましい。

学区内に施設がある学校の教員は，一度見学して暮らしを見てみるとよいだろう。初めて見学に来た教員は，おおむね「子ども達が意外と元気で明るいことにびっくりした」という感想を持つようだ。

2 点目として，被虐待経験がある子どもは先に述べたように問題行動を起こすなど特別な対応が必要な「ことがある」が，問題を起こさず周囲にも適応している子どもも多くいる。問題がなければ，特別の対応については「本人のニーズ」を重視することが望

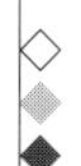

ましい。

3点目として，学校側は，施設の職員を「難しい子ども達の親代わり」と認識するからかベテランのイメージを持っていることが多い。ところが施設は職員の入れ替わりも激しく，実際は学校を卒業したばかりの若い職員も多いことに驚かれるかもしれない。しかし，児童養護施設を志望する職員は，たとえ人生経験が浅くても，子どものために一生懸命頑張る心構えを持っている。大きい心で接していただけると大変ありがたい。

4点目として，知恵の働く子であると「かわいそうな子」というレッテルを逆利用して，特別対応を求めるような行動に出ることもある。しかし特別対応が逆効果となることも多く，これらの言葉を使っても要求が通らないとわかると使わなくなることも多い。ルールを徹底することを施設ではよく「枠づけ」と呼ぶが，この「枠」がむしろ子どもを安定させる効果も大きい，とベテランの職員はよく述べている。

5点目として，学校教員が施設と連携をしたいと強く望んでいるのに，呼び出してもすぐに来ない等，施設担当職員の対応が悪いと感じられる場合には，以下を考慮してほしい。炊事や洗濯などの家事業務，乳児から高校生までの幅広い年齢層への対応，三交代等の勤務システム，研修への参加，病院や児童相談所への付き添い，行事等で職員の人手が割かれ，多くの子どもを1人でみる時間が長くなる日もある。乳幼児にはより手がかかることなどを考慮すると，相当な激務であることを理解する必要がある。

多くの児童養護施設では，主任や施設長への報告を書類にて行うことがあるが（交代制なので口頭で伝えられない事情等もある），この書類作成に手間取っている。個人情報保護の観点からパソコンを職員室に設置できず，児童に見られないように書類作成は夜間のみという施設もある。筆者は施設の心理職であったが，連携した後はこちらで話し合いの概要をまとめ，コピーすればそのまま報告書となるフォーマットで渡すようにしたところ，大変に感謝され，その後急に連携がスムーズにいくようになった。

施設の職員は学校との連携を望んでいるが，さまざまな事情により連携がうまくいかないことを心苦しく思っている。そのことを理解し考慮したうえで，時には気長に対応する必要がある。また必要ならば施設に勤務する心理士と連携するというのも一案であろう。心理士の方が時間的な余裕があることが多いからである。

4．矯正機関――児童自立支援施設

児童自立支援施設とは「不良行為をなし，又はなすおそれのある児童及び家庭環境その他の環境上の理由により生活指導を要する児童」（児童福祉法の一部を改正する法律第44条）が対象とされ，通所または入所によって指導が施される機関である。前述の児童養護施設は保護者の養護性の問題が前面に出ている場合の支援機関であったが，児童自立支援施設の場合は，親が長期にわたり育児を放棄した結果として，日常生活を営む上での最小限必要な生活習慣等が身についておらず，将来に対する自立意欲を欠いており，社会に適応するための課題があるなど，児童の自立支援に問題がある場合に利用される機関と言える。児童自立支援施設への入所は，児童相談所を経由して処遇が判断される場合が少なくない。このような経験から学校から遠く離れたところに児童が行ってしまうという印象を覚えることがあるだろう。この場合，当該児童だけではなく残された学級の児童たちにどのように説明するかも重要となってくる。他の児童から出てくる自然な疑問に対して，入所児童へのプライバシーに配慮しつつどのように説明するかが重要である。ポイントは「○○君は家庭の事情でしばらく△△小学校から離れて生活をしています。○○君は現在他の場所で頑張っていますから，戻ってきたらまた仲良くしてくださいね」など，当該児童が施設を退所してきた後に戻りやすい環境を整えてお

くことも重要である。

一方，通所の場合には，家庭における保護者等との生活を基本としつつ通所により生活指導と家庭環境の調整が行われる。この場合は，他の児童への配慮をしながら当該児童を学校が抱えていくという困難な仕事となる。児童自立支援施設から当該児童の状況について十分な説明を受け，連携協働しながら指導を行っていく体制を整えていくことが必須となる。チームワークそのものが当該児童にあたえる肯定的メッセージとなるため，チームワークは二重の意味で支援にとって重要である。それは村瀬（2002）が「非行に走る子どもの多くはバラバラで浅くうつろいやすい人間関係を家族生活をはじめさまざまな場面で経験し，人が協調しうるという可能性を知らない場合が少なくない。良きチームワークや連携を目の当たりにすることは『他人であっても，人間は信じ協調しうるものだ』と経験を通して実感する貴重な機会となろう」と述べている通りである。

ときに学校の抱える力が乏しくなっているような場合には，非行などの問題行動をする児童を学校で抱えることができず，児童自立支援施設への入所の要請など，児童相談所に別の手立てを求めることが出てくるかもしれない。ここで学校として覚えておきたいのは，入所をめぐるやり取りが，当該児童にとって家庭にも見捨てられ，学校にも見捨てられたという二重の意味での「**見捨てられ体験**」にならないように努めていきたいということである。当該児童にとっては児童自立支援施設への入所は，「さよなら」のない別れとなることも少なくなく，これまでの交友関係の「**あいまいな喪失**」（Boss, 1999）にもなりうると考えられるからである。もし児童が入所したならば，関係をそこで終えてしまうのではなく，「あなたを見捨てていないよ」というメッセージを伝え続けることも，児童の長期的な自立支援に寄与するものと言えるだろう。

見捨てられ体験：愛着の対象から見捨てられること，不条理な別離の体験。

あいまいな喪失：はっきりしないまま残り，解決することも，決着を見ることも不可能な喪失体験。

実際，児童自立支援施設入所児童への学校教育は，児童自立支援施設内に分校や分教室が設置されている場合がある。あるいは地域の実情を踏まえ関係教育委員会の判断により，地域の小中学校への通学がなされている場合もある。すなわち児童自立支援施設を有する地域の学区では，児童自立支援施設に入所してきた新しい顔ぶれの児童が一時的に学区の小中学校に通う可能性がある。これらの学校は，流動的で落ち着きのない状態が恒常化している学校であり，そのことが学校に二次的な問題を来している可能性があることも頭に入れておく必要があるだろう。これは児童自立支援施設に限らず，児童養護施設や母子寮などのシェルターを含む学区にも同様に当てはまることだと言える。

Ⅲ．家庭との連携

小学校児童の学校でのふるまいは，家族の接し方にたいへん影響を受けるため，児童の問題解決を支援する際は家庭と連携することが最も重要である。これまで各関係機関との連携について述べてきたが，それらの場合でも，保護者との連携が前提となる。たとえば，児童が不登校になっている場合，教師は子どもと直接会うことができない。家族と連絡を取り，保護者や学校が子どもにどう関わるかを相談しながら家族と協力して援助していかなければならない。また，子どもの不登校を親が自分の養育態度のせいにして自身を責めてしまい，不安が強くなり不安定になることも少なくない。このような時に教師はスクールカウンセラーと協働しながら親のサポートを行うことが必要であり，それが子どもの支援にもつながる。

子どもが小学校で問題行動を呈する時，それを解決するためには児童がどのようにその行動に至ったのかを理解する必要がある。このように子どもを捉える立場は，子どもの問題行動を性格のせいとして帰属させない考え方である。つまり，不登校に至ったのは「内気な性格」だから，非行に走ったのは「乱暴な性格」だからというように捉えな

いということである。このような子どもの問題行動は他者や環境との何らかの悪循環が累積して招いたと捉えれば，子どもへの関わり方を変化させることで解決が導けるという希望が生まれる。親の関わり方の変化は子どもが取る行動の変化につながると考えられるからである。よって，子どもの問題行動を理解する第一歩として，学校で表現されるその行動が家庭内でも同じように生じているのか，家庭ではどのような様子なのかを家族に訊き，情報を共有することが家庭との連携の始まりである。

例えば，小学校のクラスで攻撃的な行動をする児童が家庭ではおとなしくて親に非常に従順であったり，逆に家庭ではとても自己表現ができて活発な子どもが学校では場面緘黙であったりする。このような場合，保護者と教師は家庭と学校で子どもの行動が異なることを確認し，どのように子どもの行動変化を導くかについてコンセンサスを得ることが必要である。こういった情報共有の場では，親が感じている子どもの姿について語られるが，教師の見解と異なったとしても親の意見を大切にするべきである。そして，大切にしているという姿勢を表現し伝えることが親との連携における重要ポイントのひとつである。それは決して親の意見に迎合することを意味するのではない。教師は教育の専門家であるが，親はその子の父親，母親として唯一の養育の専門家である。よって，家庭との連携も専門家同士の連携であることにほかならない。このように，教師が親の気持ちや考え方を尊重する姿勢はおのずと親に伝わる。逆に教師が子どもの親に対して非難する気持ちがあれば，言葉でいくら「理解できます」と伝えても，非言語表現に表出してしまうリスクがある。

このように，子どもに対する捉え方が教師と保護者の間で異なる場合，どのように対応したらよいだろうか。子どもを支援するという目的は同じはずである。このとき，教師が保護者と連携するプロセスにおいて保護者の意見に迎合せず，尊重するというバランス感覚が求められるが，実際はそんなに容易なことではない。例えば，授業中に何度もトイレに行って手を洗うような強迫症状がみられる児童に対し，家庭では親が習い事を毎日させるように拘束していたり，遅刻が多く授業中に居眠りしてしまう児童に対し，家庭では親が生活習慣に無頓着であったりする。このような場合，教師は保護者の行動を理解できない。ネガティブな感情を抱くことも自然である。子どもの親に対してネガティブな感情を抱えながら，家庭との連携を継続していくことは教師にとっては非常に葛藤的な状況となる。このような時は決して一人では抱え込まず，スクールカウンセラーに相談すべきである。教師が親に対してネガティブな気持ちを持つとは，それだけ子どもに対して真剣な思いがあるからである。なので，教師は家庭と連携するプロセスで葛藤的状態に陥ったとしても，自分を責めることなく，他の学校スタッフの支援を遠慮なく求めることが，結果的に連携を促進させる。スクールカウンセラーや養護教諭などに保護者に直接関わってもらい，保護者と担任の間に入ってもらうこともできるだろう。子どもをより援助するためには多くの視点を得ることが望ましい。

ここで，教師が保護者と具体的にどのように連絡を取るかについて考えてみたい。まず，日常的な連絡方法として小学校では連絡帳がある。よって，保護者や担任教師が何か気づいたことや子どもの変化について，連絡帳を通して気軽に情報交換を行うことが可能になる。ここで，この連絡帳は子どもが運ぶことを意識し，使用方法を工夫した例を紹介する。これは「黒字ノート法」（小野，1995）と呼ばれるもので，学校場面で問題とされている子どもについて，保護者と担任の間で，子どもの良い部分，つまり「黒字」だけを記入したノートを交換するものである。このノートを運搬しているのは子どもなので，書かれている内容を見ることができ，それを読めば自分の行動の良い部分が教師と保護者の両者から褒められていることがわかる。それによって子どもの良い行動

は促進されるし，この「黒字」のやり取りによって，保護者と教師の関係も良好になることがすでに報告されている。

ワーク（考えてみよう）

1．外部関係機関と連携を始めるためには，最初に教師はどのような具体的行動を起こし，どのようなプロセスで外部機関とつながるのかを考えなさい。

2．児童の問題解決を支援するために複数の専門家が関わることになるが，その児童にとって触れられたくない部分や秘密をどのように扱えばよいかについて考えなさい。

3．連携をするために障害になることが生じた場合，どのように対処したらよいかを考えなさい。

ワーク（事例）

■事例 1

小学校３年生のタロウくんは，最近クラスでの様子がおかしい。なぜか落ち着かない様子でおどおどしていたり，授業中にぼーっとしていたりする。身なりもだらしなく，髪もぼさぼさなうえ遅刻も増えているので，担任が注意すると無表情にうなずくだけだった。タロウくんは日頃はおとなしいほうだが，友達とふざけあったりするような明るい面もよく見られたのだが，近ごろはなんだか沈んでいるように感じた。ある日，頬の部分に大きな痣をつくって登校したので，担任がびっくりして「どうしたの？」と尋ねると，「何でもない。転んだだけ」と不機嫌に答えた。その受け答えがいつものタロウくんにはない荒っぽさがあったため，担任は不安になった。そこで，スクールカウンセラーの来校日に相談してみたところ，「虐待が疑われるので早急の対処が必要かもしれません。まず副校長先生に状況を一緒に伝えましょう」と言われた。

副校長から校長と養護教諭にも伝えられ，担任とスクールカウンセラーも含めて今後の対応について協議した。この時，児童相談所への通報について校長はまだ早いと判断し，もう少し様子を見ることになった。一方，担任は親に連絡を取ることになり，タロウくんが最近学校で様子がおかしいことと顔にけがをしたみたいだが大丈夫かと母親に電話で尋ねた。母親は電話口で「タロウがだらしなくてすみません」と謝ったが，どこかよそよそしい感じだった。担任は「学校にはスクールカウンセラーがいるので何か困っていることがあったら相談してください」と話したが，興味を示さず早く電話を切りたい様子だった。

担任は無力感と焦る気持ちをかかえたまま１週間が経過した。タロウくんは今度は右目のまぶたが腫れ上がり目も開けられない状態で登校した。担任は「どうしたのか正直に話してほしい」と詰め寄ったところ，突然ベランダに走っていき２階から下に飛び降りようとした。クラスは大騒ぎになり，やっとのことで担任はタロウくんが飛び降りるのを食い止めることができた。学校では，この事態を深刻に捉え，児童相談所に通報することになった。

その後，児童相談所と児童福祉司で調査が行われ，タロウくんは児童相談所で一時保護されることになった。母親は虐待を認め，心療内科でカウンセリングを受け始めた。１カ月の一時保護の後，タロウくんは家庭に戻り小学校に復帰した。

解説：なぜ解決したのか？

タロウくんの問題は外部機関，つまり児童相談所との連携がなされなければ解決しない。つまり，どのように学校組織が児童相談所につなげていくかがポイントになる。学校側では，虐待への対応についての認識が教員間で異なるため，児童が虐待をうけているという確証がなければ児童相談所への通告に躊躇してしまう。しかし，確証がなくても疑いがある場合は通告する義務がある（児童虐待の防止等に関わる法律第６条）。虐待かどうかを判断するのは学校ではなく，専門機関である児童相談所なのである。教員はそのことを必ず知っておくべきであり，通告をためらわずに早期介入によって子どもやその家族を援助することが重要である。

タロウくんのケースでは，どのようなプロセスで連携に至ったのであろうか。まず，担任がタロウくんの様子がおかしいことに気付いたが，頬に痣を作ってくるまでは心配しながらも様子を見守っていた。おどおどしていたり表情が乏しかったり，衣服汚れていたり，入浴していない様子が見られる場合は虐待のサインとして要注意である。また，子どもによる攻撃的な言動や親が学校との接触を拒むときも，虐待を発見するときのサインとして挙げられている。担任はタロウくんが頬に大きな痣をつくってきた時にその理由を尋ねたが，返事がぶっきらぼうでとても不自然に感じたことから，最初にスクールカウンセラーに相談した。スクールカウンセラーはすぐに虐待を疑って管理職の教員と情報共有することになり，学校組織としてどう対応するかという判断を校長が行った。

このように，担任教師が児童の問題について学校組織内で共有する必要性を発見し，他の学校スタッフに状況を伝えることから問題解決の第一歩を踏み出すことになる。このケースの場合，校長判断でいったん児童相談所の通告を控えたが，前述したように，疑いがある場合も通告できることから，他の学校スタッフが通告を提案することもできた。一方，担任は家庭に連絡を入れたが，保護者はよそよそしい感じであり担任との電話を早く切りたい様子であったことから，児童の問題解決についての連携を取ることは困難であった。このような事態は，担任のやり方が悪かったから生じたわけではないため，家庭への介入は別の専門家が行うべきである。つまり，外部関係機関である児童相談所に通告し連携することになる。

タロウくんが目の上を腫らすという２度目のけがを担任が発見しその理由を質問したときに，ベランダから飛び降りようとしたタロウくんの問題行動を学校は深刻に捉えた。なぜけがをしたのかを言いたくても言えず，追い詰められたタロウくんの内的葛藤が表

出したのである。児童虐待はその事実に直面している子どもが自力では解決できない問題である。周囲の大人は，子どもがその事実を言及することが困難であることを十分理解して対応すべきである。タロウくんの場合，本当に飛び降りてしまったら大変なことになってしまうので，担任は静かな部屋でふたりになりタロウくんに尋ねることがポイントである。このときに内的な葛藤を言語化できなかったとしても何らかのメッセージを受け取ることは可能であり，そして言語化できた場合はその事実を秘密にしておくわけにはいかないことを丁寧に説明することが重要である。

■事例 2

小学校６年生のハナコさんは，最近学校を休みがちになってきた。１週間に１，２回ほど体調不良を理由に欠席する。担任が親に家での様子を訊いたところ，朝になると頭痛や腹痛を訴え，休むことになると家では具合が悪い様子もなく漫画などを読んで過ごしているらしい。担任も親も学校をさぼりたいための仮病ではないかと疑ったが，親はハナコさんを登校させることに対してそんなに熱意が感じられないのが気になった。

ハナコさんが学校に来た日，ハナコさんは絆創膏がほしいと言って保健室にやってきた。養護教諭は絆創膏を渡しながら「どうしたの？」と尋ねたところ，「引っ掻いたら血が出た」とハナコさんは答えた。そのとき，養護教諭はハナコさんの手に幾本もの傷跡を見つけた。「リストカットしてる？」と尋ねた時，「お母さんには絶対言わないで」と言い，ハナコさんは走って保健室を出て行ってしまった。養護教諭はこのことを担任に話し，スクールカウンセラーに相談した。ハナコさんはスクールカウンセラーに会うことをしぶしぶ承知した。

スクールカウンセラーはハナコさんに「リストカットを止めたいけど止められないんだよね？」と問いかけると，黙ってうなずく。スクールカウンセラーは傷が足にあることも発見し，そのことをハナコさんに指摘はしなかったが，早急に支援の必要性を感じた。「本気で止めるためには，心の治療をする必要があるから，そのためにはお母さんに話さないといけない。先生から話すけどいい？」と言うとハナコさんはうなだれていた。

スクールカウンセラーは担任や養護教諭，校長と副校長にも状況を伝え，親に学校に来てもらうことにした。親にはスクールカウンセラーと養護教諭が会い，事情を説明した。母親はとてもショックを受け，「最近あまりかまってやれないものだから」と言い泣いていた。スクールカウンセラーはハナコさんが自分を責めてリストカットしている可能性があるので，決して責めないことを母親に約束してもらい，医療機関を紹介することになった。そして，２日後に学校からの紹介状も渡した。

ハナコさんはお母さんに連れられ精神科のクリニックを受診した。精神科医からは不安が強いことや重度ではないがうつ状態にあることも診断され，ハナコさんは抗不安剤の服用をすることになった。担任は保護者の承諾を得，医師とアポイントを取ったうえで養護教諭と副校長と一緒に直接会い，学校での対応の仕方を相談した。医師からは「ハナコさんは今，淋しい気持ちになることが多いので，学校で先生方が声をかけること，疲れているようなら無理に登校させなくていいこと，ハナコさんの母親のサポートをすること」などのアドバイスを得た。その後，ハナコさんの傷は少しずつ減っていき，落ち着いた状態で小学校を卒業した。

解説：なぜ解決したのか？

学校を休みがちになる子どもの家での過ごし方とその子どもに対する家族の反応を知

ること，そしてその児童が学校に出てきた時の行動を担任だけではなく複数の学校スタッフで見て，背後にある問題に気付くことが解決への糸口となる。ハナコさんの場合は精神科での投薬治療につなげることができ，教師と医師の連携によって，ハナコさんやその家族への対応の仕方をコンサルテーションしてもらうことができた。

頭痛や腹痛などの体調不良を理由にしばしば学校を休むようになる児童に教員は遭遇することがある。親が学校に欠席の連絡を入れた後に症状が消失するため，親も教師も子どもが仮病を使っているのではないかと疑うことも多い。しかし，小学校児童というのは自分のこころの問題について言葉を用いて説明することが難しく，それらは身体化症状として表出することになることが多い。また，本当はそんな症状がなく仮病を使って学校を休んでいるのだとしたら，うそをつかなければいけない理由が存在するわけである。

ハナコさんの場合，養護教諭がリストカットを発見し，スクールカウンセラーにつないでくれた。そもそもハナコさんが絆創膏をもらいに養護教諭のもとに行くという行動は，もしかしてリストカットを発見してほしかったのかもしれない。「お母さんには言わないで」という彼女の秘密をスクールカウンセラーには話すことについて承諾してもらい，校内での連携を取ることができた。その後，スクールカウンセラーとの面接では「リストカットをやめたくてもやめられない」という本質的な問題を心の専門家として明らかにし，「心の治療」が必要であることを伝えたうえで，そのためには親に話すことついて本人の合意を得ることができた。もちろんこの事実は担任にも伝えられたが，校内における集団守秘として，ハナコさんに関わる学校スタッフがチームで秘密を守ることになった。

まず，家庭と連携するために保護者には学校に来てもらった。スクールカウンセラーは「自分を責めてリストカットを行っている」というハナコさんの苦しい心の状態を説明し，彼女を責めないことを約束してもらい医療機関の受診を勧めた。学校は紹介状を渡して医療機関にスムーズにつながるように努め，ハナコさんの治療が開始できるようになった。

精神科医の診断や投薬治療について保護者から知らせてもらい，保護者の了承のもと学校側も学校での対応を訊きに医師とアポイントを取った後，複数の教員でクリニックを訪れた。不安が強くうつ状態にあるハナコさんへの対応について具体的なアドバイスをもらい，学校に持ち帰って学校組織内で役割分担して支援を行うことができた。担任はハナコさんが休んでも登校刺激を与えず，登校したときには複数の教員で見守りながら声掛けを行い，保護者のサポートはスクールカウンセラーが定期的な面談を行った。このように，ハナコさんの心の状態を安定させる支援を医療機関と連携しながら継続することによって，結果的にリストカットが軽減していったことになる。

参考・引用文献

Boss, P. (1999). *Ambiguous loss—Learning to live with unresolved grief.* Harvard University Press.（南山浩二（訳）(2005).「さよなら」のない別れ　別れのない「さよなら」—あいまいな喪失　学文社）
福島里美 (2008). 他機関との連携　吉田克彦・若島孔文（編）小学校スクールカウンセリング入門　金子書房　pp.68-79.
花田里欧子 (2003). 紹介状の書き方　若島孔文（編）学校臨床ヒント集—スクール・プロブレム・バスター・マニュアル　金剛出版　pp.187-189.
久保順也 (2009). 学校と家庭・各種機関との連携　宮前理（編）子ども理解とカウンセリング　八千代出版　pp.59-75.
窪田由紀・向笠章子・林幹男・浦田英範 (2005). 学校コミュニティへの緊急支援の手引き　金剛出版

村瀬嘉代子 (2002). 非行臨床に求められるもの　臨床心理学，2, 143-145.
内閣府 (2013). 平成 25 年版　子ども・若者白書
野口修司・斉藤暢一朗 (2008). 家族との連携　吉田克彦・若島孔文（編）小学校スクールカウンセリング入門　金子書房　pp.55-67.
小野直弘 (1995). こころの相談―カウンセリングを超える新技法　日総研出版

コラム❈column

小学校における多様な主体による取り組み

赤木麻衣・三道なぎさ

小学校における教育相談は，これまで中学・高校と比較すると注目されることは少なかったが，近年は発達障害などの概念が広まったことにより，多様な主体との連携した取り組みが活発になっている。小学校における教育相談の内容を概観すると，発達障害についての相談が最も多く，次いで不登校や集団不適応などについてが多いという報告もある（渡邊・生島，2006）。中でも発達障害は，多くの場合小学校までの段階で発覚すると言われている。そのため小学校の教育相談では，子どもや保護者に対する心理的支援だけでなく，**特別支援教育コーディネーター**等と連携を取り，学内外と協働して専門的で実践的な支援を行うことが求められている。こうした流れを受け，現在では，小学校においても，学内外での相談体制の充実や連携体制の確保が積極的に行われている。

1．学内外での相談体制の充実

子ども・若者総合相談センターは，地方公共団体が子ども・若者育成支援に関する相談に応じ，関係機関の紹介その他の必要な情報の提供・助言を行う拠点として設けるものである。また，発達相談支援センターは，各都道府県・指定都市に設置され，乳幼児から成人までを対象に，発達の特徴によるいろいろな暮らしにくさについて，共に考え関わりあいながら成長を促す場所として位置づけられている。こうした施設では，発達障害などを持つ子どもの家族への相談・支援，関係機関・施設への支援だけでなく，本人・家族と支援者とのネットワークづくりや関係機関との連携による支援体制の推進，普及啓発活動が行われている。

また，学内における取り組みとしては，特別支援教育コーディネーターや**ことばの教室**の設置などが進められている。

2．各相談機関の連携確保

現在では，小学校入学の際には，事前に行われる健康診断時に発達障害の早期発見に留意することが発達障害者支援法により定められており，多くの小学校で個人面談において子どもの状態や心配事の有無等を保護者に確認することとなっている。その際何か発達や情緒の面など心配なことがあれば小学校の教諭が聞き取りを行い，必要と判断されれば，上に挙げた発達相談支援センターや定められた医療機関など，適切な相談・支援機関を紹介することが推奨されている。また，入学前の説明会などで，ことばの教室や，発達相談支援センターの紹介を行うことで積極的に啓発活動などを行っている学校も少なくない。こうした啓発活動や，特別支援教育コーディネーターやスクールカウンセラーが窓口となってすみやかに学内外と連携を行う仕組みを定めておくことで，より迅速で適切な支援が可能となるだろう。

しかし，小学校へのスクールカウンセラーの配置は現時点では義務づけられておらず，ことばの教室などの設置状況も市町村によってまちまちなのが現状である。適切な人材が適切な支援を行うことができるよう，多様な主体が速やかに連携できる仕組みを築くことが求められるだろう。

参考・引用文献

渡邊舞子・生島浩 (2006). スクールカウンセラーによる軽度発達障害への支援に関する研究　福島大学総合研究センター紀要，1, 41-47.

特別支援教育コーディネーター：特別支援教育の推進のため，学内外との連絡調整の窓口として位置づけられる役割をもつ。文部科学省により各学校の教員から一人を指名することが義務づけられている。

ことばの教室：発達障害や言語障害による学習上または生活上の困難を主体的に改善・克服するために設置される通級指導教室のこと。学校教育法により規定・制度化されている。

コラム❈column

フランスの学校心理士制度

ニコラ・タジャン（立木康介訳）

フランスの学校心理士制度が誕生したのは，1944年8月末，フランス解放とド・ゴール将軍のパリ入城の数日前のことだった。フランス共和国臨時政府（GPRF）において，アンリ・ワロン（Henri Wallon, 1879-1962）が国民教育省事務局長となり，青年・スポーツ担当官にルネ・ザッゾ（René Zazzo, 1910-1995）を任命した。ザッゾは，パリ大学心理学研究所（1920年設立の心理学学位授与機関）の学位プログラムに教育学が加えられるよう働きかけ，1946年10月には，セーヌ県（パリとその周辺地域を含む18世紀末以来の行政区画（1968年に廃止され，パリ市と三県に分割された））において，7名の学校教諭が学校心理士のポストに指名され，問題を抱える児童を支援し，学校のオリエンテーションに関与する任務に就いた。7名ということは，学校心理士ひとり当たり600人から800人の生徒を受けもつ計算だ。しかし，このパリでの実験は，ルネ・ザッゾが共産党員であったことを理由に，1954年9月13日，新任のセーヌ県教育長によって廃止された。

学校心理士制度の次なる飛躍は，1958年の学校教育改革を機に訪れた。この改革に伴い，1960年5月8日の回覧文書において，学校心理士の身分が規定されたからだ。1975年には，学校心理士の数は1,500名にのぼり，さらに1980年代末には3,000名に達した。この数字は，その後，現在に至るまで一定している。1985年7月25日，心理士の職は法律による保護の対象となり，また1989年には，学校心理士国家資格（DEPS）が確立された。1990年4月9日以来，学校心理士は問題児童支援ネットワーク（RASED）の枠組みの中で活動を行っている。

今日，「学校心理士」は「国民教育心理士」になった。つまり，他の心理士とは完全に異なる，小学校で働く心理士として公式に認定されたのである。学校心理士は少なくとも3年の職歴をもつ初等教育教員であり，かつ，心理学学士保有者でなくてはならない。加えて，学校心理士は例外なく，学士過程において2年間の追加研究を行った経験をもつ。というのも，全ての学校心理士がDEPSもしくは修士号のどちらかを保有しているからだ。要するに，いかなる学校心理士も，仕事をはじめる以前に，5年間の研究を積んできたのであり，そのうち2年が心理学の専門的研究に，3年が教育経験に充てられたわけである。

2013年現在，学校心理士の育成には3つの大学が取り組んでいる。ボルドー大学，パリ第五大学，およびリヨン大学である。パリ第五大学を例にとれば，学校心理士の育成課程は講義，個別指導研究，論文，および学校での研修から成る。2つのセメスターにわたって，これらが月曜から木曜までの各曜日に振り分けられ，金曜日に研修が入る。2004年に同大学で実施されたアンケートの結果によると，1人の学校心理士が受けもつ地区には2,000人の児童がいるという。7割の児童が，両親に連れられて初回面接に訪れる。学校からの依頼により両親がカウンセリングの手続きをはじめるケースが8割に上るが，その理由は分離不安であったり，学校での問題や登校拒否であったりする。1年間に，学校心理士は約97件のケースを受けもち，27例の報告書つき心理テストを行っている。

フランス全体で見ると，1年間に学校心理士が担当する専門的鑑定は90,000件，学業困難や精神的苦痛を伴うケースは310,000件にのぼる。

第11章

カウンセリングの理論と技法

石井佳世・石井宏祐・松本宏明

Ⅰ．さまざまなカウンセリングの理論

カウンセリングや心理療法には，実にさまざまな考え方がある。**カウンセリングや心理療法**は，むろん魔法の杖ではない。固有の人間理解の理論や方法を持つそれぞれの考え方の間には，時に矛盾もある。教員として学ぶ限り，問題や子どもの理解や対応の引き出しを増やすぐらいの心構えが適当かもしれない。

多々あるカウンセリングや心理療法の考え方を効果的に活用するには，各アプローチの特徴をつかみつつ，子どもやその置かれた状況，また，教員自身の資質，それぞれを照らし合わせ柔軟に活用していく姿勢が必要となる。

カウンセリングと心理療法：カウンセリングをロジャーズが提唱した自己の成長・発達を援助する総合学，心理療法を特定の理論を前提とするものと区別する場合もあるが，本章では両者を互換的に用いる。

1．精神分析的心理療法

ひとことでいうと，「無意識」の発見が，精神分析の最大の功績である。人間のこころを「無意識」と「意識」とで成り立つ存在と位置づけ，その関係性から「こころの問題」を捉えた。20世紀の社会や学問に大きな影響を与えた存在として，精神分析の右に出るものはおそらくない。各カウンセリング理論も，有形無形の影響を受けている。

精神分析の創始者**フロイト** Freud, S. は，開業医であり，精神分析理論は**ヒステリー**の患者の治療経験から見出された。その仮説は，①患者の症状とは，無意識に抑圧され意識することが苦痛な欲望（性的なものなど）が形を変え表出されたものである，②抑圧された葛藤などが表面化，意識化されることで，症状は解消に向かう，とまとめられる。また，フロイトは，無意識的で快楽原則に基づく**イド**，現実原則に基づく**自我**，道徳原則に基づく**超自我**からなる心的構造論を提唱した。イドと超自我の「調整役」を担う自我に生じる葛藤を和らげ，心の安全を確保するしくみが，「抑圧」や「否認」などを例とする**防衛機制**である。

フロイト以降，精神分析は批判も含め，実に多様な発展を遂げた。例えば日本ではユング Jung, C. G. による分析的心理療法がよく知られる。これはフロイト同様無意識に着目しつつ，無意識を個人に還元せず集合的に捉え，肯定的な可能性にも焦点をあてる。

標準的な精神分析治療は，1週間に数回，数年単位で行われる。もちろん学校では不可能である。とはいえ精神分析は，実は教育相談の基礎の一つともいえる。なぜなら精神分析こそが，子どもの成長に際し子どものこころを理解することが必要だ，という「常識」をつくったからである。そして，見えない子どものこころを理解するために，精神分析が着目したのは，子どもの言動や行動であった。大人には一見理解しがたい子どもの行動に着目することで子どもを理解するという視点は，教育相談には不可欠である。この「常識」をつくったのが，精神分析である。

フロイト，S.：自由連想を促すことで治癒をする精神分析を確立。医学だけでなく，現代思想や文学，芸術などにも影響を与えている。

ヒステリー：現在の診断名としては，解離性障害や身体症状症が該当するとされる。

イド：「快楽原則」に基づく，人の精神エネルギーの源泉。

自我：イドの上に存在。「現実原則」に基づき，理性的にイドをコントロールする。

超自我：「道徳原則」に基づき，ルールや道徳観などを自我とエスに伝える。

防衛機制：その他防衛機制の例として，自分にない名声や権利に自分を近づけようとする「同一化」や満たされなかった欲求を理論化して自らを納得させる「合理化」などが挙げられる。

2．クライエント中心療法

カウンセリングという用語は，もともとアメリカでの職業相談の文脈から始まった。

それを現在用いられているようなこころの相談という考え方へと広めたのが，アメリカのカール・ロジャーズ Rogers, C. R. である。

ロジャーズ理論の始まりは，クライエントに「指示をしない」非指示療法であった。その特徴として，**繰り返し**，**感情の反射**，**明確化**などの技法が挙げられる。その後，ロジャーズ理論は，クライエント中心療法と呼ばれる発展を遂げた。その人間観の特徴は，人間の成長可能性に多くの信頼を置く肯定的人間観にある。

実際にクライエントに関わる際の姿勢として，「無条件の積極的関心」「共感的理解」「自己一致」が重視される。いいかえると「クライエントの話をよく聴き，クライエント自身の感じ方や生き方に寄り添っていけば，クライエント自身が気付き成長していくことができる」という考え方である。ロジャーズが患者ではなく，クライエント（来談者）という言葉を用いたのも，そのあらわれである。ロジャーズにとってこの「無条件の積極的関心」「共感的理解」「自己一致」という３条件は，カウンセリング場面に限らず人間関係を促進する重要な要因と位置づけられている。

ロジャーズは晩年，世界平和への関心を深め，**エンカウンターグループ**と呼ばれる集中的なグループ体験を重視した。これは人間中心療法としてのロジャーズの理論的な発展を集団場面に適用したものである。ロジャーズ理論は日本でもなじみ深い。とりわけ教育現場でも早い段階からその浸透がみられ，「カウンセリング・マインド」（受容的な気持ちという意味。これは日本における造語である）という言葉も普及した。「構成的グループエンカウンター」も，日本独自の発展である。

ロジャーズ：クライエント中心療法の創始者。人間に自己実現する力が自然に備わっていると捉える肯定的な人間観は，多方面に影響を与えた。

繰り返し：相手の言葉をよく聞いて，それをそのまま繰り返すこと。

感情の反射：相手の気持ちを受け止め，それをそのまま返すこと。

明確化：相手が言葉にしていないが，潜在的に気付いていることを言葉にすること。

エンカウンターグループ：ロジャーズにより開発された，人間的成長・自己洞察・対人技能の向上を目的としたグループ体験。

３．行動療法

目に見えない「こころ」ではなく，客観的に測定可能な行動に焦点をあてる心理療法の総称が行動療法である。その中でも，特に応用行動分析理論は行動療法実践の基礎をなしているといわれている（山上，2007）。

応用行動分析では，問題行動を学習の結果として捉え，新しい学習をしなおすことによって問題の解決を目指す。問題のために困っていることが減るように，生活の中の具体的な行動を変えていく。学習してしまった問題行動を消去する方向性と，問題行動の代わりに違う行動を学習する方向性がある。

言語的なやりとりを重ねることや，認知の変容を目指すことが難しい小学生にとっては，具体的な行動の学習を通して変化を目指す応用行動分析は，とりわけ有用である。

応用行動分析を適用したプログラムとして，ティーチャーズ／ペアレントトレーニングがある。このティーチャーズ／ペアレントトレーニングでは，教師や保護者が，子どもがすでにしている好ましい行動に光をあてる一方，制止するほどでもない好ましくない行動は，あえて大目にみる（スルーする）。親の対応を「交通整理」するティーチャーズ／ペアレントトレーニングの視点により，より穏やかに平和的な関係のもと，子どもの行動の変容を目指すことができる。

４．プレイセラピー（遊戯療法）

子どもは言葉で気持ちや考えを表現することが難しい。むしろ気持ちや考えは行動にあらわれることが多く，とりわけ遊びにおいて象徴的に展開される。プレイセラピーは遊びを言葉の代わりに用いる心理療法である。特定の心理療法学派の理論をベースにしたものではなく，さまざまな立場に立脚したものがある。しかし学派は違っても，基本的態度には共通しているものがある。特に**アクスライン Axline, V. M. の８つの基本原理**は，しっかりと理解しておきたい。原則的に，遊具の豊富なプレイルームで，決められ

アクスラインの８つの基本原理：①よい治療関係を成立させる，②あるがままの受容を行う，③許容的雰囲気を作る，④適切な情緒的反射を行う，⑤子どもに自信と責任をもたせる，⑥非指示的態度をとり，治療者は子どもの後に従う，⑦治療はゆっくり進む過程であるからじっくり待つ，⑧必要な制限を与える。

た時間内で行う。子どもはプレイセラピストとともに自由に遊ぶことができる。自由な遊びを通して，子どもの内的世界やコミュニケーションパターンを見立て，同時にストレス発散やアンビバレントな感情の統合など治療的効果もねらうのである。

子どもがプレイセラピストから受け入れられていると感じ，プレイルームを安全な場だと感じることができると，日常のさまざまなパターンを自発的に表現するようになる。考え方や感じ方，振る舞いやコミュニケーション（いつものやりとり）が表現されてくる。これらのパターンを話し言葉の代わりに受け止めることが大切である。

5．家族療法とブリーフセラピー

家族療法の焦点は，家族を中心とする「関係性」である。こころの問題を個人ではなく，家族というひとまとまりの結びつきで捉える。それを「家族システム」という。家族療法では，家族システムを構成するメンバーの関係性そのものが治療対象となる。

家族システムを切り取る視点の違いから，家族療法は大きく３つに分けられる。１つ目は「家族のかたち」に着目する構造派であり，家族間における結びつきや境界を問題の焦点とする。２つ目が「家族の歴史」に着目する多世代派であり，世代を超えて連鎖する家族間の病理的な融合からの個人の分化が目指される。３つ目のコミュニケーション派では，家族間で展開されるコミュニケーションのパターンに介入する。このように家族療法は，問題の所在を個人から「ひと」と「ひと」との関係性やコミュニケーションに転換した。また近年，語りに焦点をあてるナラティヴ・セラピーが着目された。これも家族療法の発展である。

関係性に焦点をあてる家族療法の考え方を推し進めると，ブリーフセラピー（短期家族療法）の考え方に行き着く。ブリーフセラピーでは，家族や個人が問題や困難を解く力や可能性をもともと持っていると考える。ブリーフセラピーを大きく分けると，問題への解決努力の「悪循環」に介入するMRIアプローチと，問題パターンから外れた「例外」を拡張する解決志向アプローチという２つの考え方がある。この両者の統合モデルが二重記述モデル（長谷川，2005）である。

われわれは，子どもの中に問題があると捉える考え方に，知らずに馴染んでいる。しかし，無意識に囚われているこの考え方が，実は問題解決を妨げている場合も少なくない。このようなとき，関係性に焦点をあて，子どもがもともと持っている可能性に着目する家族療法やブリーフセラピーの考え方が役にたつ。

6．その他の心理療法

クライエントの身体に働きかける心理療法としてEMDR（Eye Movement Desensitization and Reprocessing；眼球運動による脱感作と再処理法）や動作法，また，今ここでの体験や気づきに着目するゲシュタルト療法や，交流分析の考えに基づく再決断療法など，多様なものがある。また動作法のほかにも，日本独自の心理療法として，森田療法や内観療法などがある。

心理療法は複雑化や細分化が進む一方，効果研究の進展などを背景に，心理療法の統合や折衷という考え方が注目されつつある。精神分析や家族療法，クライエント中心療法，認知行動療法，これらの共通点を見出そうという考え方である。その際，客観性やデータが重視される証拠に基づくエビデンスと，語りや主観的体験を重視するナラティヴという２つの考え方が軸となる。このとき両者を対立的に捉えるのではなく，エビデンスにも主観的，ナラティヴも客観的な要素を含むという相補的な視点が重要と考えられる。

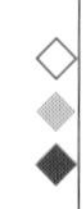

悪循環：問題への解決努力がかえって問題の維持に寄与してしまうこと。全ての問題を悪循環として捉え，原因追及でなく，問題が維持される仕組みを見つけ，それを変化させることを目指す。

MRIアプローチ：ブリーフセラピーの研究を進めている米国のMRI（Mental Research Institute）研究所が始めた。ジェイ・ヘイリーなどの臨床家が関わった。

例外：問題にまつわる人がすでに持っている解決のカケラ。問題が起きるはずなのに起こらない場合や問題が起きているのに少しマシといった場合，問題から比較的自由でいられる場合などを全て例外と捉え，良循環へと膨らませていく。

Ⅱ．予防開発的アプローチ

「生徒指導提要（改訂版）」（文部科学省，2022）では，生徒指導を児童生徒の課題への対応を時間軸や対象，課題性の高低という観点から２軸３類４層構造に類別，構造化している。また，教育相談も４層構造に対応して，「発達支持的教育相談」「課題予防的教育相談：課題未然防止教育」「課題予防的教育相談：課題早期発見対応」「困難課題対応的教育相談」に分類されている。予防開発的アプローチは，そのうち「発達支持的教育相談」「課題予防的教育相談：課題未然防止教育」，すなわち２軸における常態的・先行的（プロアクティブ）な先手型の教育相談活動を行う上で有用である。

ひとくちに小学校６年間とはいっても，言語能力や認識力が育まれつつも幼児期の特徴を残す低学年から，物事をある程度対象化して認識することができる高学年へとその変化は劇的である。予防開発的アプローチは，それぞれの考え方を取り入れつつ学校向けのアレンジがなされており，教員としても，子どもの発達段階を考慮し導入することが大事である。

1．構成的グループエンカウンター

エンカウンターとは「出会い」を意味する。エンカウンターグループとは感情の交流を通し，自分や他者がかけがえのない存在であると気付き，自己や他者を理解し，他者との関係を築くことを目的とするグループ活動である。学校現場で用いられることも多い。エンカウンターグループにはベーシックエンカウンターグループと構成的グループエンカウンターの２種類がある。プログラムが定型化されている，短時間でできる，などの利点により比較的熟練者でなくても実施しやすいことから，日本の教育現場では構成的グループエンカウンターが行われることが多い。

構成的グループエンカウンターは，エクササイズとシェアリングの過程からなる。実際の活動であるエクササイズのプログラムはカウンセリングの理論に則って作られており（自分への手紙，いいとこさがし，サイコロトーキング，心の花束など多数），年齢やグループの成熟度，目的に合わせて選択される。シェアリングとは，エクササイズの後に行われる気づいたことや，感じたことを語り分かち合う時間である。構成的グループエンカウンターではシェアリングの実施が成功のかぎとされ，大事にしたい。また，十分時間が取れない場合には，エンカウンターの理念を活かしたショートエクササイズも用意されている。

エクササイズには，子どもがゲーム感覚で簡単に楽しく参加できるものも数多くあり，低学年でも活用可能である。担任を中心とする学級集団作りや行事に合わせてなど，年間計画に対応した形での導入や活用も可能である（詳しくは国分（1992）を参照）。

2．ソーシャルスキル・トレーニング

ソーシャルスキルとは「社会技能」という意味であり，対人場面におけるコミュニケーションスキルのことである。人は，周囲の人との関わりの中で，自然とソーシャルスキルを獲得していくと考えられる。例えば表情の表出や読み取り，身振りや視線の向け方，対人距離の取り方，会話の進め方（話し手だけではなく聴き手を含め），これら全てがソーシャルスキルである。

ソーシャルスキル・トレーニング（SST）は，ソーシャルスキルの自然な獲得に困難さを抱える人を対象に，ソーシャルスキルを身に付けることを目的に行われる。SST は，個別に行われる場合と，集団場面で行われる場合がある。基本的な過程としては，教示，

モデリング（実演や映像による観察学習），**ロールプレイ**（日常生活場面などを想定した役割演技），フィードバック（行動を焦点化し特に良かった部分を伝える），ホームワーク（課題を実際の現実場面で試してきてもらう）といった流れを経ることとなる（渡辺，1996）。

また，発達障害が疑われるような児童の場合，もともとの障害特性に加えて，対人関係を通じた自尊心の低下などの**二次障害**が深刻な問題となる。このとき，ソーシャルスキル・トレーニングの導入による対人関係の改善が，子どもの自信や自己イメージの回復の手がかりとなりうる。

ロールプレイ：実際のカウンセリングや生活の場面を想定し，役割を決めて行う模擬演習のこと。

二次障害：もともと持っている障害への不適切な対応が原因となって引き起こされる二次的な困難さや問題。

3．アサーション・トレーニング

ソーシャルスキルの一つにアサーションがある。アサーションとは和訳すると「主張」であるが，適切に自己主張，自己表現をするトレーニングがアサーション・トレーニングである。自分の気持ちは表現するが，相手の気持ちを考えずに攻撃的に自己主張をしたり，自分の意に反したことでも相手の気持ちを過剰に気にしすぎるあまり，自分の気持ちを表現することなく受け入れたりするのではなく，自分の気持ちも相手の気持ちも大切にしながら，適切に表現することを目指す。ロールプレイを取り入れるなど小学生向けのアサーションを実践した報告（高橋ら，2013）もあるので，活用してみてはどうだろうか。（詳細は本書姉妹編『中高編』を参照。）

4．ストレスマネジメント教育

ストレス状態は誰にでも起こるものであり，生きていくうえで次々と降りかかる現象である。ストレスにどのように対応していけばよいかを学ぶことは，生涯を通して重要な課題であるが，特に子どもはストレス対処法の種類が少なく，ストレス耐性が低いと言われている（大野，2005）。ストレスマネジメント教育は，ストレスとは何かを知り，自分のストレス反応に気づき，リラクセーションなどのストレス対処法を体験的に学ぶなどの過程で行われる。特に，言語化が難しくストレス反応が身体症状として出現しやすいと言われる子どもにとって，ストレスと上手に付き合っていく方法を学ぶことは重要であるといえる。（詳細は本書姉妹編『中高編』を参照。）

5．さまざまな問題に関する心理教育

以上のような対人的スキルの獲得を基盤とし，学校現場でみられる諸問題を予防することを目指す心理教育もある。それぞれのテーマに関する心理学的知見を獲得し，リラクセーションやロールプレイ等を用いて体系的に実施することが効果的であるとされる。テーマとしては例えば，アディクション（依存症）予防（薬物乱用防止，ゲーム障害防止等），いじめの未然防止，自殺予防，精神疾患（うつ予防），性教育，性の多様性，インターネットリテラシー等が挙げられるだろう。

近年，低年齢からのゲームへの依存が問題視されている。2019 年，ゲームへの依存はゲーム障害として正式な診断基準として明記されており（ICD-11），今後，ゲームの有害な使用に対する心理教育はますます求められてくることが予想される。

6．その他

教員が表に立って何かプログラムを実施するだけではなく，子どもが安心して学校生活を過ごせるような環境づくりや小さな配慮は，それ自体が一つの予防開発的アプローチであるといえる。主に自閉スペクトラム症の子どもに実施される物理的・視覚的な手

がかりを用いた構造化の試みであるTEACCHプログラムは，その一例である。子どもをトレーニングするのではなく，子どもの特性に合わせた環境づくりをするアプローチもまた重要なものである。

TEACCH（training and education of autistic and related communication handicapped children）：自閉症のために米国で開発された援助プログラム。中身をあらわすイラストを箱に貼る，あるいは次に行く場所を言葉だけでなく写真を用いて提示することは，構造化の一つの例である。

Ⅲ．カウンセリングの姿勢・着目点・技法

教育相談において児童や保護者と関わる際，教員という立場から，それぞれの心理療法やカウンセリングの考え方をどう活用できるのだろうか。教育相談場面とは，もちろんカウンセラーが行う心理療法場面そのものではない。しかし，クライエントに対する姿勢や着目点，そして技法には，児童や保護者と関わる際に活用できるものが含まれている。ここではブリーフセラピーの考え方を中心に，児童に関わる際に手がかりとなりうるものをいくつか紹介する。

1．傾聴（共感と受容の姿勢できく）

共感はクライエント中心療法によって重視される，カウンセリングにおける基本的な姿勢である。共感的理解はクライエントが体験しつつある感情やその個人的な意味づけをカウンセラーが感じ取ろう，理解しようと努めることである。クライエントの内的な世界をあたかも自分自身のことのように感じ，かつ相手と一緒になって感情が揺らいだり，巻き込まれたりしないように努めることが重要である。

共感的理解は傾聴によって促進される。傾聴とは文字通り，クライエントのことばに熱心に耳を傾けることである。クライエントの語りに好奇心を持ち，敬意の念を抱きながら，簡単には理解できないと一方で感じながらもどうにか理解したいと耳を傾けるのである。そのような姿勢で傾聴を行うと「（その気持ちは）分かります」というセリフは簡単には出てこないように思う。むしろ「分かる」と言った瞬間に共感から遠のく感覚があるかもしれない。そして相手を理解しようと努めることは相手のありのままを受容することにつながっていく。

傾聴は相手の語りを「聴く」ことであり，カウンセリング場面で重視されているが，同様に「訊く」ことも重要である。「訊く」は相手に関心を持って質問をするコミュニケーションである。「聴く」と「訊く」は切り離せず，クライエントから語られるストーリーや人生に好奇心や関心を持って「訊く」ことは「聴く」ことにつながるものである。また，姿勢やアイコンタクトなど非言語側面では「聴く」ことをしながらも言語側面では「訊く」ことで，２つの「きく」を同時に行うことも往々にしてある。

児童や保護者との面談においては，ともすれば「きく」ことより「伝える」ことに重点が置かれがちではあるが，そのような場面においてもこの２つの「きく」を心がけることは重要であると考えられる。

2．無知の姿勢

子どもと関わる際のスタンスとして手がかりとなりうるものに，**ナラティヴ・セラピー**の基本的な姿勢である「無知の姿勢」がある。「無知の姿勢」に基づく子どもの理解とは，子どもについて何か実体として把握する作業ではない。重視されるのは，セラピストとクライエントによる新しい意味の「協働制作」であり，違った何かを生み出す作業である。セラピストは純粋な好奇心に動かされて，クライエントとともに対話を続けることで，新たな空間が生まれる。その人の人生の専門家はその人自身であるという人間観がそこにはある。クライエントこそが問題の専門家であり，セラピストは，クライエントに教わりつつ，対話のプロセスを促進する会話のパートナーと位置づけられている。

ナラティヴ・セラピー：クライエント自身の語りや会話の力を重視する新しい心理療法の流れの総称。

特に教師の場合，子どもに対し，どうしても意識せずとも期待をかけてしまうところがある。そして子どももまた，教師の期待に沿って行動しやすい。これが，**ピグマリオン効果**と呼ばれるものである。教師役割として，子どもに対し，何らかの評価や先入観を排除することは，実際にはなかなか難しい。しかし教師としての立場を前提としつつも，あえて子どもとの会話やその意味に焦点をあてた「無知の姿勢」を大事にして子どもと関わることとは，子どもにとっても新たな驚きとなり，ひいては，子どもが自身の新たな可能性を発見する手がかりとなりうるのではないか。

ピグマリオン効果：教師の期待の有無が子どもの知能の増加に影響すること。Rosenthal, R. & Jacobson, L.（1968）による実験で明らかにされた。

3．リソース

子ども自身の力やその周りにある使えるもの全てが，可能性としてのリソース（資源）となりうる，と考えてみよう。何か問題が生じた時，子どものパーソナリティの成長，スキルの獲得，短所の補強や新たな学習，反省と償いなどが必要だと考えることが多いだろう。しかし，一方で，問題が起こることが予想されるときに，「どういうわけか」そうならなかったときが確かにあるはずである。

そのようなとき，問題が起こっていない場面とは，どのような時間，どのような場所，何をしているときか，どう問題に対処したときか，周囲の人はどうしているのか，これらを子ども自身や家族に尋ねていく。すると，子ども自身や家族が今すでに何があり，何を身に付け，何を残しているのか，つまり解決に関わるリソースが見えてくる。リソースは，子ども自身がもともと持っている内的リソースや，環境や活動などの外的リソースに分けることができるが，外的／内的にこだわらず，活用しうる資源としてのリソースへの着目が，解決構成の手がかりとなりうる。

例えば小学生の場合，バーグ Berg ら（2003）は，例外やリソースを尋ねるときには，子どもが具体的に理解できるように，人形や動物，季節の行事，スポーツや映画などの視覚イメージを用いることが手がかりとなりやすいと指摘している。

4．コンプリメント

コンプリメントとは，「賞賛」とも訳されるように，直接にはカウンセラーの相談者に対するねぎらいや，励ましの言葉をさす。しかし，コンプリメントは，単に子どもを直接的にほめることではない。ほめるという行為には，往々にして教師の価値判断を伴う。一方コンプリメントとは，教師の立場からではなく，あくまで子ども自身のすでに持っている力を信じたうえで，その力を引き出す手がかりとなりうる関わりとしての「賞賛」である。

したがってコンプリメントとは，「すごい!!」とか「よくがんばっているね」とねぎらったりするような直接的なものだけではない。例えば子どもが何かを達成した時，「どのようにして，そうできたの？」あるいは「そうすること／そういうことがどうして正しいと分かったの？」と子どもに尋ねてみよう。すると子どもは，驚きの表情とともに，「なーんだ，そんなことも先生知らないの？」と言いつつ，子ども自身がどのように自分や周りのリソースを活用しているのか，生き生きと教えてくれるのではないだろうか？　このように，いわゆる「無知の姿勢」に基づき尋ねることも，実は**間接的なコンプリメント**である。大事なことは，このような質問が，教師が子どもの力を信じたうえでの，純粋な好奇心に基づくことである。もしも教師の質問にほんの少しでも皮肉のような口調を読み取ったならば，たちどころに子どもは口を閉ざしてしまうだろう。

間接的コンプリメント：クライエントの肯定的なものを含む質問や暗示する質問。クライエントが自分自身の長所とリソースを発見して述べる点が，直接肯定的反応を伝える直接的コンプリメントよりも好ましいとされる。

また，教師の場合，カウンセラーと違い子どもとの役割関係が明確であるが，コンプリメントはこの関係を壊すものではない。もともとの役割関係が前提としてあるからこ

そ，教師の純粋な好奇心に基づくコンプリメントは，子どもにとって心地良い驚きを持って受け入れられうるのではないか。

5．円環的質問法

例えば家族であれば，家族成員それぞれに，他の家族の関係について述べてもらう質問法である。不登校の子の母親に，子どもの不登校について父親（夫）がどう思っていると思うかを質問することで，関係性についての認識を把握することができる。

また，家族それぞれの認識を家族が共有することにも大きな意味がある。触れられてこなかった話題に触れることにもなり，家族の変化を促す作用もある。

円環的質問法はミラノ派家族療法の技法であったが，家族療法のさまざまな立場（学派）の統合の動きの中で，現在は特に解決志向ブリーフセラピーの間接的コンプリメントとも親和性が高い。不登校の子どもが別室登校を始めた際，母親に対して，子どもが別室登校に踏み出せたのは，子どもにどんな力があったからだと父親（夫）が思っていると思うかを質問することは，子どもに対する間接的なコンプリメントとなるのである。

このように小学生の場合は，認識の共有よりも間接的コンプリメントとして奏功することが多い。

6．協調の三型

教師が問題と感じていても，子どもは問題だと感じていないことが，ままある。問題に対する認識が，子どもと教師とではそもそも基本的に異なっていることは肝に銘じるべきだろう。

問題解決に際する子どもとの関係性について，ブリーフセラピーの立場からは，セラピーに対する動機づけの高さを基準に，**カスタマータイプ（顧客）**，**コンプレイナントタイプ（不満を訴える人）**，**ビジタータイプ（呼ばれてきた人）**という分類がなされる。カスタマータイプの関係では，クライエントとセラピストは，共同で問題とそれが解決された状態を明確にしていく。一方，コンプレイナントタイプの関係では，クライエントは自分以外の人に問題の所在を見出し，自身は問題と無関係だと訴える。またビジタータイプの関係とは，クライエントとセラピストが，取り組む訴えや目標を協力して明確にできない関係である。

カスタマータイプ，コンプレイナントタイプ，ビジタータイプ：ただし，これらはクライエント個人の特徴を示すものではなく，クライエントとセラピスト間の関係についての分類である。

重要なのは関係を見立ててそれに合った関わりをすることである。カスタマータイプの関係では，本人が今後どうしていきたいか，どうなりたいかなど積極的に話し合っていくことが有効だが，別の人が問題だと訴えるコンプレイナントタイプの関係ではうまくいかないだろう。その場合，状況を把握する観察眼を活かして問題がどのようなときに起きているのか，少しましなときはあるのかなど観察してもらうことが解決へのカギとなるかもしれない。問題がないと訴えるビジタータイプの関係では，それにもかかわらず話し合いの場に来てくれたことをコンプリメントすることが重要である。

また，これらのタイプは必ずしも固定的なものではない。解決像を共に描いていける関係はカスタマータイプだが，ビジタータイプやコンプレイナントタイプのクライエントであっても，面接を進めるうち，カスタマータイプへと変わりうるのである。

小学生では，コンプレイナントタイプが関わる際の手がかりとなる場合が多い。「先生，○○ちゃんが～～するの」というよくある訴えである。このような訴えに際し，２つの可能性を考慮する必要がある。一つは，訴えた本人自身に，実はカスタマーとしての問題解決の思いが隠れている場合である。もう一方は，教師に訴えているコンプレイナントタイプの児童以外に別のカスタマータイプになりうる児童（困っている児童）が隠れ

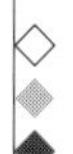

ている場合である。訴えの背後にあるものに対し注意が必要である。

7．非言語的コミュニケーションへの着目

カウンセリングは「ことば」によって行われるものが多い。「ことば」は言語だけでなく非言語を含む広義の「ことば」である。非言語的コミュニケーションとは，表情や姿勢，沈黙やイントネーションなどである。このような非言語的コミュニケーションは一見内容のない，あまり意味のないコミュニケーションと考えられがちである。実は非言語的コミュニケーションも多くのことを伝えるコミュニケーションであるといえる。言語的コミュニケーションによって話されている内容は同じでも，同時に発せられる非言語的コミュニケーションが異なると，違うメッセージとなって伝わることがあるからである。例えば，児童に「もうしなくていいよ」と言うとき，笑顔で穏やかに語りかけるのか，あきらめの表情でつっけんどんに言うのかによって，子どもは本当にしなくてもいいと感じていると受け取ったり，本当はしてほしいという願いが秘められていると受け取ったりするだろう。あまりに言語的な内容と非言語的コミュニケーションに矛盾があると，混乱したり，裏を読む癖がついてしまったりとネガティブな影響があることがある。非言語的コミュニケーションがどのようなメッセージを伝えうるか，配慮することが重要である。

8．システムという視点

なぜ学校場面で**システム**という考え方を取り入れるのか。その利点は，子どもにまつわる問題をむしろ本人自身に起因しない視点から理解することが，解決や新たな可能性の手がかりとなるからである。学校や家族とは，単に組織や人の集合としてのシステムではない。問題を解こうとする結びつきとしてシステムを眺める見方が大事なのである。

例えば子どもが学校システムにおいて不適応を抱えているケースでは，子ども自身，担任，学年主任，教頭，養護教諭，スクールカウンセラーなど本人にまつわる全てが問題を解こうとしているにもかかわらず，うまくいかない不幸な事態とも位置づけられる。これは，それぞれの立場で問題を解こうとすることでかえって問題を維持してしまう悪循環となっている事態である。このときシステムを構成する誰か特定の成員を問題と捉えて原因を追究するのではなく，何が悪循環となっているのか，その問題を維持する仕組みを判断したうえで，それとは少し違うことを試みて悪循環を切断したり，少しでも悪循環に陥っていないときを見つけてそれを拡張し**良循環**を構成していったりできるのが，システムの視点を取り入れるメリットである。

システムという視点を採るとき，私たち自身をシステムに含めて考えることも重要である。家族を私たちが見立てるとき，教育者としては当然のことながら家族と関わりながら見立てていくことになる。そうであるならば実は私たちは，家族を見立てる観察者にはなりえない。なぜなら私たちもまた家族に影響を与え，影響を受ける参加者なのであり，客観的な観察者であることは不可能だからである。

この視点を採用すると，クライエントに変化がみられない場合，例えば，変わりにくい柔軟性に欠けるクライエントである，という見立ては妥当性を失う。クライエントの変わりにくさに援助者が影響しているかもしれないからである。

望ましい変化がみられないとき，相手の問題にとらわれるのではなく，自らの援助のあり方を振り返ることは変化の大きなきっかけとなるのである。

システム：家族療法においては，問題を捉える際の単位。個々の要素（あるメンバーや，ある出来事）を単位とするのではなく，それらの要素が関連しあい全体として形成されるシステムを単位として考える。

良循環：悪循環の対義語は好循環であるが，ブリーフセラピーではこれを良循環と表現している。良い変化も悪循環と同様に，循環しながら維持・促進されていくと考える。

9．多方向への肩入れ

学校では，複数を相手に教育相談を展開することも少なくない。例えば母親と母親に連れてこられた学校不適応の児童，問題行動を起こした児童の両親，友達関係でトラブルを抱えた児童同士などである。複数の相手と話を進めるとき，相手の意見が対立していることも往々にしてある。母親は教室に引っ張ってでも行かせたいのに対して別室登校から自分のペースで登校を始めたい児童，父親の厳しい関わりをよく思わない母親，お互い自分が悪口を言われていると思っている女子児童など，多くの例が挙げられるだろう。

このようなとき，面接者が片方にコンプリメントをすることは，もう一方にとっては自分が否定された，自分には共感してもらえないと感じてしまうことにつながりかねない。例えば，少し学校に目が向き始めた娘を母親の前でコンプリメントすると，母親は「でもまだ以前のように教室には行けていないのに」と自分の心配や焦りを分かってもらえないと感じることもあるだろう。また，両親と合同で面接する際にも，自分が共感しやすいどちらかに偏った肩入れをしてしまったり，意見が異なる両親の間で板挟みになって話が進まなくなってしまったり，ふたりの対立を非難してしまったりすることは避けたい。両親が同席に応じたということは，共に子どものことを何とかしたいと思っているということである。意見が異なっていても，より抽象度の高いレベルでは，「何とかしたい」という想いが一致しているのだと捉えたい。

複数の相手と面談をするときはそこへの配慮が必要不可欠なものとなる。**ナージの文脈療法**では「多方向への肩入れ」という姿勢を提唱している。「多方向への肩入れ」にはただ単に中立の立場を維持するのではなく，積極的に両者（その場にはいない関係者も含めて）に味方，肩入れすることの重要性が示されている。

Ⅳ．カウンセリングのトレーニング

これらのカウンセリングの姿勢や手法を身に付けるためには，知識を得るだけでなく実践が必要である。また，面談をどう進めるべきか，関わりはこれでよかったのか，など悩むこともあろう。そのようなとき，抱えている事例を関係者で検討することで気付きや新たな示唆が得られることが多い。以下に事例検討やカウンセリングのトレーニングの工夫について紹介する。

1．ツイン・リフレクティング・プロセスとその応用

ツイン・リフレクティング・プロセスとは，北ノルウェーのアンデルセン Andersen, T. を中心としたトロムソ・グループによって開発された**リフレクティング・プロセス**を参考にした**コ・スーパーヴィジョン**の一手法である。事例検討とカウンセリングの技術向上のためのロールプレイの２つの機能を兼ね備えている。ツイン・リフレクティング・プロセスとその応用については，本書姉妹編『中高編』にて詳述している。

2．ロールプレイの工夫

保護者と児童に対する面接など，家族面接に役立てるためのトレーニングとして，モレノ Moreno, J. L. の**心理劇**をアレンジした手法が石井（2012）により提案されている。この手法では家族の日常場面と合同面接場面の２つの場面を参加者が演じることにより，家族面接のトレーニングをすることを目的とする。詳しい手続きやメリットは，本書姉妹編『中高編』に記載されている。

ナージの文脈療法：文脈療法はナージ（Boszormenyi-Nagy, I.）が創始した家族療法の一つ。家族システムだけでなく，家族成員個々の精神内界や歴史的文脈も射程に入れ，個人と家族の両システムへのアプローチを統合したものである。

リフレクティング・プロセス：家族療法ではワンウェイミラーを用いて家族とセラピストの面接を隣室から臨床家チームが観察するが，アンデルセンは臨床家チームの話し合いの様子を家族からも観察できるようにした。この面接の方法をリフレクティング・チームと名づけ，のちにリフレクティング・プロセスと改称した。

コ・スーパーヴィジョン：指導者（スーパーヴァイザー）が被指導者（スーパーヴァイジー）の臨床心理的行為について指導を行うスーパーヴィジョンを同僚同士で行うもの。ピア・スーパーヴィジョンと同義。

心理劇：モレノが創始した集団心理療法。即興劇を通して個人の内面の洞察や行動変容を促すことを目的としている。

3．インシデントプロセス法の応用

インシデントプロセス法とは，発表者がごく簡潔なインシデント（出来事）を報告し，参加者が質問によって事例の概要を明らかにしていきながら事例検討する方法である。

- 事例発表者は自分の困っているケースについて発表する。ケースに関する資料は作成しなくてもよい（作成したとしても，ごく簡潔なものにとどめる）。
- 参加者は発表を聞き，質問をし，見立てと支援方法について考える。
- 司会者は留意点の説明や，タイムキーパー等含め，司会進行を行う。
- 手順としてはまず事例発表者が簡潔に事例の提供を行い，参加者が事例提供者に質問，情報収集を行う。

この際のポイントは事例提供者がこの検討会でどのようなものを得られたらよいか，など目標を明確にすることである。次に３名～５名のグループに分かれて話し合いを行う。発表者はオブザーバーとして参加する。最後に，話し合いの結果をグループごとに発表し，振りかえりを行う。

メリットとしては，以下の４点が挙げられる。

１）事例提供者はあえて「見立て」や「今後の方針」を発表しないで済む

困っているケースでは見立てや方針が考えられなくて困っていることが多い。通常の事例検討会では，自信のない中，自身の見立てや方針について発表しなければならず，それを評価される感覚があり，さらに自信を喪失することもあるが，この手法ではそれを極力抑えることができる。また，参加者（グループ）の立場では，提供者の見立てや方針にしばられることなく，見立てや方針について考えることができる。

２）事例提供者にとってのゴールを明確にすることができる

このことで事例提供者がグループに話し合ってほしい内容を指示することができる。心理療法の一派である解決志向ブリーフセラピーでは，カウンセリングにおいてクライエントがどうなりたいのか，そのゴールを設定することが重要だと考えられている。参加者が質問をする中で事例提供者にとってのゴールを明確にしていく過程は，カウンセリングにおけるゴールセッティングと類似しており，ゴールセッティングのトレーニングになると考えられる。

３）参加者にとって，より能動的な情報収集のトレーニング，「見立て」や「方針」を考えるトレーニングになる

参加者は各々の見立てや方針を考えるために質問をすることになり，これは面接を進めるトレーニングにつながるものである。また，情報収集の質問は参加者全員で行うため，一人が集団の前に出てロールプレイを行うより抵抗が少ない。

４）事例提供者はオブザーバーとしてグループの話し合いを聞く

ツイン・リフレクティング・プロセスと同様に，きいてすぐ反応しなくてもよいため，内省が促進されるという効果が生まれる。

4．事例検討会の工夫

事例検討会を行う際，その場には当該事例の児童や保護者はもちろん参加していない。しかし，あたかもその場に当該児童や保護者が参加しているかのように事例検討していくことが，意外とプラスに働くことが多い。すなわち，事例検討会で交わされるやりとりを当該児童や保護者が聞いている前提で進めていくことで，限られた時間での検討が実際のやりとりと乖離することなく，リアリティをもったものになっていくのである。支援者にとって常識的な見解に基づく自然なやりとりであったとしても，当該児童や保

護者に聞いてほしくないようなやりとりは，実際の関わりにおいては残念ながら役に立たないことが少なくない。

もちろん教師同士が情報を共有する中で，痛みを分け合ったり率直な意見交換を行ったり抑えられた思いを吐露したりする時間もとても大切である。しかし事例検討の工夫の一つとして，あたかもその場に当該児童や保護者が参加しているかのように進めることは，有効な工夫の一つである。

ワーク（考えてみよう）

1．生徒指導とカウンセリング，どのように違ってどのように同じなのだろう。

2．プレイセラピーで子どもと遊ぶとき，どんなことに気をつけるといいだろう。

3．意見が異なる両親ふたりと話をしているとき，気をつけることとはなんだろう。

ワーク（事例）

■事例1

幼い子どもとの言語面接：

小学2年生の花子さんは学校から足が遠のいて1週間です。5月のゴールデンウィーク明けに，風邪で欠席したのをきっかけに，登校しぶりが続いています。そこで担任の鈴木先生はある日の放課後，花子さんと母親に小学校の相談室まで来てもらうことにしました。

相談室は教室の半分ほどの広さがあり，校舎の入口からほど近くに位置しており，職員室や教室と少し離れている印象もあることから，人目が気になる児童や保護者にとっては相談しやすい場所でした。

鈴木先生は，もしかしたら花子さんは来校できないのではないか，と思っていました。担任になってまだ日が浅いものの，引っ込み思案の印象があり，来校の勇気は出せないかもしれないと思っていたのです。しかしこの日，花子さんは時間通りにお母さんと来校することができました。

鈴木先生は，もし花子さんが来校できたら心がけようと思っていたことがありました。

それは花子さんの言葉を広く捉え意識して受けとめるということでした。花子さんは引っ込み思案の印象はありますが，それは表現上の傾向であり，いろいろと思いや考えをもっている子であるという印象もあったからです。

花子さんと母親との三者面談が始まると，花子さんはお母さんが話をしている間じっと聞いています。「ねっ」とあいづちを促されると子どもらしいはにかんだ笑顔を見せますが，それ以外は真剣に耳を傾け，考えている様子なのでした。

そこで鈴木先生は花子さんの考えを聞いてみることにしました。「お母さんが今，詳しく話してくれました。花子さんのことをとても大事に思っていることが伝わってきたし，花子さんがこれからどうしていこうか迷っている様子も分かった。花子さんはどんなふうに考えているかな。お母さんの話に付け足すこととか，説明したいこととかあるかな」

花子さんは「んー」「えー」とじっと考えていました。その間，口を挟みたくなるのを我慢し，花子さんの代わりに話してフォローしようとしてくださる母親を丁寧に抑えながら待っていると，最後に「学校，大丈夫」と答えたのでした。次の日からまた休まず登校できました。

解説：なぜ解決したのか？

小学２年生くらいの児童だと，カウンセリングではプレイセラピーが採用されたり，また保護者面接に重心が置かれたりすることが多い。語彙も少なく，言葉で気持ちを表現することもまだ難しい年齢だからである。

しかし時には言語面接も可能である。重要なことを自ら口にすることで，現実構成が動き始める勢いは，大人よりもむしろ子どもの方が強いかもしれない。

鈴木先生は，花子さんの言葉を無理に引き出そうとはせず，言葉を広く捉え，受けとめようと心がけていた。この待つ姿勢も花子さんにとって，よかったのだろう。花子さんが母親の話に真剣に耳を傾けている様などを受けとめたうえで，花子さんの意見に関心を寄せる鈴木先生の態度は，花子さんに安心感を与えたことだろう（ただし時として言葉を引き出すためにじっと待たれるというのはプレッシャーにもなるものである）。

また，「んー」「えー」と花子さんが考えているとき，周囲の大人は「沈黙が続くと，本人が心苦しく思うのではないか」とか「自分が味方になってやらなければ」と感じ，フォローのつもりでつい先読みして口を挟んでしまうことが多い。普通，人の発言に割り込んで自分の話をするというのは「申しわけない」という気持ちもありなかなかできないものであるが，「んー」「えー」といったいいよどみの間投詞は内容がある発言ではないので，割り込みやすいものなのである（石井，2005）。しかしこの「えーと」「あのー」という間投詞にはさまざまな意味があり，これから発言するよ，そのために考えているよ，といった発言権維持の意味合いもある。間投詞の意味合いを適切に見分け，それに応じてフォローしたり待ったりを決めることが，子どもとの言語面接においては特に必要になる。

■事例２

発達障害のある子の苦労に思いを寄せる：

自閉スペクトラム症のたけし君は小学４年生。学校でいつも落ち着きがなく，新しく担任になった先生はびっくりしてしまいました。障害の知識は持っています。しかし障害を意識すればするほど，うまく関われなくなる自分を感じ，もどかしく思うのでした。

そこで先生はたけし君の母親にアドバイスをもらうことにしました。すると「障害を独特な工夫が必要な“制限”と考えています。そう思うと，よく自分で工夫をうみだしているなあ，誰も教えていないのに，とむしろ頼もしく思えるのです。いつもそんなふうに思えるわけではないですけどね」とのアドバイスを受けました。

これを機に，先生はたけし君のさまざまな工夫が目にとまるようになったとのことです。もし仮に障害がなければしなくてもすむ工夫を，たけし君は一生懸命にしているのだと考えるようになり，以前は戸惑うばかりだったたけし君の言動にも，時には感心したり，応援したり，尊敬したりすることができるようになったということでした。

例えば，たけし君はいつもと違うことが起こったとき，パニックになってしまうことがよくありました。そういうときはパニックになる前に，目と耳を押さえながらうずくまるような行動がみられました。以前の先生は，このときに落ち着くことができれば，きっとパニックに至らずにすむだろうと思い，うずくまるたけし君に声をかけ落ち着かせようとしていました。しかし,かえってたけし君はパニックに陥ってしまうのでした。今ではうずくまることがたけし君の工夫だと考え，思う存分うずくまることができるように，周りの子に働きかけるようになりました。するとたけし君は徐々に落ち着きを取り戻し，パニックに至らずにすむようになったのです。

解説：なぜ解決したのか？

短期家族療法の MRI アプローチの事例であり，またリフレイムも重要な役割を担っている。リフレイムとは再意味づけのことであり，意味づけが変わることにより現実が違って見えてくることを指す。

障害を独特な工夫が必要な“制限”と捉えるリフレイムによって，先生の障害観は大きく変わり，たけし君への印象もガラリと変わった。奇妙な言動として捉えていたことも，大事な工夫として見ることができるようになっていったのである。

先生はずっと，うずくまるたけし君に積極的に関わることでパニックを予防できると考えていた。しかしこれが悪循環になっていたのである。こういった悪循環を見立てそこに介入するのが MRI アプローチである。先生は悪循環に気づき，うずくまるたけし君が納得のいくまでうずくまることができるように援助法を大きく変えた。これが奏功したのである。このように問題が維持されているとき，自分自身が悪循環を維持していることに気づくことはなかなか難しい。困ったときに母親にアドバイスを求めるような柔軟な先生だったからこそ気づくことができたのだと思われる。

参考・引用文献

Berg, I. K. & Steiner, T. (2003). *Children's solution work*. Norton.（長谷川啓三（監訳）(2005). 子どもたちとのソリューション・ワーク　金剛出版）
Boszormenyi-Nagy, I. & Sparks, G. (1973). *Invisible loyalties*. Harper and Row.
Boszormenyi-Nagy, I. & Krasner, B. (1986). *Between give and take*. Harper and Row.
DeJong, P. & Berg, I. K. (2008). *Interviewing for solutions* (3rd Edition). Thomson Higher Education.（桐田弘江・玉真慎子・住谷祐子（訳）(2008). 解決のための面接技法：ソリューション・フォーカスト・アプローチの手引き〈第 3 版〉 金剛出版）
長谷川啓三 (2005). ソリューション・バンク―ブリーフセラピーの哲学と新展開　金子書房
平木典子 (2000). 自己カウンセリングとアサーションのすすめ　金子書房
平木典子 (2008). カウンセリングの心と技術―心理療法と対人関係のあり方　金剛出版
平木典子・中釜洋子 (2006). 家族の心理―家族への理解を深めるために　サイエンス社
石井宏祐 (2009). ブリーフコーチング―子どものリソースに目を向ける　児童心理，**63**, 41-45.
石井佳世 (2005). えーと，あのー：間投詞の臨床語用論　現代のエスプリ（特集：臨床の語用論 I），**1454**, 51-59.
石井佳世 (2012). 家族療法的トレーニング―ツイン・リフレクティング・プロセス，インシデントプロセス法の応用とロールプレイの工夫　日本心理臨床学会第 31 回秋季大会抄録集，740.

国分康孝 (1992). 構成的グループエンカウンター　誠信書房
三澤文紀・久保順也・石井佳世・花田里欧子 (2005). ツイン・リフレクティング・プロセスという新しい事例検討の方法　東北大学大学院教育学研究科臨床心理相談室紀要，13, 101-113.
文部科学省 (2022). 生徒指導提要改訂版　東洋館出版社
日本家族研究・家族療法学会（編）(2003). 臨床家のための家族療法リソースブック―総説と文献105　金剛出版
岡堂哲雄（監修）(2005). 現代のエスプリ別冊臨床心理学入門辞典　至文堂
大野太郎 (2005). 家庭・学校におけるストレスと促進・緩和要因　竹中晃二（編）ストレスマネジメント―「これまで」と「これから」　ゆまに書房　pp.75-95.
Rosenthal, R. & Jacobson, L. (1968). *Pygmalion in the classroom.* Holt, Rinehart & Winston.
高橋真理・川崎尚子・斉藤ふくみ (2013). アサーショントレーニングによる児童の自己主張行動の変化について　茨城大学教育実践研究，32, 132-149.
渡辺弥生 (1996). ソーシャルスキル・トレーニング（講座サイコセラピー）　日本文化科学社
山上敏子 (2007). 方法としての行動療法　金剛出版
山中寛・冨永良喜編 (2000). 動作とイメージによるストレスマネジメント教育〈基礎編〉　北大路書房

コラム※column

小学生の「ゲーム」の問題とその対応

加藤高弘

1980年代以降，ゲームは急速に家庭に普及し，今では，据え置き型，携帯型，オンライン型など，あらゆる多様性をもたらしながら，多くの人々を魅了している。

平成22年度の内閣府の調査によると，小学生のゲーム機の所有状況は，ほぼ1人1台（約94%）の割合で普及し，いわゆる「楽しい」「気晴らしになる」「みんなと一緒にできる」ゲームが，小学生の日常生活の中にも浸透しているといえる。

しかし，子どもにとって魅力的なゲームも，その使い方を誤ると，いわゆる「**ゲーム依存**（嗜癖）」と呼ばれる問題が，特に，青年期の若者を中心に指摘されており，一部の小学生の間にもこれが認められているという。

一般的に，小学生の時期は，社会規範や生活習慣等を身に付ける時期に当たるが，昨今，ここまで普及しているゲームの習慣についても，将来のトラブルを防ぐためには，早期から適切な習慣を身に付けさせることが望ましく，家庭や学校が協力して取り組んでいく課題の一つといえる。

さて，「うちの子どもがゲームをやめられない」という親の相談を受けた時，教員としてできることをいくつか挙げるとすると，まず，その家庭にゲームのルールがあるかどうかを確認することであろう。参考までに，上記の内閣府の調査の続きを見ると，ゲームの使用についてルールを設けている家庭は6割台半ば（64%）とされ，4割弱（36%）の家庭では，そうしたルールがそもそも設けられていないという。この割合は，例えば30人学級のうち約10人がルールのない状態でゲームをしていることになり，意外と見過ごせないポイントの一つといえよう。

また，ゲームに夢中になっている子どもの心の中では「ゲームをいつまでも続けていられない，でも，あと1回だけ……」という葛藤が生じていることが少なくない。これは「**両価性**」と呼ばれる心のメカニズムの一つで「分かっているけど，やめられない」状態をいう。この時，大人が子どもの片方の気持ちだけを取り上げて「いい加減にやめなさい」や「あとちょっとだけよ」と伝えても，大抵は，反発をまねいたり，いつまでたってもやめられなかったりすることが多いようである。そこで，大切なポイントのもう一つは，子どもの心の中に「ゲームを『したい』けど『やめたい』」という両方の気持ちがあることを理解し認めてあげることである。

そして，その理解に立ったうえで，ゲームと適切に付き合うためにはどうすればいいのかを子どもと協力しながら考えていくことが大切である。なお，現実的なルール作りの前提としては，1日の基本的な生活習慣（食事，睡眠，宿題等）に要する時間を計算し，そこで残った時間の一部を，ゲームの時間に当てることが望ましいであろう。

参考・引用文献

内閣府 (2011). 青少年のインターネット利用環境実態調査 https://warp.da.ndl.go.jp/info:ndljp/pid/12927443/www8.cao.go.jp/youth/youth-harm/chousa/net-jittai_list.html

---

ゲーム依存：長時間ゲームに没頭してしまい日常生活や心身のバランスに支障をきたす状態を指す。

両価性：例えば「ダイエットしたいけど，おいしいものも食べたい」「節約したいけど，贅沢もしたい」等，一つの対象に対して相反する感情を抱くことをいう。

コラム column

教員加配を活用した学校不適応児への支援

三道なぎさ・高橋恵子

昨今学力低下の問題が注目されるなか，文部科学省は，小学生の基礎学力の保障のため，少人数指導や習熟度別指導といったきめ細かな指導を行う学校に対し，教職員の**教員加配**を措置している（文部科学省，2013）。この取り組みは，基礎学力の保障だけでなく，不登校児や学校不適応児への支援にも活用されることが期待されている。東京都教育委員会（2012）が，小学校長を対象に，「小学校１・２学年児童の学校生活への適応状況」および「教員加配に関わる効果検証」について調査を行ったところ，小１児童の不適応状況が発生した学校の割合は，20 年度が 23.9％に達していたが，教員加配を実施した平成 22 年度は，18.2％，23 年度は 19.0％に減少しており，教員加配の有効性が示されている。

筆者らがスクールカウンセラーとして勤務する小学校でも，教員加配を活用した学校不適応児への支援に積極的に取り組んでいることから，ここで別室登校から教室へ行けるようになった事例を紹介したい。約半年間不登校状態だった小学６年生のＡ子は，スクールカウンセラーの勧めで週５日別室登校できるまでになったが，教室へは一度も行くことができなかった。別室でＡ子は，折り紙，手芸，簡単な復習プリントなどをしながら過ごし，休み時間や給食の時間には，訪れた級友と楽しそうに会話をしているが，級友が教室へ行こうと誘うと必ず断っていた。ある日，スクールカウンセラーが級友の誘いを断る理由を尋ねると，Ａ子は「教室へ戻ってみんなと同じように授業を受けたい気持ちがあるけれど，自信がない。みんなが今，教室で何の勉強をしているかなんて全然分からないし」と話した。これまで学校は，Ａ子が毎日学校へ来ていることだけで十分頑張っていると評価し，Ａ子が勉強をしたがらなかったこともあって，特に勉強をさせるような働きかけはしていなかった。そこで，Ａ子が教室へ行く勇気がもてないのは，勉強に対する自信のなさからではないかと考え，学校と話し合い，Ａ子に加配教員をつけて，手の空いた時間を中心に勉強を教えてもらうことにした。加配教員との勉強は，Ａ子のペースで進めてもらえることや，「お楽しみの時間」（加配教員と一緒にＡ子のしたいことをする時間）などの工夫を取り入れたことから，Ａは楽しく勉強を進めることができた。約３カ月でクラスの学習内容に追いつき，その頃からＡ子は，級友の誘いに応じるようになり，徐々に教室へ行くことができるようになっていった。このように，学校，スクールカウンセラー，加配教員が連携して対応することが，学校不適応児への支援には有効であろう。

教員加配：公立学校の教職員定数（義務教育標準法に基づき学校数や学級数に応じて一律に算定される）に上乗せして文部科学省が非常勤の教員（加配教員）を配置すること。

参考・引用文献

文部科学省 (2013). 平成 25 年度版 子ども・若者白書
東京都教育委員会 (2012). 小１問題・中１ギャップの予防・解決のための「教員加配に関わる効果検証」に関する調査の結果について http://www.mext.go.jp/b_menu/shingi/chousa/shotou/084/shiryo/__icsFiles/afieldfile/2012/08/09/1323488_5.pdf（2024 年 1 月 23 日閲覧）

第12章

進路指導の理論と方法

吉中　淳・高綱睦美・中村　修

Ⅰ．進路指導とキャリア教育

1．進路指導とは

みなさんは進路指導という言葉にどのようなイメージを持っているだろうか。みなさんの中には，進路指導とは，中学校または高校の3年の後半になって，教師が生徒の進学先や就職先を割り振る活動のことであるという風に理解している人もいるかもしれない。本書は小学校における生徒指導・進路指導・教育相談を対象にしているが，このように理解している人からみれば，卒業後は中学に進学することに決まっている小学校段階においては，果たして進路指導の活動の余地などあるのだろうかと疑問に思うかもしれない。また，日本語の「指導」という言葉の持つ語感に引きずられて，教師が生徒本人の意向を無視して，一方的に進学先や就職先を強制することが進路指導であると理解している人もいるかもしれない。もちろん，それは誤解である。

進路指導における「指導」とは，生徒指導同様に英語の「**ガイダンス**（guidance）」という言葉の訳語であり，ガイダンスは，自己指導能力の育成を目指す活動である。自己指導能力は1996年に中央教育審議会答申で示された「**生きる力**」とも共通する考え方で，単に進路の選択に留まらない。ガイダンスという考え方が本邦に本格的に導入されたのは終戦直後の教育改革期だが，アメリカで当時，影響力のあったロジャーズの来談者中心療法の影響を強く受けている。つまり，進路指導においても，主役は生徒（≒来談者）であって，教師はそのサポートをする脇役に過ぎないという考え方がとられている。また，究極的な目標を来談者の自己実現におくという点も共通している。したがって，教師が進路先を強制するという在り方は進路指導が目指す方向とは180度違っているのである。実際，文部省（現，文部科学省）が1983年に示した学校教育における進路指導の定義は以下のような内容となっている。

> 進路指導は，生徒の一人一人が，自分の将来の生き方への関心を深め，自分の能力・適性等の発見と開発に努め，進路の世界への知見を広くかつ深いものとし，やがて自分の将来の展望を持ち，進路の選択・計画をし，卒業後の生活によりよく適応し，社会的・職業的自己実現を達成して行くことに必要な生徒の自己指導能力の伸長を目指す，教師の計画的組織的，継続的な指導・援助の過程である。

この定義から確認されるのは，教師に求められているのは，あくまでも生徒の**自己指導能力**の育成の伸長を目指した指導・援助であるという点である。具体的な進学先や就職先を割り振ることだとは書かれていない。むしろ，それをしてしまっては，生徒の自己指導能力の育成を阻害する恐れすらあるという点には注意を払う必要があるだろう。

ガイダンスの観点に立って進路指導を推進する立場からは，卒業間近になってから，進路先を割り振るようなやり方を批判的に「出口指導」と呼んできた。それに対し，「出

ガイダンス：Jones（1963）によればガイダンスとは「賢明な選択と適応をなすために個人に与えられる援助」であり，「ただし，自己指導能力（self-direction）の発達を促す」ように行われるとされる。

生きる力：「確かな学力」「豊かな人間性」「健康・体力」のいわゆる「知・徳・体」を柱に，「自分で課題を見つけ，自ら学び，自ら考え，主体的に判断し，行動し，よりよく問題を解決する資質や能力」といった内容が定義の中で言及されている。

自己指導能力：生徒指導提要改訂版（2022年）では，「生徒指導の目的を達成するためには，児童生徒一人一人が自己指導能力を身に付けることが重要です」「児童生徒が，深い自己理解に基づき，『何をしたいのか』，『何をするべきか』，主体的に問題や課題を発見し，自己の目標を選択・設定して，この目標の達成のため，自発的，自律的，かつ，他者の主体性を尊重しながら，自らの行動を決断し，実行する力，すなわち，『自己指導能力』を獲得することが目指されます」と記述されている。

口指導で何が悪い」という反論もなされてきた。曰く，出口指導をしなければ卒業後に路頭に迷うではないかと。だが，論点は卒業間際になってから出口指導をすることの是非にあるのではない。卒業間際になるまで放置して自己指導能力の育成をしないことの是非にこそ本当の論点がある。進路指導の定義に「教師の計画的組織的，継続的な指導・援助の過程」とあるように，卒業前に生徒が自分自身で自分の進路を決定できるだけの自己指導能力を身につけることが間に合うように，中学校なり高校なりに生徒が入学した時点から，生徒に対する進路指導を計画的にスタートさせなければならないのだと発想を切り替える必要がある。いや，それどころか，中学校入学時点まで待たなければいけないという理由もない。求められているのは「自己指導能力の育成」であって，「進路の決定」に限定されているわけではないのだから，小学校の時点でできることはむしろどんどん推進することが望ましいのである。

2．進路指導からキャリア教育へ

このように，専門家や文部科学省の考える進路指導のあるべき姿と，一般の人たちの考える進路指導との間にギャップが存在することは長年にわたり問題視されてきた。

ガイダンスの立場に立つ側からはそのギャップを埋めるための努力がなされてきたものの，一度，強固に浸透してしまった誤解を解くのはなかなか容易ではなかった。進路指導からキャリア教育に衣替えをしたのは，この問題と無縁ではない。2011（平成23）年の中央教育審議会答申においては「進路指導のねらいは，キャリア教育の目指すところとほぼ同じ」「一方，進路指導は，理念・概念やねらいにおいてキャリア教育と同じものであるが，中学校・高等学校に限定される教育活動である」と記載されている。平成23年度の「中学校キャリア教育の手引き」（文部科学省，2011）では，図1のような関係が示されている。

そして，2017～2019（平成29～31）年告示の学習指導要領には，「児童（生徒）が，学ぶことと自己の将来とのつながりを見通しながら，社会的・職業的自立に向けて必要な基盤となる資質・能力を身に付けていくことができるよう，特別活動を要としつつ各教科（・科目）等の特質に応じて，キャリア教育の充実を図ること。（その中で，生徒が自ら（自己）の（在り方）生き方を考え主体的に進路を選択することができるよう，学校の教育活動全体を通じ，組織的かつ計画的な進路指導を行うこと。）」と，キャリア教育の「中」に進路指導が位置づけられていることが明記された。

：2017（平成29）年告示小学校学習指導要領第1章の第4の1の（3）。（　）内は中学校・高等学校学習指導要領の相当箇所にのみある記述。

それでは，進路指導よりもキャリア教育が重視されるようになった背景について考えよう。

3．キャリア教育とは

文部科学省の公的文書において「キャリア教育」という言葉が最初に登場したのは，

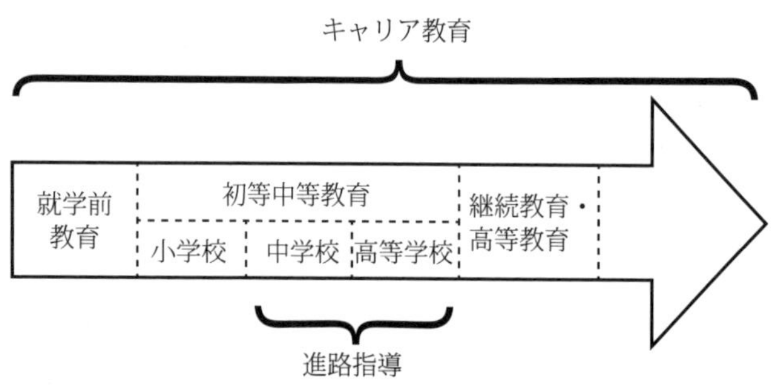

図1　キャリア教育と進路指導との関係（文部科学省，2011，p.38）

1999（平成 11）年の中央教育審議会「初等中等教育と高等教育との接続の改善について（答申）」，通称「接続答申」において，「望ましい職業観・勤労観及び職業に関する知識や技能を身に付けさせるとともに，自己の個性を理解し，主体的に進路を選択する能力・態度を育てる教育」として取り上げた時であるとされる。ただし，キャリアという概念自体は 1950 年代から進路指導の専門家の間では重視されてきた概念である。

キャリア（career）とは，その綴りの中に car という文字を含むことから推察されるように，その語源は車と関係がある。もともとは車の通った跡，すなわち，轍（わだち）を表す概念で，転じて陸上競技などで使われる「トラック」や「コース」を意味するようになった。日本語では従来から「経歴」という訳語が当てられることも多かった。ただし，轍といい経歴といい，過去から現在までの期間を対象にしているというイメージを持つ人も多いかもしれない。キャリア教育でいうキャリアはそれに留まらず，むしろ，現在から未来にかけての期間を対象にした活動であるということは留意する必要があるだろう。

ガイダンスの領域にキャリアという考え方を導入した立役者は，アメリカの D. E. スーパーである。1957 年，彼は当時の職業指導（vocational guidance）を次のように再定義した。

> 職業指導とは，個人が，自分自身ならびに仕事の世界における自分の役割に関する，統合された適切な像を作り上げ，またそれを受け入れ，その概念を現実に照らして吟味し，そして今度は，自分自身に満足し，社会に対しても利益をもたらすようにその概念を現実に向けて翻訳（convert）していく過程を支援する活動である。
> （訳は吉中による）

これ以前の職業指導ではどちらかというと，個人の適性と職業の側が求める要請との間のマッチングに偏る傾向があったのだが，スーパーのこの定義以降は職業的自己実現を目標とした生き方指導へと転換していくことになる。また，この定義の中に，「役割」という言葉が登場している点にも注目してほしい。後に，スーパー（1980）はキャリアを「キャリアとは生涯過程を通して，個人によって演じられる諸役割の組み合わせと連続」と定義しているからである。なおこの論文でスーパーは，多くの個人が人生の間に経験する主要な役割として，子ども，学生，**余暇人**，市民，労働者，**家庭人**，年金生活者などの役割を挙げている。

なぜ，役割が重要なのかを考えよう。万人に平等に一日は 24 時間であるし，一年は 365 日である。人間にとって時間とエネルギーは限られた貴重な資源である。従って生き方を考えるということは，どの役割にどれだけの時間とエネルギーを費やせば自己実現ができるのかについて知恵をしぼるということでもある。ある役割に時間と労力を傾注するということは，その分，他の役割に対する時間と労力が削られるということも意味する。これを図示したものが，ライフキャリアの虹である（図 2）。図の見方を説明しよう。虹のように，複数の帯が平行して走っている。一つの帯が一つの役割を表し，左から出発して，弧を描きながら上を経由して右側に向けて走る。これは年齢進行を表している。上部に書かれた数字は年齢を表す。ちょうどスピードメーターのようなものをイメージすればよいだろう。帯はそれぞれ時期により太くなったり細くなったりしているが，これは，その時期にその役割に費やされる時間やエネルギーの割合を表す。生まれた直後には，子ども役割しかない。しかし，次第に学生，余暇人，市民などの役割が増えていく。そして，最終の学校を卒業すると学生役割がいったん終了し，労働者役

参考　教育基本法第二条（教育の目的）：
二　個人の価値を尊重して，その能力を伸ばし，創造性を培い，自主及び自律の精神を養うとともに，職業及び生活との関連を重視し，勤労を重んずる態度を養うこと。

余暇人：原語は leasurite。趣味に生きる人というような意味。

家庭人：より細かくは配偶者（男なら夫，女なら妻），親，home maker（家事を担当したり，家計を管理したりする役割）などに分かれる。

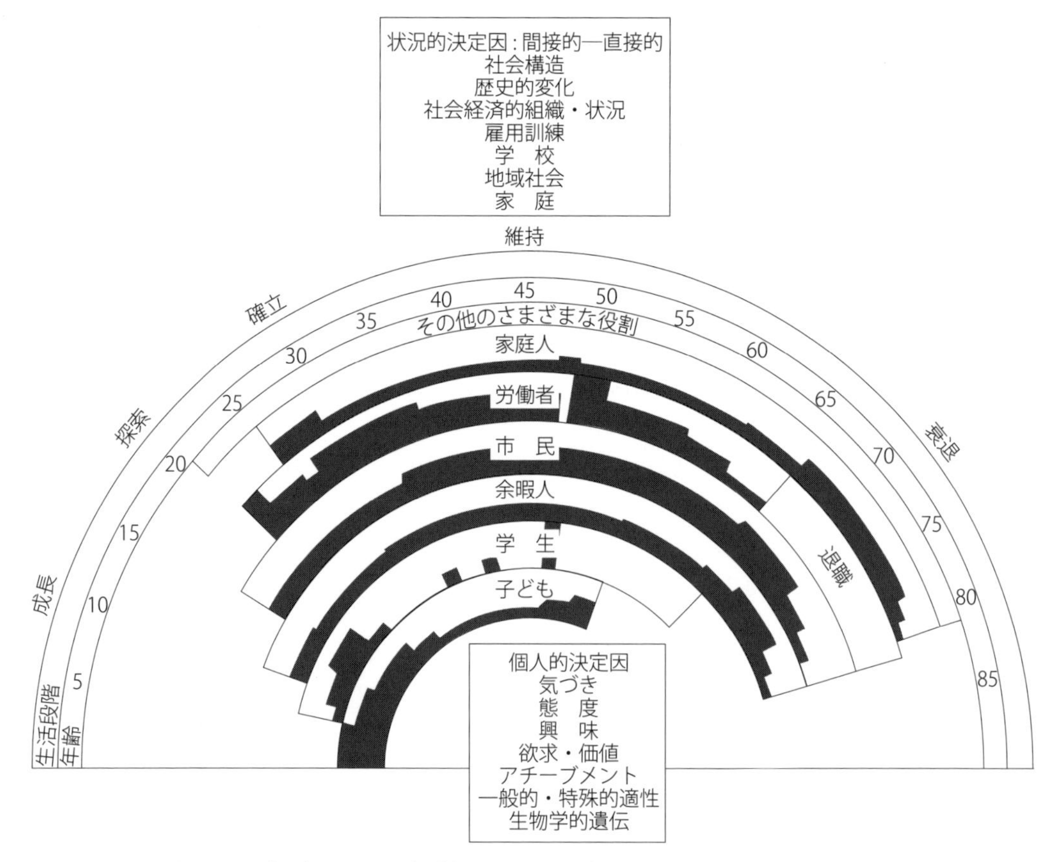

図2 ライフキャリアの虹（Super, 1980）（中西，1995 より）

割が始まる。

ライフキャリアの虹をみればスーパーが挙げた役割の中で，労働者，すなわち職業人としての役割は特に重要であることがわかるだろう。一日8時間労働し，一日8時間寝るとすれば，起きている時間の半分以上は労働者役割を果たしながら過ごしているということになる。しかも，それが長期にわたる。20歳前後で働き始め，60歳代で退職するとしたら，およそ40年間ということになる。人間の平均寿命は約80年であるからこれは人生の約半分ということである。また，大学生の年齢は約20歳だから，大学生がこれまで生きてきた人生のおよそ2倍という評価もできよう。スーパーは1957年の論文で「人は職業決める時，事実上，自己概念の実現の手段を決めているのである」と述べているが，ライフキャリアの虹と併せて考えることで，職業を考えるということの重要性が一層はっきりするといえよう。

役割を考えることが重要であるもう一つの理由は，役割を通じて，人は社会化していくという側面があるからである。社会化とは端的に言えば，個人が社会のメンバーになっていくプロセスのことであるが，社会学者のタルコット・パーソンズ Parsons（1951）は「社会化とは，社会が役割期待を個人に内面化させるメカニズム」と定義している。この定義の主語は「社会」であるが，物理的には実体のない社会が，個人に影響力を行使できるのは，社会に替わって社会化の機能を代行する人間がいるからであると仮定する。これを「社会化のエージェント」と呼ぶ。そして，社会化のエージェントが個人に影響力を行使する，その主要な方法こそが役割期待にほかならない。つまり，「あなたは○○なのだから，○○らしくしてくれなくては困る」という期待を周囲から掛けられ，それに個人が応えようとする，そのプロセスこそが社会化の主要な部分を構成しているのである。だからこそ，個人が社会の中で居場所をみつけようとする際には，本当にその役割を引き受けてよいのかどうか，熟慮する必要がある。Person-role conflict（人—役割　葛藤）という言葉がある。その役割を引き受けることと，その人らしさが矛盾することで苦しむ現象を指す。先に述べたように，個人は職業人としての役割を人生の半分，およそ 40 年間を費やすことになるが，その間，ずっと人—役割葛藤に悩まされ続けるとしたならば，地獄のような一生ということになるだろう。そうならないようにするためにも，職業に就く前に，スーパーの言葉を借りるならば「自分自身ならびに仕事の世界における自分の役割に関する，統合された適切な像」を作り上げることが必要とされる。これをより広く知られた心理学上の概念で言い換えるならば，エリクソン　Erikson, E. H.（1959）が青年期の発達課題として挙げた「アイデンティティ（自我同一性）の達成」が必要とされるということなのである。

以上，長々と議論をしてきたが，現時点での中央教育審議会の定義を示す。

キャリアの定義：人が，生涯の中でさまざまな役割を果たす過程で，自らの役割の価値や自分と役割との関係を見いだしていく連なりや積み重ね。
キャリア教育の定義：一人一人の社会的・職業的自立に向け，必要な基盤となる能力や態度を育てることを通してキャリア発達を促す教育。
キャリア発達の定義：社会の中で自分の役割を果たしながら，自分らしい生き方を実現していく過程。
（中央教育審議会「今後のキャリア教育・職業教育の在り方について（答申）」（2011（平成 23）年 1 月 31 日）

Ⅱ．児童期という発達段階

1．発達段階という考え方

現代の発達心理学は発達の相互作用説という考え方に立つ。かつて遺伝ー環境論争という大きな論争があり，今でも完全に決着がついたわけではないが，以前のような極端な生物学的成熟のみで説明できるという立場や，生後の学習のみでいかようにでも育てられるという教育万能論は影を潜めている。発達の相互作用説とは，生物学的成熟が基本的な道筋を準備するが，時機に応じた経験がなければ発達の可能性が十分に発揮されないという考え方である。つまり，早すぎる学習は受け入れる準備が整っていないため十分な効果を上げるのは難しいし，遅すぎる学習も不可能とはいわないまでも学習効率が悪いなどの弊害があると考える。**発達段階**という考え方はこの発達の相互作用説と密接な関係がある。発達段階という言葉を使う時，暗黙の内に，発達とは単なる量的増大ではなく，質的変化を伴うという発達観に立っている。その立場から見ていくと，児童期と，その次の思春期・青年期とは身体の成熟，社会からの要請，個人の価値観の確立の程度といういずれの観点からみても，大きく状況が違うのは明らかである。

前節の最後に出てきた「アイデンティティの達成」という青年期の発達課題を一応のゴールとみなし，そこへ収束していくように準備をすすめるといっても，小学校からキャリア教育をはじめることを，単に中学校でやっている内容を小学校に前倒しするだけだと考えるのは大きな誤りである。中学校では中学校でやらなければいけないことがあり，それとは別に小学校では小学校のうちにやらなければいけないことがあるのである。

小学生に求められるのは，一言で言えば基盤の形成である（図 3 参照）。アイデンティティの達成を収穫にたとえるならば，児童期の基盤形成は，いわば種まきである。また，

発達段階：スーパーの発達段階は，シャルロッテ・ビューラー Charlotte Bühler の発達段階を引用したものである。シャルロッテ・ビューラーは「反抗期」という概念を提唱した人物としてもよく知られる。
身体の成熟，社会からの要請，個人の価値観とは，発達課題の提唱者，ハヴィガースト Havighurst, R. J. が発達課題の要素として挙げたものである。

就学前	小学生	中学生	高校生	大学・専門学校・社会人
	進路の探索・選択にかかる基盤形成の時期 ・自己および他者への積極的関心の形成・発展 ・身のまわりの仕事や環境への関心・意欲の向上 ・夢や希望，憧れる自己のイメージの獲得 ・勤労を重んじ目標に向かって努力する態度の形成	現実的探索と暫定的選択の時期 ・肯定的自己理解と自己有用感の獲得 ・興味・関心等に基づく勤労観・職業観の形成 ・進路計画の立案と暫定的選択 ・生き方や進路に関する現実的探索	現実的探索・試行と社会的移行準備の時期 ・自己理解の深化と自己受容 ・選択基準としての勤労観・職業観の確立 ・将来設計の立案と社会的移行の準備 ・進路の現実吟味と試行的参加	

図3 小学校・中学校・高等学校におけるキャリア発達（文部科学省，2006）

表1 職業生活の諸段階（藤本，1991, p.141 より）

1 成長段階（誕生～ 14 歳） 自己概念は，家族・隣人・学校における主要人物との同一視を通して発達する。欲求と空想はこの段階の初期において支配的である。興味と能力は社会参加と現実吟味の増大に伴い，この段階でいっそう重要になる。この段階の副次段階は， 空想期（4 ～ 10 歳）欲求中心・空想のなかでの役割遂行が重要な意義をもつ。 興味期（11 ～ 12 歳）好き嫌いが志望と活動の主たる決定因子となる。 能力期（13 ～ 14 歳）能力にいっそう重点が置かれる。そして職務要件（訓練を含む）が考慮される。
2 探索段階（15 ～ 24 歳） 学校，余暇活動，パートタイム労働において，自己吟味，役割試行，職業上の探索が行なわれる。この段階の副次段階は， 暫定期（15 ～ 17 歳）欲求，興味，能力，価値観，雇用機会のすべてが考慮される。暫定的な選択がなされ，それが空想や討論，課程，仕事などのなかで試みられる。 移行期（18 ～ 21 歳）青年が労働市場または専門的訓練に入り，そこで自己概念を充足しようと試みる過程で，現実への配慮が重視されるようになる。→特定化 試行期（22 ～ 24 歳）一見して適切な分野に位置づけられると，その分野での初歩的な職務が与えられる。そしてそれが生涯の職業として試みられる。→充足化

アイデンティティの達成はきわめて統合的な活動であるが，児童期の基盤形成とは，いわば統合されるべきパーツをそれぞれ入念に作り上げていく作業であるともいえる。上述のスーパーの職業指導の再定義などをもとに筆者の考える主要なパーツとは，①自己概念の発達，②職業認知の発達，③役割意識の発達　以上の三つである。このほか，基礎学力の向上も当然のことながら必要とされる。ここで挙げた三つのうち，自己概念の発達はほかと密接に関わっているので，各項で記すとして，残り二つについて詳細に述べたい。

2．職業的発達

従来，キャリア発達ないし職業的発達の発達段階といえば，本章でたびたび引用しているD. E. スーパーが提唱したものが有名である。それによれば，小学生の時期は成長段階であるとされる。そして，この成長段階は空想期，興味期，能力期に分けられる（表1）。関連して，スーパーの後継者にあたるクライツは，職業を選ぶという時に，“aspiration”，“preference”，“choice” の三つを区別している。

“aspiration” は，普通，「志望」と訳されるが，辞書を引くと「野望」といった意味も書かれている。クライツによればもし何の制限もないとしたら選ぶ理想的な職業ということなので，我々の日常語でいうところの「夢」こそが，この言葉の訳語としてふさわしいのかもしれない。

“preference” は「好み」「選好」などと訳されることが多い。aspiration よりも現実味がある。全職業を好き嫌いによって一列に並べた時に，「好き」の極に近い方に寄って

preference：有名な Holland の職業興味検査の原語は Vocational Preference Inventory で，略称が VPI となる。高校英文法で習う prefer A to B(B よりも A を好む）という表現でおなじみの prefer という動詞の名詞形にあたる。

いる職業群であり，機会があるならばやってみたいということを意味する。

“choice” は，実際に就くことになりそうな職業のことである。原則として一人の人間が同じ時期に就くことのできる職業は一つだけであるので，“choice” は一つだけということになる。“preference” である職業群の中から，現実的な制約などをいろいろ加味して最終的に一つに決められた職業，それが “choice” ということになる。

クライツの用語を交えて語るならば，成長段階は「夢」（aspiration）から，現実性が加味された結果，「好み」（preference）へと徐々に移行していく時期といえる。それにしても「現実性が加味される」とはいかなる意味であろうか。正確にいうならば，「児童の考える現実性」が加味されるということであろう。問題は，「児童の考える現実性」が果たして客観的な現実の反映であるかどうかである。

ゴットフレッドソン Gottfredson, L.（1981）は少し別の角度から，子どもの職業認知の発達について論じている。彼女は，視野に入る職業の範囲が狭まっていく過程として子どもの職業認知の発達を捉える。当初は，個人と職業が分化しておらず「将来，何になりたい」と問いかけたら，アイドル歌手の個人名を答えるようなことがままあるが，幼児期（３～５歳）に職業は一つの地位であることが理解されるようになる。そこから，次第に範囲を狭めるプロセスが始まる。

ゴットフレッドソンによれば６～８歳頃に最初に性別による区別が導入されるという。つまり，職業には男の職業と女の職業とがあると受けとめられ，自分の性別と一致する職業のみが検討の対象となり，一致しない職業は視野から消えるという。これは，まず，職業を認知する時に，その職業に就いている人の制服などの外見的な特徴を手がかりにすることと関係があると考えられる。

つづいて９～ 13 歳頃にかけて職業威信度による区別が導入されるという。職業威信度とは，その職業が世間から尊敬されるような職業か，そうでないかという観点からみた職業のものさしである。ことわざに「職業に貴賎はない」というが，それと裏腹に小学校高学年頃から職業を上か下かという観点から見始めるというのである。そして，この時期，自分自身に対しても上か下かという観点で見始める。すなわち，自分は「能力」的に上か下かという観点で見始めるということである。そして，上過ぎる職業は，その職業につくために自分はそこまでがんばれないということで諦められ，下過ぎる職業はレベルを落としすぎたということで忌避される。そして，上過ぎたり下過ぎたりする職業はやがて視野から消え，やはり再考されることはないという。スーパーの分類でこの時期が「能力期」とされ，能力に一層の重点が置かれるとあるが，それはこのような意味だと考えると理解しやすいだろう。内容的により妥当な，職業興味検査で使用されるような基準による職業分類が導入されていくのは 14 歳以降になるが，すでにこのような範囲を狭めていくプロセスを経た後なので，自分に合うような職業が見当たらない（視野から消えている）という問題がありうる。

このようなプロセスが実際に起こっているとすると，どのような問題点があると考えられるだろうか。まず，考慮対象の職業の範囲を狭めるということ，それ自体に問題がある。というのは狭める前に十分広い範囲の職業が考慮されたのか疑問であるからである。子どもたちが日常生活の中で職業に触れる機会はそれほど多くはない。インターネット等のメディアを通して間接的に触れる機会は以前よりは増えているとはいえ，例えば検索するためのキーワードなどがわからないとその機会を十分につかいこなすことは難しいだろう。小学生とっては漢字やカタカナで標記された職業名は言葉自体の意味が難しいといった問題がある。その結果，たまたま身近に存在する職業か，テレビ，映画，漫画などのマスメディアで取り上げられる機会に恵まれた一部の職業に知識が偏りやすい。吉中ら（2003）の中学生・高校生を対象とした調査では，職業名をきいてもイメージできないような職業については，それ以上，自発的に情報を集めようとしない傾向がみられたので，注意が必要である。

もう一つは，範囲を狭めるのに用いる基準が果たして適切かという問題がある。ここでは，職業威信度と能力の関係に絞って話を進めたい。小学生や中学生の考える能力とは主に学業成績のことであると考えられる。多少の相関はあるかもしれないが，学業成績と個々の職業に対する職業適性とは必ずしも一致しない。また，エリクソン（1959）は児童期の発達課題を「**勤勉性**対劣等感」と述べているように，成績不振などが原因で劣等感に陥った児童が，がんばる気力をなくし，自分にふさわしい職業の範囲を不当に狭めることがないように気をつける必要があるだろう。

勤勉性：原語では，industry。小此木の訳では，生産性と訳されている。

ここまでをまとめると，「夢」を持つことは必要だが，「夢」に固執するあまり他の可能性をシャットアウトするような在り方は勧められない。今のところ自分が就くことはないだろうと思われる職業も含めて，職業全般について広く関心を持つことが求められる。また，「夢」と対置する形で「現実性」という言葉もよく使われるが，現実性とは闇雲に選択肢の幅を狭めることではない。選択肢の幅を狭めるにはそれ相応の根拠が必要である。具体的にはその職業はどんな内容の仕事なのか，どんなことが要求されているのか，また，自分にはどんな能力があるのか，能力について考えるとは学業成績のことを考えるだけでいいのか，自分は職業に何を求めるのか，等々の事柄について，できるだけ根拠をそろえて理解を深める必要があるといえる。「夢」の段階ではその職業に「なりたい」ということだが，仕事の内容などさまざまな検討を経た上で，その職業を「やりたい」という場合には一段上の段階に到達しているのだ。

3．役割意識の発達

アイデンティティとは一般に「自分とは何者か」という問いに答えを出すことであると理解されていて，それは間違いではないのだが，その側面が強調されすぎるためか，きわめて個人的な問題のように受け取られているように思われる。実際は必ずしもそれだけではない。アイデンティティの一つの柱が独自性の感覚，すなわち，自分はそこそこにユニークな存在で，他人から替わりのきかない，かけがえのない存在であると認められているという感覚である。アイデンティティは，他者との健全な関係を結べているという基盤があって初めて花開くものであるといえる。

この認められているという感覚は，進路指導やキャリア教育の最終的な目標とされている自己実現とも深い関係にある。よく知られているように自己実現を重視したマズロー（1943）は，欲求階層説を唱え，人間の欲求は階層構造をなしており，より高次の欲求が出現するには，それより低次の欲求がある程度充足されていると述べている。その最高次の欲求が自己実現の欲求であるが，自己実現を図るにはそれより低次の欲求にも注目しなくてはならない。そして自己実現の欲求の一つ下の欲求が，respect の欲求であり，尊敬の欲求，承認の欲求などと訳される。つまり，個人を自己実現に向かわせたいのであれば，人から認められ，尊重され，尊敬されているという感覚を得たいという欲求を満たすことが必要なのである。

そういう意味で児童期は重要である。児童期は人生で初めて本格的に集団状況への適応が求められる時期であり，学校という限られた枠の中ではあるが，人間関係を通じて，他人を認め，また他人から認められることによって，独自性の感覚を味わう機会を初めて得るからである。そしてその経験が，人にはそれぞれ役割があり，社会の中ではそれが職業という形で具現化されているということを理解するためのきっかけとなるのであ

る。

役割が初めて意識されるのは，幼児期の**遊び**を通じてである。パーテンによる幼児期の遊びの分類において最終段階とされる協同遊びの段階では，幼児の間に指揮命令系統があって，ともに共通の目的のために協力することができるとされる。その代表例が役割遊戯，いわゆる「ごっこ遊び」である。児童期は，協同遊びの発展形といえる組織遊びが出現する。これは団体で行う球技が代表的な例で，ルールがあり，チームで戦うといった点が新たな特徴である。児童期の仲間関係では，組織遊びにおいて勝利に向けての貢献が個人に求められる。例えば，野球のベースカバーのように，他のメンバーが役割を果たせないような状況では自発的に動いて他者の役割を代行するようなことが求められる。そして，首尾良くそのような貢献を重ねていくことが，他者から尊重され，承認されていく重要な契機となると考えられる。

遊び：もちろん，遊びに限らず，学級活動や児童会の活動でも同様のことが起こる。

児童期の初期は目前の具体的な他者の期待に応えるにとどまるが，やがて，その場にいない人も含めた「一般的他者」からの役割期待に応えられるような段階へと進む。つまり，向社会的行動が行えるようになり，職業倫理や勤労観を身につけることへとつながっていくのである。

Ⅲ．小学校におけるキャリア教育の展開

1．キャリア教育は「機能」である

すでに述べたように，ガイダンスという考え方が日本に本格的に導入されたのは終戦直後で，新制中学の発足当初は，時間割上に「職業指導の時間」が設定されたこともある。しかしながら，さまざまな不都合によりきわめて短期間に廃止されたという歴史がある。

現在のキャリア教育が教科でないのはいうまでもない。また，道徳のように時間割の設定されている領域でもない。国立教育政策研究センターが発行したキャリア教育推進用資料では，日常生活，各教科，道徳の時間，特別活動，総合的な学習の時間，外国語活動の各領域でそれぞれ展開する活動であるように図示されている。

三村（2004）は，キャリア教育は教育活動の枠組みの一つではなく，教育活動全体に働きかけていくものであるという見方から，『機能』として捉えていかなくてはならないと述べる。そして，独自の時間がないから教科・領域の時間を借りるわけではなく，既存の教科・領域の中で行うことには意味があるのだと述べる。

2004（平成 16）年のキャリア教育の推進に関する総合的調査研究協力者会議報告書（文部科学省，2004）では，キャリア教育と各教科等との関係を図 4 のように示している。

同書は「キャリア発達には，児童生徒が行うすべての学習活動等が影響するため，キャリア教育は，学校のすべての教育活動を通して推進されなければならない」と述べている。この部分は非常に重要であるが，少し誤解をされている面がある。『小学校・中学校・高等学校　キャリア教育推進の手引』（平成 18 年）には，「キャリア教育は，必

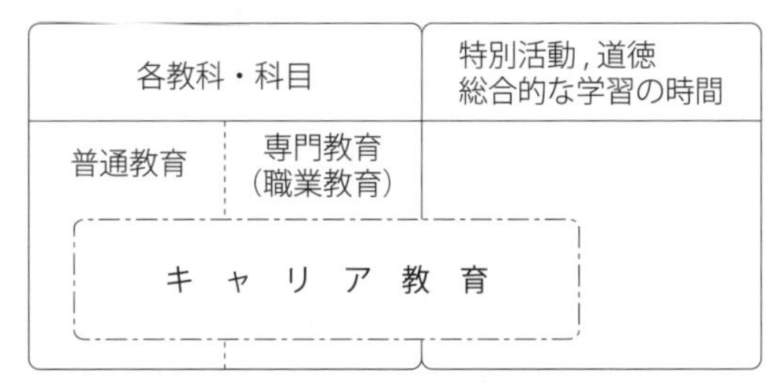

図 4　キャリア教育と各教科（文部科学省，2004，p.11）

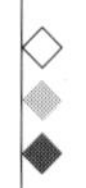

表３　キャリア教育と学習指導要領（文部科学省，2004，p.12）

特別活動	【学級活動】 ・学級や学校における生活上の諸問題の解決，学級内の組織づくりや仕事の分担処理などの活動 ・希望や目標をもって生きる態度の形成，基本的な生活習慣の形成，望ましい人間関係の育成，心身ともに健康で安全な生活態度の形成などの活動 【児童会活動】 ・学校生活の充実と向上のための協力などの活動 【学校行事】 ・勤労生産・奉仕的行事における勤労・生産体験やボランティア活動など
道徳	・働くことの大切さを知り，進んで働くこと ・働くことの意義を理解し，社会に奉仕する喜びを知って公共のために役立つことをすること
総合的な学習の時間	・学び方やものの考え方を身に付け，問題の解決や探求活動に主体的，創造的に取り組む態度を育て，自己の生き方を考えること ・ボランティア活動などの社会体験，見学や調査，発表や討論，ものづくりや生産活動などの体験的な学習
各教科	・生活科や家庭科における家庭での仕事の理解と役割分担に関する学習 ・社会科における地域の人々の生産や販売，我が国の産業について調査・見学や資料を活用した調べ学習など ・学習課題や活動の選択，自らの将来について考えたりする機会の設定

ずしも新しい教育内容を導入しようとするものではない」とも表現されていたことから，既存の教育活動がそのままでキャリア教育なのだと誤解する者が現れたのである。しかし,「すべての教育活動を通してキャリア教育を推進する必要がある」ということと「すべての教育活動は（自動的に）キャリア教育に含まれる」ということとは区別されなければならない。両者を分けるのは，キャリアの視点の有無である。前者は，教育を行う側が自覚的にキャリアの視点を持っているが，後者の場合は無自覚であることも多いだろう。キャリアの視点を持つということは，社会的自立や職業的自立を念頭においた，意図的・計画的なキャリア教育を行おうとしているという意味である（文部科学省　国立教育政策研究所資料）。小学校の場合は，担任がすべての教科を受け持つので，教科の枠や時間の枠にとらわれずにキャリア教育の内容を計画的に盛り込みやすいというメリットがある。

前掲の「キャリア教育の推進に関する総合的調査研究協力者会議報告書」では，学習指導要領に示されているねらい，内容，配慮事項のうち，キャリア教育に関わる主な事項を表３のようにピックアップし，相当数に上ると評価している。先に述べた 2017（平成 29）年告示小学校学習指導要領では「特別活動を要としつつ各教科（・科目）等の特質に応じて，キャリア教育の充実を図ること」とされ，各教科・科目で行われるキャリア教育を特別活動を中心として展開するという位置づけが明確にされた。具体的には，学習指導要領の文言の中で，従来は，中学校・高校にしかなかった，学級・ホームルーム活動の内容項目（３）「学業と進路」という項目が「一人一人のキャリア形成と自己実現」と表現を改めた上で小学校にも設けられるようになった。

：平成 29 年告示小学校学習指導要領第６章特別活動第２の２の（３）

２．基礎的・汎用的能力とキャリア領域における資質・能力の三つの柱

この後，説明する「基礎的・汎用的能力」に先立って，国立教育政策研究所生徒指導研究センター（2002）は，「４領域８能力」と呼ばれる，進路指導・キャリア教育を行うための具体的な枠組みを発表した。その意義について，同センター（2011）の報告書では，昭和 50 年代には，「進路指導は『教育そのもの』であり，『人生の生き方を指導することが大切である』」と指摘されるなど，情緒性の高い言説によって進路指導の特徴が述べられていたのに対し，４領域８能力論は,「育成すべき具体的な能力」と「能力が身に付いたことによって実践できる行動」を発達の段階に即して具体的に提示する

４領域８能力：正式名称は，職業観・勤労観を育む学習プログラムの枠組み（例）である

ことで従来の進路指導概念を大きく進展させたと評価されている。ここでいう能力の元になった言葉はcompetencyであり，「ある課題への対処能力のことで，訓練によって習熟するもの」「一緒に努力すればできるようになるもの」であって，「育成」の姿勢が背景にあるという。そして，このモデルは海外のcompetency basedモデルを日本に合うように独自のアレンジを加えて導入したものであるという。ただし，これはあくまでも例示であって，これらの能力でキャリア教育に必要・十分な能力が確定したというわけではないことには注意が必要である。以下の図表では領域・能力の説明と小学校で育成することが期待される具体的な能力・態度を掲げる。そして，各能力は，学年が進む

表4　4領域8能力　小学校で職業的（進路）発達を促すために育成することが期待される具体的な能力・態度
（国立教育政策研究所生徒指導研究センター，2002，p.47）

領域	能力	低学年	中学年	高学年
人間関係形成能力	【自他の理解能力】	・自分の好きなことや嫌なことをはっきり言う。 ・友達と仲良く遊び，助け合う。 ・お世話になった人などに感謝し親切にする。	・自分のよいところを見つける。 ・友達のよいところを認め，励まし合う。 ・自分の生活を支えている人に感謝する。	・自分の長所や欠点に気付き，自分らしさを発揮する。 ・話し合いなどに積極的に参加し，自分と異なる意見も理解しようとする。
	【コミュニケーション能力】	・あいさつや返事をする。 ・「ありがとう」や「ごめんなさい」を言う。 ・自分の考えをみんなの前で話す。	・自分の意見や気持ちを分かりやすく表現する。 ・友達の気持ちや考えを理解しようとする。 ・友達と協力して，学習や活動に取り組む。	・思いやりの気持ちを持ち，相手の立場に立って考え行動しようとする。 ・異年齢集団の活動に進んで参加し，役割と責任を果たそうとする。
情報活用能力	【情報収集・探索能力】	・身近で働く人々の様子が分かり，興味・関心を持つ。	・いろいろな職業や生き方があることが分かる。 ・分からないことを，図鑑などで調べたり，質問したりする。	・身近な産業・職業の様子やその変化が分かる。 ・自分に必要な情報を探す。 ・気付いたこと，分かったことや個人・グループでまとめたことを発表する。
	【職業理解能力】	・係や当番の活動に取り組み，それらの大切さが分かる。	・係や当番活動に積極的にかかわる。 ・働くことの楽しさが分かる。	・施設・職場見学等を通し，働くことの大切さや苦労が分かる。 ・学んだり体験したりしたことと，生活や職業との関連を考える。
将来設計能力	【役割把握・認識能力】	・家の手伝いや割り当てられた仕事・役割の必要性が分かる。	・互いの役割や役割分担の必要性が分かる。 ・日常の生活や学習と将来の生き方との関係に気付く。	・社会生活にはいろいろな役割があることやその大切さが分かる。 ・仕事における役割の関連性や変化に気付く。
	【計画実行能力】	・作業の準備や片づけをする。 ・決められた時間やきまりを守ろうとする。	・将来の夢や希望を持つ。 ・計画づくりの必要性に気付き，作業の手順が分かる。 ・学習等の計画を立てる。	・将来のことを考える大切さが分かる。 ・憧れとする職業を持ち，今，しなければならないことを考える。
意思決定能力	【選択能力】	・自分の好きなもの，大切なものを持つ。 ・学校でしてよいことと悪いことがあることが分かる。	・自分のやりたいこと，よいと思うことなどを考え，進んで取り組む。 ・してはいけないことが分かり，自制する。	・係活動などで自分のやりたい係，やれそうな係を選ぶ。 ・教師や保護者に自分の悩みや葛藤を話す。
	【課題解決能力】	・自分のことは自分で行おうとする。	・自分の仕事に対して責任を感じ，最後までやり通そうとする。 ・自分の力で課題を解決しようと努力する。	・生活や学習上の課題を見つけ，自分の力で解決しようとする。 ・将来の夢や希望を持ち実現を目指して努力しようとする。

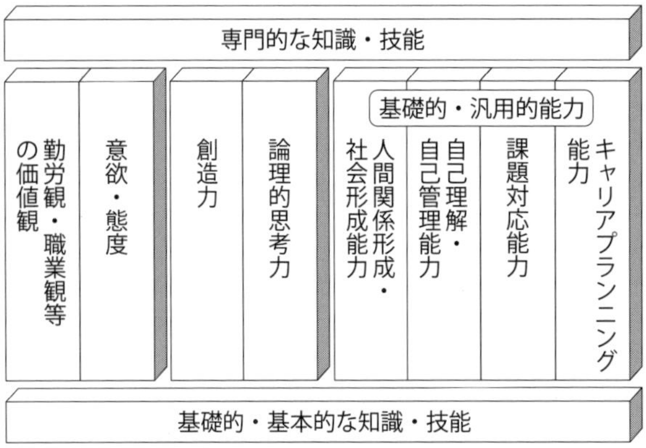

図5 社会的・職業的自立，社会・職業への円滑な移行に必要な力の要素（中央教育審議会，2011）

につれて，発展していくことが意図されている（表4参照）。

以上のような，内容が4領域8能力であるが，注目すべきは，**人間関係形成能力**である。進路選択とは必ずしも結びつかないためか，従来の進路指導では明示的には扱われてこなかった他者理解やコミュニケーションに関わる活動，中でも「あいさつ」「家での手伝い」「係活動」など，小学生の日常に密着した内容がキャリアと明示的に結びつけられたことには歴史的意義があるといえるだろう。このように明示されたことで，学校のみならず家庭においてもキャリア教育を推進する道を開いたともいえる。

人間関係形成能力：4領域・8能力の中にあった人間形成能力は，基礎的・汎用的能力の中では人間関係形成・社会形成能力へと発展した。なお，社会形成については教育基本法で第1条「教育は，人格の完成を目指し，平和で民主的な国家及び社会の形成者として必要な資質を備えた心身ともに健康な国民の育成を期して行われなければならない」第5条2「義務教育として行われる普通教育は，各個人の有する能力を伸ばしつつ社会において自立的に生きる基礎を培い，また，国家及び社会の形成者として必要とされる基本的な資質を養うことを目的として行われるものとする」などと言及されている。

この頃，文部科学省以外の省庁からもいくつか「力」「能力」が提唱された。内閣府の提唱した「人間力」，厚生労働省の提唱した「就職基礎力」，経済産業省の提唱した「社会人基礎力」といった具合である。これらを受けて，中央教育審議会（2011）の答申「今後の学校におけるキャリア教育・職業教育の在り方について」（通称，在り方方針）において，「**基礎的・汎用的能力**」という考え方が新たに提示された。この答申では，それまでの4領域・8能力が画一的な運用が行われる傾向があったために，これら各界から提示されているさまざまな力も参考として，整理をおこなったものである。具体的には，忍耐力・ストレスマネジメントなどの自己管理能力の側面を追加した点や，4領域・8能力の時点では「課題解決」には言及していたもの，「課題発見」の側面が不十分であった点を強化したものが特徴といえる。

この答申では，「社会的・職業的自立，学校から社会・職業への円滑な移行に必要な力に含まれる要素」として，「基礎的・汎用的能力」も含めて，5つの要素が挙げられている（図5）。すなわち①教科を中心に獲得されるべき「基礎的・基本的な知識・技能」，②職業教育を中心に身につけるものとされる「専門的な知識・技能」，③基礎的・基本的な知識・技能と専門的な知識・技能とを相互に関連させながら育成することが求められる「論理的思考力，創造力」，④個別の教育活動によって直接的に育成するというより，児童生徒一人一人がさまざまな学習経験等を通じて個人の中で時間をかけて自ら形成・確立していくものとされた「意欲・態度及び価値観」，そして⑤「基礎的・汎用的能力」である。また，かつてはキャリア教育とは「端的には，『勤労観，職業観を育てる教育』（キャリア教育の推進に関する総合的調査研究協力者会議報告書［2004年］）である」と表現されたほど重視されたキーワードである「**勤労観・職業観**」が，この答申では，「意欲・態度及び価値観」の一側面へと位置づけが変更されたことにも注目する必要がある。この変更によって「キャリア教育における『勤労観・職業観』の相対的な重要性が低下したのではない」（中学校・高校キャリア教育の手引，2023）とされているが，この数年間，勤労観・職業観を育てることだけがキャリア教育であるかのように限定して捉えられが

表 5　キャリア教育における「基礎的・汎用的能力」と資質・能力の三つの柱（中央教育審議会，2016b）

「基礎的·汎用的能力」に示す 4 つの能力を統合的に捉え、資質・能力の三つの柱に大まかに整理したもの。

【人間関係形成・社会形成能力】多様な他者の考えや立場を理解し，相手の意見を聴いて自分の考えを正確に伝えることができるとともに，自分の置かれている状況を受け止め，役割を果たしつつ他者と協力・協働して社会に参画し，今後の社会を積極的に形成することができる力
【自己理解・自己管理能力】自分が「できること」「意義を感じること」「したいこと」について，社会との相互関係を保ちつつ，今後の自分自身の可能性を含めた肯定的な理解に基づき主体的に行動すると同時に，自らの思考や感清を律し，かつ，今後の成長のために進んで学ぼうとする力
【課題対応能力】仕事をする上での様々な課題を発見・分析し，適切な計画を立ててその課題を処理し，解決することができる力
【キャリアプラニング能力】「働くこと」の意義を理解し，自らが果たすべき様々な立場や役割との関連を踏まえて「働くこと」を位置付け，多様な生き方に関する様々な情報を適切に取捨選択・活用しながら，自ら主体的に判断してキャリアを形成していく力

各教科等における学習との関係性を踏まえつつ，教育課程企画特別部会「論点整理」の方向性も踏まえて整理

知能・技能	・学ぶこと・働くことの意義の理解・問題を発見・解決したり，多様な人々と考えを伝え合って合意形成を図ったり，自己の考えを深めて表現したりするための方法に関する理解と，そのために必要な技能 ・自分自身の個性や適性等に関する理解と，自らの思考や感清を律するために必要な技能
思考力・判断力・表現力等	・問題を発見・解決したり，多様な人々と考えを伝え合って合意形成を図ったり，自己の考えを深めて表現したりすることができる力 ・自分が「できること」「意義を感じること」「したいこと」をもとに，自分と社会との関係を考え，主体的にキャリアを形成していくことができる力
学びに向かう力・人間性等	・キャリア形成の方向性と関連づけながら今後の成長のために学びに向かう力 ・問題を発見し，それを解決しようとする態度 ・自らの役割を果たしつつ，多様な人々と協働しながら，よりよい人生や社会を構築していこうとする態度

ちであったことから若干の軌道修正がなされたと考えられる。

さらに，近年の動向として，2017（平成 29）年度告示の新学習指導要領に先立ち，中央教育審議会（2016b）からキャリア教育においても**「資質・能力の三つの柱」**という概念が提出されている（表 5）。これは，2007（平成 19）年に改正された学校教育法第 30 条第 2 項に盛り込まれた，「基本的な知識及び技能」「これらを活用して課題を解決するために必要な思考力，判断力，表現力その他の能力」「主体的に学習に取り組む態度」のいわゆる学力の 3 要素に対応するもので，知識・技能はもちろん大切であるが，それを何に使うか，何のために使うかといった側面にも目を向けてもらうことを意図している。藤田（2019）によれば，この考えは基礎的・汎用的能力に取って代わるものではなくて，あくまで基礎的・汎用的能力を整理したものである。

参考　学校教育法第 21 条：義務教育で行うべき内容として，「職業についての基礎的な『知識と技能』，勤労を重んずる『態度』及び個性に応じて将来の進路を選択する『能力』を養うこと」を挙げている。

3．キャリア・パスポート

ここまで，主に理念に関わる内容について述べたが，近年の変革は理念に留まらず，現場での実践に関わるものもある。その一つがキャリア・パスポートの導入である。

進路指導の時代から，進路指導には以下の 6 つの活動領域があると言われてきた（例：文部省，1977）。すなわち，①個人理解，②進路情報の提供，③啓発的な経験，④進路相談，⑤移行支援，⑥追指導である。このうち，⑤移行支援だけが進路指導やキャリア教育であると考えると，冒頭で述べたような出口指導となってしまう。したがって①～④の活動の充実がキャリア教育の長年の課題であった。そこで導入されたのがキャリア・パスポートで「児童生徒が，小学校から高等学校までのキャリア教育に関わる諸活動について，特別活動の学級活動及びホームルーム活動を中心として，各教科等と往還し，自ら

の学習状況やキャリア形成を見通したり振り返ったりしながら，自身の変容や成長を自己評価できるよう工夫されたポートフォリオ」（文部科学省, 2019）と定義されている。内容としては，子ども自身に基礎的・汎用的能力と関わるような目標を設定させ，学期の終わりに実際に達成できたかどうかを評価させるようなことが想定されている。先に述べた6つの活動領域の中で特に個人理解（生徒の自己理解と教師の生徒理解）に深く関わる内容といえる。そして，教師がその内容を確認して，対話的に関わり合い，目標修正の支援を行っていくことが推奨されている。さらに，小学校から中学校，高校へと学校段階をまたいで情報を共有していくことが求められている。運用が始まって数年経つが，現時点ではその活用方法をめぐって模索が続いている段階と言える。

Ⅳ. まとめと今後の課題

本章は進路指導・キャリア教育の理念と，関連する心理学の理論，そして，過去二十数年間の国内のキャリア教育の動向を中心に記述した。

2000年代は，とにかく小学校にキャリア教育そのものと4領域・8能力といったcompetencyの概念を普及させるのに手一杯だった時期であった。続く2010年代は「在り方答申」を軸にスーパーの理念と国内のキャリア教育との擦り合わせが行われるとともに，competencyが基礎的・汎用的能力にリニューアルされた時期であった。そして，2020年代はキャリア・パスポートの導入によって，キャリア教育の理念を現実世界に応用することが図られ始めた時期といえる。キャリア教育の理念そのものについては，2000年代初期の混乱期と比べると安定を迎えた感がある。いよいよこれからは，効果を挙げることを目指す段階に入ったといえる。キャリア・パスポートは，キャリア教育の理念を実践へと結びつけるための制度的な裏づけを与えるツールとして評価できる。ただし，現状は，まだとにかく導入の実現に何とかこぎ着けたといったところであろうか。経営改善の手法として教育現場でも盛んに用いられるようになってきたPDCAサイクルという考え方がある（例，文科省, 2006)。これになぞらえれば，キャリア・パスポートをめぐる現状はPlan（計画）とDo（実行）までは何とか達成し，このあと，いよいよCheck（評価）とAction（改善）の局面へと移行できるかどうかという大事な時期のように思われる。評価をするための基準は，具体的には実際に児童・生徒たちの基礎的・汎用的能力（つまりcompetency）の伸長に寄与しているかどうかということになるだろうが，そのためには，現場の教師たちに，キャリア教育の目標は必ずしも進路の選択に限定されるものではなく，むしろcompetencyの育成の方が重要であることが十分に理解されることが鍵となる。

最後に「資質・能力の三つの柱」に関連して中央教育審議会（2016a）の答申で示され，その後に改訂された学習指導要領にも反映された「主体的・対話的で深い学び」という概念にふれておきたい。同答申では，この説明として「学ぶことに興味や関心を持ち，自己のキャリア形成の方向性と関連付けながら，見通しをもって粘り強く取り組み，自己の学習活動を振り返って次につなげる『主体的な学び』が実現できているかという視点」と表現していて，これは資質・能力の三つの柱の中の「学びに向かう力・人間性等」とほとんど共通している。すなわち，以前は，不要不急のオプションのように捉えられがちであった進路指導から，現在は学校教育の中核・本質へと位置づけが大きく変わっているのである。少し刺激的な言い方をすれば，「やるにこしたことはない活動」ではなくて，「やらなければ学校教育は成立しない活動」へと変わったことを意味している。小学校教員は，今，キャリア教育に対する認識のアップデートが求められている。

ワーク（考えてみよう）

1．小学校におけるキャリア教育と，中学校における進路指導・キャリア教育の違いはどこにあるのか考えてみよう。

2．小学生が思い描く夢や希望職業に対し，キャリア教育を踏まえて教師はどのように向かうことが期待されるか考えてみよう。

3．子どもたちが自分のよさに気づくことが，将来のキャリア形成にどうつながるのか考えてみよう。

ワーク（やってみよう）

■ワーク 1：お手伝いに挑戦！

●ねらい

・自分の役割や責任を果たし，役立つ喜びを体得する

・集団の中で自己を活かす

●対象：小学校 5 年生

●具体的展開：（総合的な学習の時間　全 4 時間）

①チャレンジウィークの計画を立てる（1 時間）

今の自分にできる仕事（お手伝い）を考え，挑戦することを書き出し，チャレンジカードに計画を立てる。

⇒友達や保護者からの応援メッセージの記入【ワークシート 1-1】

取り組む前の気持ちの記入【ワークシート 1-3】

＊一週間のチャレンジウィーク（家庭におけるお手伝い挑戦週間）の実践と日々の記録【ワークシート 1-2】

②チャレンジウィークを振り返る（1 時間）

・ワークシートの記入

ワークシート 1-1 ～ 1-3 については全国特別活動研究会，当日配布資料（2011）等を参考に筆者が作成した。

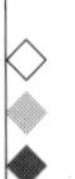

・全体での発表
・保護者からの手紙を読む
・感想を発表する

③チャレンジウィーク２の計画を立てる（１時間）
・４名１グループに分かれる
・チャレンジウィーク１を振り返って，できなかったことはグループ内の友だちにアドバイスをもらいながらチャレンジウィーク２の計画を立てる

＊チャレンジウィーク２の実践と日々の記録【ワークシート 1-2】

④チャレンジウィーク２を振り返り今後の行動を考える（１時間）
・自分の成長を振り返り，これからの生活で生かせることを考える
・感想を発表する【ワークシート 1-3】

■ワーク２：友だちのよさ・自分のよさをみつけよう

●ねらい
・学級の友だちのよいところをみつけ，合わせて自分自身の長所にも気づく
・自分と友だちの違いに気づき，互いに認めあうことで自他の理解が深まることを体得する

●対象：小学校３年生

●具体的展開：
①「よいところ」とはどういうところか話し合わせる
⇒普段の生活を振り返って，何をすることがよいことかを考えさせる。

②本時の課題を把握する
「友だちのよさ・自分のよさをみつけよう」

③自分の得意なことや頑張っていることを発表する
⇒授業，当番活動，休み時間，登下校，家庭など具体的な場面を示し，頑張っていることを発表しやすくする

④４人１グループをつくって友だちのよいところをみつけ，伝え合う
・友だちのよいところをみつけ，ワークシートに書く【ワークシート 2-1】
・友だちのよいところを発表する
⇒グループをつくって書かせることで，よいところがない児童がいないよう配慮する

⑤自分のよいところをみつける
・友だちの発表を聞いて，自分のよいところをワークシートに書く
・新たに見つけた自分のよいところに関する感想を発表する【ワークシート 2-2】

お手伝いに挑戦！

◎挑戦すること（１週間続けること）

●予想される問題点

⇒やり続けるためにはどうしたらよいだろう？

★自分の決意

⇒班の友だちからの応援メッセージ

⇒お家の人からの応援メッセージ

ワークシート 1-1　チャレンジウィークの目標

一週間の記録

日にち	1．今日やってみての気持ち 2．明日工夫したいこと	評　価 (◎・○・△)
/	1．	
	2．	
/	1．	
	2．	
/	1．	
	2．	
/	1．	
	2．	
/	1．	
	2．	
/	1．	
	2．	
/	1．	
	2．	

ワークシート 1-2　チャレンジウィークの日々の記録

お手伝いウィークを振り返って

1．最初の自分
（お手伝いをする前の気持ち）

2．最後の自分
（お手伝いをやり終えた今の気持ち）

3．２回目のチャレンジウィークを終えた今の自分の気持ち

4．チャレンジウィーク１・２の学習を通しての感想

◎これからの生活に生かせることについて考えてみよう！

ワークシート 1-3　チャレンジウィークふり返りシート

★お友だちのよいところをみつけよう★

●お友だちのよいところをみつけよう！

（　　　　　　）さんのよいところ　（　　　　　　）さんのよいところ

（　　　　　　）さんのよいところ　（　　　　　　）さんのよいところ

（　　　　　　）さんのよいところ　（　　　　　　）さんのよいところ

●お友だちの発表を聞いて感じたことを書いてみよう

ワークシート 2-1　友だちのよさ・自分のよさをみつけよう

♪よいところをみつけよう♪

◎「よいところ」ってどんなところだろう？

★自分の得意なことや頑張っていることを考えてみよう

★お友だちの発表を聞いて，新しくみつけた自分のよいところを書いてみよう

◎今日の授業をやってみて，感想を書こう！

ワークシート 2-2　友だちのよさ・自分のよさをみつけようふり返りシート

参考・引用文献

愛知県教育委員会 (2012). キャリア教育ノート　夢を見つけ夢をかなえる航海ノート　pp. 56-59.

Crites. J. O. (1969). *Vocational Psychology.* McGraw-Hill

中央教育審議会 (1996). 世紀を展望した我が国の教育の在り方について　http://www.mext.go.jp/b_menu/shingi/chuuou/toushin/960701.htm（2024 年 1 月 23 日閲覧）

中央教育審議会 (1999). 初等中等教育と高等教育との接続の改善について（答申） http://www.mext.go.jp/b_menu/shingi/chuuou/toushin/991201.htm（2024 年 1 月 23 日閲覧）

中央教育審議会 (2011). 今後の学校におけるキャリア教育・職業教育の在り方について（答申） https://www.mext.go.jp/component/b_menu/shingi/toushin/__icsFiles/afieldfile/2011/02/01/1301878_1_1.pdf（2024 年 1 月 23 日閲覧）

中央教育審議会 (2016a). 幼稚園・小学校・中学校・高等学校及び特別支援学校の学習指導要領等の改善及び必要な方策等について（答申） https://www.mext.go.jp/b_menu/shingi/chukyo/chukyo0/toushin/__icsFiles/afieldfile/2017/01/10/1380902_0.pdf（2024 年 1 月 23 日閲覧）

中央教育審議会 (2016b). 幼稚園・小学校・中学校・高等学校及び特別支援学校の学習指導要領等の改善及び必要な方策等について（答申）別紙　pp.26-27. https://www.mext.go.jp/component/b_menu/shingi/toushin/__icsFiles/afieldfile/2016/12/27/1380902_2.pdf（2024 年 1 月 23 日閲覧）

Erikson. E. H. (1959). *Identity and the Life Cycle.* International Universities Press.（小此木啓吾（訳）(1973). 自我同一性　誠信書房）

Gottfredson, L. (1981). Circumscription and compromise: A developmental theory of aspirations. *Journal of Counseling Psychology*, **28**, 545-579.

Havighurst, R. J. (1953). *Human development and education.* Longmans, Green.（荘司雅子（監訳）(1995). 人間の発達課題と教育　玉川大学出版部）

Jones, A. J. (1963). *Principle of Guidance.* McGraw-Hill.（井坂行男（訳）(1968). 生活指導の原理　文教書院）

国立教育政策研究所生徒指導研究センター (2002). 職業観・勤労観を育む学習プログラムの枠組み（例） http://www.mext.go.jp/b_menu/shingi/chousa/shotou/023/toushin/04012801/002/007.pdf（2024 年 1 月 23 日閲覧）

国立教育政策研究所生徒指導研究センター (2011). キャリア発達にかかわる諸能力の育成に関する調査研究報告書　http://www.nier.go.jp/shido/centerhp/22career_shiryou/22career_shiryou.htm（2024 年 1 月 23 日閲覧）

Maslow, A. H. (1943). A Theory of Human Motivation. *Psychological Review*, **50**, 370-396.

三村隆男 (2004). 図解　はじめる小学校キャリア教育　実業之日本社

文部省 (1977). 進路指導の諸活動　中学校・高等学校進路指導の手引―進路指導主事編　日本進路指導協会 , pp.22-28.

文部省 (1983). 中学校・高等学校進路指導の手引―高等学校ホームルーム担任編　日本進路指導協会

文部科学省 (2004). キャリア教育の推進に関する総合的調査研究協力者会議報告書　https://www.mext.go.jp/b_menu/shingi/chousa/shotou/023/toushin/04012801.htm（2024 年 1 月 23 日閲覧）

文部科学省 (2006). 小学校・中学校・高等学校　キャリア教育推進の手引　https://www.mext.go.jp/a_menu/shotou/career/070815/all.pdf（2024 年 1 月 23 日閲覧）

文部科学省 (2011). 中学校キャリア教育の手引　教育出版

文部科学省 (2017). 学習指導要領（平成 29 年告示）

文部科学省 (2019).『キャリア・パスポート』例示資料等について　https://www.mext.go.jp/a_menu/shotou/career/detail/1419917.htm（2024 年 1 月 23 日閲覧）

中西信男 (1995). ライフ・キャリアの心理学―自己実現と成人期　ナカニシヤ出版

藤本喜八 (1991). 進路指導論　恒星社厚生閣　p.141

藤田晃之 (2019). キャリア教育フォービギナーズ　実業之日本社

Parsons. T. (1951). *The Social System.* Routledge & Kegan Paul.（佐藤勉（訳）(1974). 社会大系論　青木書店）

Parten, M. B. (1932). Social participation among preschool children. *Journal of Abnormal and Social Psychology*, **27**, 243-269.

Super, D. E. (1957). *The psychology of careers.* Harper & Brothers.（日本職業指導学会（訳）(1960). 職業生活の心理学　誠信書房）

Super, D. E. (1980). A life-span life-space approach to career development. *Journal of Vocational Behavior*, **16**, 282-298.

吉中淳・石井徹・下村英雄・高綱睦美・若松養亮 (2003). 中学生・高校生の職業知識の広がりと職業関心に関する研究　進路指導研究，22, 1-12.

全国特別活動研究会 (2011). 第 55 回愛知・豊橋大会の実践の記録特活の研究　pp.42-44.

コラム❈column

虐待する親だけが悪いのか？ 親と子どもと社会の相互作用

浅井継悟・板倉憲政

「親からの虐待によって小学生の男児が死亡」

こんなニュースをみたら，皆さんはどのように感じるだろうか？　子どもがかわいそう。親なのに信じられない。あるいは，親自身の精神的な未熟さを指摘する人もいるのではないのだろうか？

上記のニュースは，ある特定の事件を示したわけではない。しかし，虐待によって2013年の1年間に58人の子どもが命を落としている（厚生労働省，2013）。この数字を見ると，これだけの罪のない子どもが親に殺されていると憤りを感じる人もいるかもしれない。

しかしながら，虐待は加害者側である親に全ての要因があるのだろうか？　Thomasら（1963）は，ニューヨークの中・上流家庭の子どもを対象に調査を行い，子どもの生まれつき持っている行動的特徴（気質）に個人差があることを明らかにした。生まれながらに個人差があるということは，当然，親の能力にかかわらず扱いやすい子，扱いにくい子が存在するということである。例えば，夜泣きが酷く，新しい場面にもなかなか慣れないといった扱いにくい気質を持つ子どもがいた場合，扱いやすい気質を持つ子どもよりも，親は子育てに多くの労力を割かなければならないだろう。

また，親側の生育歴にも留意する必要がある。杉山（2008）は，子ども虐待の専門外来に受診した親のデータから，虐待をする親の約8割が被虐待の経験，もしくはDVの被害者であることを示している。

親の生育歴上に困難さがなくとも，精神的な余裕のなさが虐待と結びついている場合もある。仕事が忙しく，なかなか家庭と関わることのできない父親がいた場合，子育ては母親一人で全て行わなければならず，母親は相談する相手がいなく，精神的に余裕がなくなってしまい，子どもに手をあげてしまうかもしれない。また，ひとり親の家庭の場合，仕事も家事も子育ても全て一人で行わなければならず，仕事と家庭の両立に関して困難さを感じており，両立が難しい場合には，仕事を優先してしまう傾向がある（周，2012）。

このように，児童虐待は虐待を行う個人だけの問題ではなく，親と子どもの相互作用の問題でもあり，社会全体が関わっている問題であると考えることができる。虐待への対応といえば児童相談所への通報に注目しがちであるが，虐待を受けた子どもや親自身への心理的支援や，虐待を行った家族が再び一緒に暮らせるような心理的・社会的支援，そして，仕事と子育てが両立しやすくなるような支援が必要となってくるのではないだろうか？

参考・引用文献

厚生労働省 (2013). 子ども虐待による死亡事例等の検証結果について（第9次報告）の概要　http://www.mhlw.go.jp/stf/houdou/2r98520000037b58.html（2024年1月23日閲覧）

杉山登志郎 (2008). 子ども虐待へのEMDRによる治療―親への治療　こころのりんしょう à la carte, 27, 289-292.

周燕飛 (2012). 子どものいる世帯の生活状況および保護者の就業に関する調査　JILPT調査シリーズNo.95

Thomas, A., Chess, S., Birch, H., Hertzing, M., & Korn, S. (1963). *Behavioral individuality in early childhood.* University Press.

コラム※column

親との死別を経験した子どものサポート

長谷川素子

大切な人との死別は悲しみや辛さ等，さまざまな感情を人にもたらす。また，死別後に生じるさまざまな心身の変化を悲嘆反応という。文部科学省が作成した「学校における子供の心のケア―サインを見逃さないために」において，保護者・家族・近親者との死別による一般的な悲嘆の場合，子どもの気持ちに寄り添いながら，子どもの自然な回復を見守ることが重要であると記載されている。悲嘆は人間に備わった自然な反応であるが，子どもの場合，言葉にできない自分の気持ちを行動で表現することもある。具体的な悲嘆反応には，身体面（睡眠や食欲の変化，頭痛，腹痛，倦怠感等），情緒面（悲しみ，怒り，不安，恐怖，罪悪感等），認知面（集中力の低下，遺された親や家族への過度な心配，故人の死が自分のせいではないかと責める等），行動面（退行，無関心，気持ちを見せない，攻撃的な行動等），社会面（安らぎやなぐさめを拒否する，必要以上に気遣う，周囲と距離を置く等）があり，相互に作用して現れる。

悲嘆反応の表現は多様であり，周囲に表現された悲嘆反応が子どもの内面の気持ちや悲嘆の深さを現しているとは限らない。例えば，怒りや悲しみから周囲に攻撃的になり対人関係がうまくいかない，授業に集中できず学業が遅れる，遅刻や欠席が多い等，その行動だけを見ると問題を抱えていると認識されるような行動として現れることがある。また，遺された親や家族に負担をかけないように等のさまざまな理由から，子どもが自分の気持ちを見せない，必要以上に良い子として振る舞う等の行動として現れることもある。その際，周囲は子どもの悲嘆反応を悲嘆から回復したものとあやまって認識する可能性がある。

親との死別を経験した子どものサポートするうえで，死別後の子どもに共通する悲嘆反応やその表現の仕方を理解し，悲嘆反応を外に表出するかどうかにかかわらず，子どもが安心して日常生活を過ごす環境を整えることが重要である。もし子どもを見守る中で，周囲がサポートの必要性を感じた場合は，どんなサポートが必要かをまずは子どもに尋ねることも必要である。今はサポートを求めない，あるいは思いを語らないという選択をする子どもには，悲嘆反応に注意を向けながらも，その思いを尊重し見守ることも大切である。判断が容易ではないが，悲嘆反応が長期化している，子どもの生活に支障が出ていると考えられる場合は，適切なケアを受けられるよう，サポーター間で状況を共有し，専門機関につなぐことも重要である。

引用・参考文献

大曲睦恵 (2017). 子どものグリーフの理解とサポート　親が重篤な（慢性の）病気，または親を亡くした子供たちの言動変化に関する研究　明石書店
西田正弘・高橋聡美 (2013). 死別を体験した子どもによりそう―沈黙と「あのね」の間で　梨の木舎
文部科学省 (2014). 学校における子供のケア―サインを見逃さないように　http://www.mext.go.jp/a_menu/kenko/hoken/1347830.htm（2024 年 1 月 23 日閲覧）

さくいん

アルファベット

あ行

か行

さ行

た行

著者一覧（50音順）　*は編者

赤木麻衣（(独) 国立病院機構仙台医療センター）
浅井継悟（北海道教育大学釧路校）
生田倫子（神奈川県立保健福祉大学）
石井佳世（熊本県立大学共通教育センター）
石井宏祐（佐賀大学教育学部附属教育実践総合センター）
板倉憲政（岐阜大学教育学部学校教育講座）
上西　創（仙台城南高等学校）
奥野誠一（立正大学心理学部）
奥野雅子（岩手大学人文社会科学部）
加藤高弘（米沢市立病院）
久保順也（宮城教育大学教職大学院）
小林　智（新潟青陵大学大学院臨床心理学研究科）
坂本一真（坂総合クリニック）
佐藤宏平（山形大学地域教育文化学部）*
三道なぎさ（東北文教大学人間科学部）
高木　源（東北福祉大学総合福祉学部）
高綱睦美（愛知教育大学）
高橋恵子（みやぎ県南中核病院がん診療相談支援室／尚絅学院大学非常勤講師）
田上恭子（久留米大学文学部）
竹田里佳（旧姓三好　元福井県こども療育センター）
千葉柊作（東北大学大学院教育学研究科）
ニコラ・タジャン（訳・立木康介）（ともに京都大学）
張　新荷（［中国］西南大学心理学部）
中村　修（東北福祉大学総合福祉学部）
長谷川啓三（東北大学名誉教授）*
長谷川素子（岐阜県庁）
花田里欧子（東京女子大学現代教養学部）*
藤岡久美子（山形大学地域教育文化学部）
古澤あや（公立学校共済組合東北中央病院）
古澤雄太（山形県福祉相談センター）
松田喜弘（山形県南陽市立赤湯小学校）
松本宏明（志學館大学人間関係学部）
三上貴宏（山形県立こころの医療センター）
三澤文紀（福島県立医科大学総合科学教育研究センター）
三谷聖也（東北福祉大学総合福祉学部）
宮﨑　昭（環境とこころとからだの研究所）
森川夏乃（愛知県立大学教育福祉学部）
山中　亮（名古屋市立大学大学院人間文化研究科）
兪　幜蘭（宮城学院女子大学教育学部）
横谷謙次（徳島大学大学院社会産業理工学研究部）
吉中　淳（弘前大学教育学部）
若島孔文（東北大学大学院教育学研究科）

編者略歴

長谷川啓三（はせがわ・けいぞう）

東北大学名誉教授，日本家族カウンセリング協会理事長，ITC 家族心理研究センター代表，日本ブリーフセラピー協会代表。教育学博士，臨床心理士。

主な著訳書：「ソリューション・バンク」（金子書房，単著），「震災心理社会支援ガイドブック」（金子書房，共編），「解決志向介護コミュニケーション」（誠信書房，編著），ワツラウィック他著「変化の原理」（法政大学出版局，単訳），ド・シェイザー著「解決志向の言語学」（法政大学出版会，監訳）ほか多数。

花田里欧子（はなだ・りょうこ）

東京女子大学現代教養学部教授，日本家族心理学会理事，日本ブリーフセラピー協会理事。教育学博士，公認心理師，臨床心理士。

主な著訳書：「パターンの臨床心理学—G. ベイトソンによるコミュニケーション理論の実証的研究」（風間書房，単著），「ナラティヴからコミュニケーションへ」（弘文堂，共著），「学校臨床—子ども・学校をめぐる教育課題への理解と対応」（金子書房，共著），「心理療法の交差点—精神分析・認知行動療法・家族療法・ナラティヴセラピー」（新曜社，共著），「トラウマを生きる」（京都大学学術出版会，共著），「テキスト家族心理学」（金剛出版，共著）ほか多数。

佐藤宏平（さとう・こうへい）

山形大学地域教育文化学部教授，日本心理臨床学会代議員・学会誌編集委員，日本家族心理学会代表理事，日本カウンセリング学会編集委員。教育学博士，公認心理師，臨床心理士。

主な著訳書：「事例で学ぶ家族療法・短期療法・物語療法」（金子書房，共著），「学校臨床ヒント集」（金剛出版，共著），「社会構成主義のプラグマティズム」（金子書房・共著），日本家族心理学会編「家族心理学ハンドブック」（金子書房，共著），フランクリンら編「解決志向ブリーフセラピーハンドブック」（金剛出版，共訳），ソバーン & セクストン著「家族心理学—理論・研究・実践」（遠見書房・共訳）ほか多数。

事例で学ぶ　生徒指導・進路指導・教育相談

小学校編　[第3版]

2014 年 4 月 15 日　第 1 版　第 1 刷
2024 年 4 月 10 日　第 3 版　第 1 刷

編　者　長谷川啓三・花田里欧子・佐藤宏平

発行人　山内俊介

発行所　遠見書房

〒 181-0001　東京都三鷹市井の頭 2-28-16
株式会社　遠見書房
Tel 0422-26-6711　Fax 050-3488-3894
tomi@tomishobo.com　https://tomishobo.com
遠見書房の書店　https://tomishobo.stores.jp/

印刷・製本　モリモト印刷

ISBN978-4-86616-183-9　C3011